U0914734

刘珣　崔永华　总主编

国际汉语教师标准丛书

A Series on Standards for Teachers of Chinese to Speakers of Other Languages

汉语基本知识

（词汇篇）

Basics of Chinese Language (Vocabulary)

蔡淑美　施春宏　著

北京语言大学出版社
BEIJING LANGUAGE AND CULTURE UNIVERSITY PRESS

© 2020 北京语言大学出版社，社图号 20156

图书在版编目（CIP）数据

汉语基本知识．词汇篇／蔡淑美，施春宏著．-- 北京：北京语言大学出版社，2020.11
（国际汉语教师标准丛书／刘珣，崔永华主编）
ISBN 978-7-5619-5762-2

Ⅰ．①汉… Ⅱ．①蔡… ②施… Ⅲ．①汉语－词汇－对外汉语教学－教材 Ⅳ．① H195.4

中国版本图书馆 CIP 数据核字（2020）第 195767 号

汉语基本知识（词汇篇）
HANYU JIBEN ZHISHI (CIHUI PIAN)

排版制作：北京创艺涵文化发展有限公司
责任印制：周 燚

出版发行：北京语言大学出版社
社　　址：北京市海淀区学院路 15 号，100083
网　　址：www.blcup.com
电子信箱：service@blcup.com
电　　话：编 辑 部　8610-82303647/3592/3724
国内发行　8610-82303650/3591/3648
海外发行　8610-82303365/3080/3668
北语书店　8610-82303653
网购咨询　8610-82303908
印　　刷：保定市中画美凯印刷有限公司

版　　次：2020 年 11 月第 1 版　印　　次：2020 年 11 月第 1 次印刷
开　　本：787 毫米 ×1092 毫米　1/16　印　　张：17.75
字　　数：346 千字
定　　价：69.00 元

PRINTED IN CHINA

目 录

总 序

为提高国际汉语教师——在国内外从事汉语作为第二语言教学的教师——的专业素质和教学水平，培养、培训这一领域更多的人才，以满足世界各地日益增长的汉语学习需求，孔子学院总部/国家汉办组织研制了《国际汉语教师标准（2007版）》（以下简称《标准》）。

《标准》总结了国内外汉语教学的实践，借鉴了国内外外语教学，包括TESOL等国际第二语言教学和教师研究的新成果和相关标准，体现了国际汉语教学的特点，为建立一套完善、科学、规范的教师标准体系和国际汉语教师的培养、培训、能力评价和资格认证提供了依据。

《标准》分五个模块、十项标准，描述了从事国际汉语教学工作的教师应具备的知识、能力和素质。模块一“语言基本知识与技能”由标准一“汉语知识与技能”和标准二“外语知识与技能”构成；模块二“文化与交际”由标准三“中国文化”和标准四“中外文化比较与跨文化交际”构成；模块三“第二语言习得与学习策略”由标准五“第二语言习得与学习策略”构成；模块四“教学方法”由标准六“汉语教学法”、标准七“测试与评估”、标准八“汉语教学课程、大纲、教材与辅助材料”和标准九“现代教育技术及运用”构成；模块五“教师综合素质”由标准十“教师综合素质”构成。

《标准》以概括的语言，对上述知识、技能、能力进行了简要的描述。为帮助相关人士了解《标准》的内涵，我们编写了这套辅导丛书。本丛书可以帮助读者进一步理解《标准》的内容，学习相关知识、技能，也可作为汉语教师培训、辅导、自学的教材以及参加汉语教师资格考试的备考参考。

本丛书拟分为十二个分册，各分册名称与《标准》的对应关系如下：

（1）《汉语基本知识》，包括“语音篇”“词汇篇”“语法篇”“汉字篇”四个分册，内容是标准一中的“汉语知识”，包括汉语语音、词汇、语法、汉字四个方面；

(2)《中国文化常识》，内容是标准三“中国文化”中的中国传统文化；

(3)《中外文化比较与跨文化交际》，内容是标准四“中外文化比较与跨文化交际”；

(4)《汉语语言习得与学习策略》，内容是标准五“第二语言习得与学习策略”；

(5)《汉语要素教学方法》，内容是标准六“汉语教学法”中的语言要素教学方法，包括语音、词汇、语法、汉字的教学方法；

(6)《汉语技能培养方法》，内容是标准六“汉语教学法”中的语言技能培养方法，包括听力、口语、阅读、写作能力的培养方法；

(7)《汉语课程与教学理论》，内容包括标准七“测试与评估”和标准八“汉语教学课程、大纲、教材与辅助材料”；

(8)《现代教育技术与汉语教学》，内容是标准九“现代教育技术及运用”；

(9)《汉语教师发展》，内容是标准十“教师综合素质”。

本丛书由北京语言大学人文社会科学学部人文学院和北京语言大学出版社合作组织编写，华学诚教授和戚德祥教授做了大量的组织和指导工作。丛书的编写者都是多年从事对外汉语教学和汉语教师培训的具有丰富教学经验的专家，其中有些专家还曾参与《标准》的研制和相关题库的建设工作。尽管如此，由于对《标准》个别内容的理解可能有差异，又由于受到学识的局限，本丛书肯定存在不足之处，诚恳欢迎读者给予指正，以便再版时更正。

刘珣　崔永华

编写说明

本书是遵从《国际汉语教师标准》而编写的现代汉语词汇教程，对现代汉语词汇知识的基本内容和词汇教学的基本观念、重要原则、主要技能等方面做了系统而简明的介绍，目的是帮助国际汉语教师和准教师理解并掌握现代汉语词汇系统的基本知识，了解汉语作为第二语言教学与习得中需要特别注意的词汇问题，提高分析汉语词汇现象乃至语言现象的能力，为更好地从事汉语教学工作打好基础。本书也可作为国际汉语教师资格考试和汉语国际教育硕士生招生考试的参考用书，还可作为汉语国际教育和语言学相关专业的词汇学教材。

一

基于我们对面向国际汉语教师的语言学教材编写原则的认识和分析，本书有三个方面的追求：一是内容的适用性，系统介绍国际汉语教师需要掌握的词汇知识；二是策略的针对性，尽可能对汉语作为第二语言教学与习得过程中出现的词汇偏误情况进行清晰的描写，并具体介绍相关纠偏策略和教学技能；三是观念的启发性，力求在描写和解释词汇知识及其习得表现和教学策略时体现出大的分析原则和思路，使读者不仅在知识上能举一反三，在观念上也能够烛幽发微。

我们在编写“国际汉语教师标准丛书”的系列教程《汉语基本知识》(共四册，包括“语音篇”“词汇篇”“语法篇”“汉字篇”）的过程中力求使编写内容更加适应国际汉语教学的态势，更加适合国际汉语教师的培养目标和培训工作。为此，本书在内容的选择上首先以孔子学院总部／国家汉办编制的《国际汉语教学通用课程大纲（修订版）》(北京语言大学出版社，2014年）为重要的参照对象，对其中包括的所有词汇学项目都做了说明。然而，该大纲毕竟只是教学大纲，作为教师，仅仅掌握这样的词汇学知识显然是远远不够的。尤其是大纲呈现的只是陈述性知识（即关于“是什么”的知识)，而无法引导教学关注程序性知识（即关于“怎么做”的知识)，更不可能将词汇教学与习得中的偏误情况及纠偏策略和方法展示出来。为此，本书作者系统梳理了国际汉语教学界关于词汇教学与习得研究的重要成果，并积极吸收词汇本体研究中的最新认识，以此确立本书的基本构架。

在教材编写过程中，我们尤其重视面向第二语言教学的汉语教学与习得中的常见问题，力求提供切实可行的操作性改进策略，即：要既适用又实用。在这些年的编写实践中，我们有针对性地提出了一些具有很强实践性的基本原则：基础性和前沿性相结合的原则；描写和解释相结合的原则；知识性和启发性相结合的原则；策略性和操作性相结合的原则。（具体内涵参见《汉语基本知识（语音篇）》中“编写说明”的相关阐释。）落实到词汇教学中，我们经过研究发现需要遵循这样一些基本原则：意义和用法相结合的原则；典型语境驱动的原则；词语辨析的最小差异原则；语际差异的对比参照原则；教学用语与词汇等级相适应的原则。（具体内涵参见施春宏、蔡淑美、李娜《基于“三一语法”观念的二语词汇教学基本原则》，《华文教学与研究》2017年第1期。）在此基础上，我们介绍了一些词语释义和教学的基本方法，其中词语释义的方法包括直观法、翻译法、语素法、例句释义法、典型语境释义法；词语操练的方法包括认读法、问答法、选词填空法、扩展法、造句法。不同词汇类型还有不同的教学方法，如文化词的教学可以采取直观法、比较法、溯源法、归类法、文化意义阐释法。有的教学方法体现了我们对语言习得本质和语言现象特质的整体把握，如离合词的教学，我们主张先“离”后“合”、先分散后总结的基本教学路径。

为了有效落实这样一些基本原则和方法，本书在两个方面体现出鲜明的特色。一是在介绍词汇学本体知识时，尽可能将近些年在学术界广受关注、在教学界也逐步引起重视的新理论、新观念、新成果引入其中，如关于社区词、文化词、韵律词、易混淆词、语块、框架式结构等方面的新认识。即便是词汇学长期讨论的问题，我们也尽可能根据理论探索和教学实践的新成果提出更加合乎二语教学实践的理解和分析，如关于词义结构整体义和语素义之间的关系、词汇和语法之间的关系、词汇和韵律之间的关系、词汇和语体之间的关系、词汇意义和用法之间的关系、字面义和词义理据之间的关系、离合词“离”与“合”之间的关系及离合的程度等。二是特别重视某些特殊类型词汇现象的习得机制分析和教学策略选择。本书除了探索词汇教学的基本原则和方法外，还将复合词、离合词、易混淆词、语块、文化词的习得与教学等方面的内容均作为独立的章节来详细叙述。这样处理，是由词汇习得与教学的特殊性所决定的。虽然词语的个性比较强，不同类别词语的语法表现差异比较大，但词汇习得与教学中的问题相对比较集中，相应地介绍一些学界比较成熟的研究成果，有利于教师更好地开展词汇教学工作。对这些类型的词语习得情况和教学策略做出如此集中而系统的整理和介绍（其中也包含着我们的理解和探索），在学界和教学实践中恐怕也是第一次。

对任何一门知识体系而言，整体知识结构往往体现在术语和概念体系中。因此，理解和掌握基本术语是系统学习一门知识的基础。为了方便读者查阅，本书编制了一个详细的索引“术语和概念检索”，这在一定程度上起到词汇学术语词典的作用。为了使读者能够有效地掌握基本的术语系统，同时又能为读者有效地阅读相关的语言学论著和教材提供帮助，本书将术语系统分为主、从两个层级来处理，凡是基本的术语都用黑体标示出来，流行教材中可见的同实异名术语，便用“也叫”引出。用“也叫”引出的术语也有用黑体标示的，说明它虽然是异名，却也是基本术语。

足够而高效的输入是习得语言的基本保证。因此，本书教学用例和练习用例都非常丰富。用例选配和安排颇费心血，试图充分适应学习者的认知特点和习得过程，同时也为教师初步改造后就可用于教学提供方便。

本书每章还编写了思考与练习题。思考题是开放性的，意在启发读者进一步探讨和分析；练习题则注重通过规则操作来强化所学的知识，书末附有参考答案。

二

这里再简单说一下本书的编写过程。

本书撰写者之一施春宏曾撰写了“国际汉语教师标准丛书”中的《汉语基本知识（语法篇）》，北京语言大学出版社 2011 年出版。该书出版后，受到汉语教学界和语法学界的欢迎，并成为国际汉语教师资格考试参考用书和一些高校的教学用书。然而，与“语法篇”相配套的“语音篇”“词汇篇”“汉字篇”未能及时出版。2014年，北京语言大学出版社对外汉语教育事业部副主任陈维昌先生跟我们谈起汉语国际教育方面的出版计划时，希望我们接着撰写"语音篇"和"词汇篇"("汉字篇"由施春宏、王伟超编写)。我们开始有些犹豫，因为写作这样的专著性教材，有很多实际困难。表面上看，这样的教材几乎是通识性知识介绍，整合一下相关知识就行了。市场上的一些教材正是如此，基本知识框架和内容跟大学《现代汉语》教材差别并不大，有时则增加一些习得方面的简单介绍。然而，在我们看来，这显然是不够的。近些年，语音教学与习得研究，词汇教学与习得研究，语音和词汇的本体研究，语音、词汇和语法、汉字的互动关系研究等，都取得了极其丰硕的成果，而这些成果绝大多数都散布在学术论文和专著中，并未进入教材(即便面向中文系本科生的《现代汉语》教材也多是如此)。要想写出一本富含前沿成果又很实用的专著性教材，就必须大量阅读相关论著并做出简明、系统的概括，有时在取舍之间还需要自己做出某种程度的探索；有些内容语言学界(包括本体研究和习得研究)和语言教学界尚未有明确的认识，还需要我们进行专题研究。这对我们来说也殊为不易。经过反复磋商和尝试性写作，我们最后接受了这项艰巨的任务。

近些年我们除了从事语言本体研究外，还做了一系列的习得与教学研究工作。目前正在从事两个和二语教学与习得有关的国家社科基金项目研究，这对我们重新认识语言系统和语言习得的性质及二者的关系很有帮助，对认识语言知识和语言知识在教学中的呈现内容和方式也很有帮助。施春宏还撰写过三本面向第二语言教学的语言学教材，除了上面言及的《汉语基本知识(语法篇)》，还有《作为第二语言的汉语概说》(北京大学出版社，2009年)，另外还与香港中文大学冯胜利教授合撰过一本教学语法参考书《三一语法：结构·功能·语境——初中级汉语语法点教学指南》(北京大学出版社，2015年；韩文版2018年由韩国多乐园出版社出版，英文版将由香港中文大学出版社出版)。除此之外，施春宏还与研究团队合作撰写了国内外第一部研究汉语构式系统二语习得的专著《汉语构式的二语习得研究》(商务印书馆，2017年)，以及《汉语教学理论探索》(商务印书馆，即将出版)。这些著作的撰写为我们接受和完成新的任务打下了很好的基础。在编撰过程中，我们共同确立了这样的编写思路：服务教学，立足基本，紧贴前沿，表述简明。我们反复商定编写计划，拟定详细的编写提纲，然后分头撰写。我们一面大规模地阅读、整理、消化前沿性成果，一面力图通过浅易的叙述方式将这些成果吸收到这两部书稿中。每写一部分都相互修改，来回数次，直至完稿。最后统稿时，每个人再重点负责其中的一册，即施春宏负责《汉语基本知识（语音篇）》，蔡淑美负责《汉语基本知识（词汇篇）》。统稿过程中遇到问题，共同解决。《汉语基本知识（语音篇）》已于2017年11月顺利出版，这里奉上的是《汉语基本知识（词汇篇）》。值得一说的是，2005－2008年间，蔡淑美曾在北京语言大学师从施春宏攻读硕士研究生学位（硕士毕业后赴新加坡国立大学攻读博士学位，现任教于厦门大学），此后的十数年间，我们在本体研究和习得与教学研究方面一直有较多合作。除了合撰了数篇学术论文外，我们还合作撰写了张谊生先生主编的《现代汉语》（中国人民大学出版社，2013年）"语法"章的五节内容（即：句型、句类、句式、当前流行的特殊格式、歧义分析）。这两本书的写作和出版，进一步展示了我们的师生之谊。

在撰写《汉语基本知识》系列教程（包括"语音篇""词汇篇""语法篇""汉字篇"）的同时，施春宏还撰写了《汉语纲要》（包括上、下两分册，北京语言大学出版社，2018年）。两者的侧重点不同，基本分工是：《汉语基本知识》在系统介绍汉语知识时带有选修提高的性质，同时还特别关注语言要素教学的方法和技能，其分册可作为语音、词汇、语法、汉字的专题课教材；《汉语纲要》则偏重于汉语本体知识系统，以介绍通识性知识为主，可作为《现代汉语》性质的基础课教材。对这两套书，读者可以根据自己和教学对象的知识基础和实践需要相互参照着使用。面向语言学基础教学撰写不同层次的专著性教材，一直是我们孜孜以求的目标；学界广泛而深入的前沿性研究成果如何及时有效地落实于基础性的专业教材中，一直是我们不断思考并努力探索的问题。步履虽艰，但一直在前行。

需要说明的是，本书在写作过程中吸收了很多前辈和时贤的观点，由于教材体例所限，未能在书中详细注明，这里谨致无限谢意和歉意。学者们的原创性观点虽未能在书中一一注明，但他们的学术思想和学术成果将会得到更加广泛的传播。

三

最后还要特别表达一下我们的感激之情。

本书的写作得到了资深对外汉语教学专家和前辈刘珣先生和崔永华先生的热情指导，谨此表达我们崇高的敬意和无限的谢意。

本书初稿完成后，北京语言大学硕博研究生王伟超、刘星宇、奚柳青、李宗阳、任喆远和北京语言大学博士后谢昆，访问学者郭振红通读了书稿，并提出了很多极富价值的意见和建议。厦门大学硕士研究生宋佳丽、张秀娟、肖汶臻在编写思考与练习题的答案部分时提供了很多帮助。在写作过程中，我们还得到了北京语言大学和厦门大学很多老师的热情帮助。

最后还要特别感谢陈维昌先生的不懈督促，尤其是责任编辑付彦白先生为本书出版所付出的辛勤劳动。

尽管作者在写作过程中可谓尽心尽力，但错漏之处自然难免。敬请读者朋友不吝赐教。欢迎通过电子邮件跟我们直接联系，蔡淑美的电子邮箱是 shmcai@xmu.edu.cn，施春宏的电子邮箱是 shichunhongblcu@163.com。谨此预谢！

蔡淑美　施春宏

汉语基本知识（词汇篇）

词汇是语言系统的组成部分之一，是组成语言的基本材料。如果把语言比作一座大厦的话，词汇就是构筑这座大厦的建筑材料。正如没有材料无法建起高楼大厦一样，没有词汇，人们就无法传达信息，也就无法进行正常的交际了。一个来中国留学的外国人想坐出租车去某个地方，即便他发音不太标准，也说不出一个完整的汉语句子，但只要能说出诸如"故宫""颐和园"或者"清华""北大"之类的关键词，出租车司机还是能理解留学生想要表达的意思的。可是，如果这个人连关键的词语都说不出来，无论怎么比画，司机也很有可能一头雾水，茫然不知其所云。著名语言学家威尔金斯（David A. Wilkins）有一句名言，"没有语法，表达甚微；没有词汇，表达为零"，说的就是这个道理。

对词语的理解和运用是学习一种语言的基础，一个人掌握的词汇量和牢固程度，直接关涉语言的表达能力，影响思想表达的丰富性与准确性。在汉语作为第二语言的教学过程中，学习者词汇量的多少、词语的理解和运用水平等因素也是影响他们汉语水平高低的重要因素，词汇教学在汉语作为第二语言的教学中占有举足轻重的地位。为了更好地开展汉语作为第二语言的词汇教学，本书对汉语普通话词汇的基本知识做出系统介绍，以此为依托，针对母语为非汉语的学习者在学习过程中的特点和难点，对词汇教学的基本原则、方法策略和几类特殊词汇现象及其教学做出系统说明。

第一章 词汇概说

词汇，也叫**语汇**，指语言中词和固定短语的总汇。词汇既可以指某种语言里所使用的全部词语的总汇，如“汉语词汇、英语词汇、西班牙语词汇、阿拉伯语词汇”等；也可以指某一特定范围内词语的总汇，如“基本词汇、一般词汇”“书面语词汇、口语词汇”“科技词汇、农业词汇”和“现代汉语词汇、古代汉语词汇”等；还可以指某一个人所掌握的或某一作品所使用的词和固定短语的总和，如“鲁迅的词汇、《红楼梦》中的词汇”等。本书要介绍的是现代汉语词汇，即现代汉民族共同语——普通话中的词语总汇。

现代汉语词汇既包括成千上万的词，如“风、跑、大、那、的、呢、太阳、走路、漂亮、巧克力、文史哲、追星族、汉语热、微电影、歇斯底里、布宜诺斯艾利斯”等；还包括固定短语，如“守株待兔、胸有成竹、同甘共苦、鬼使神差”等成语、“背黑锅、出洋相、穿小鞋、吃哑巴亏”等惯用语、“竹篮打水——一场空、下雨天出太阳——假情（晴）”等歇后语、“饭后百步走，活到九十九”等谚语。固定短语通常是词与词的固定组合，在长期的使用过程中形成了相对完整的形式和意义，在使用上相当于一个词。

作为一个系统，现代汉语词汇是由各级词汇成分组成的、词汇成分之间相互联系相互制约的有机整体，从词汇结构分析的层级性来考虑，包含语素、词和固定短语三个层级。在层层递进的关联中，词汇成分在音、义、结构、色彩和用法等方面各有分工，在系统中具有不同的地位和作用。本章先介绍一下有关词汇系统的几个基本单位，后面几章再以此为基础来说明现代汉语词汇系统各方面的情况。

第一节　词

一、什么是词

词是最小的能够独立运用的语言单位。

词是母语者比较容易自然感知到的语言单位。如下面的这段对话：

A：妈妈去哪儿了？

B：去超市买水果了。

在这一问一答两句话中，问句“妈妈去哪儿了”如果中间要停顿的话，人们一般会在“妈妈”和“去哪儿了”之间稍作停顿，这说明“妈妈”是一个可以单独切分出来的单位；而“去哪儿了”可以再切分成“去哪儿”和“了”，“去哪儿”还可以再进一步切分成“去”和“哪儿”。“去、哪儿、了”也都能独立运用，而且内部不能再切分出独立运用的单位了。

也就是说，“妈妈去哪儿了”是由“妈妈、去、哪儿、了”这四个词组成的。同样的道理，答句“去超市买水果了”也可以分析出“去、超市、买、水果、了”这五个词来。“超市”和“水果”这两个单位都不能再切分了，切分之后也不能独立运用（或独立运用时与组合在一起时意义不同），它们是两个词，而不是“超、市、水、果”四个词。因此，即便没有经过专门的语言学训练，汉语母语者依然在很大程度上能够依据语感辨别出“词”这个语言单位来。

二、如何辨别词

上面的分析说明，辨别词应该注意以下两个方面：

（一）是否能独立运用

“独立运用”指的是词可以独立、自由地用来造句。“独立运用”包括两方面的含义。一是指能单说，即能够单独成句。例如：

① 我喜欢吐鲁番的葡萄，甜在心里啊！

这个句子里的“我、喜欢、吐鲁番、葡萄、甜、心里”在对话时都能够单说，也能单独用来回答问题。例如：

②“谁喜欢吐鲁番的葡萄？”——“我。”

③“你喜欢吐鲁番的葡萄吗？”——“喜欢。”

④“你喜欢哪里产的葡萄？”——“吐鲁番。”

⑤“你喜欢吐鲁番的什么？”——“葡萄。”

⑥“吐鲁番的葡萄甜不甜？”——“甜。”

⑦“吃吐鲁番的葡萄，甜在哪儿？”——“心里。”

“独立运用”还指虽不能单说但能单独起某种语法作用。除了上面这些能单说的词外，这个句子还剩下“的、在、啊”三个成分。这三个成分不能单说，但在句子里能单独地表达某种特定的语法意义。其中，“的”连接“吐鲁番”和“葡萄”，表示领属关系；“在”连接“甜”和“心里”，表示位置关系；“啊”用在句尾，表示感叹语气。它们也都是词。不过，跟“我、喜欢、吐鲁番、葡萄、甜、心里”等具有实实在在意义的词相比，这些词所表达的意义不那么实在，显得有些“虚”。

能单说的词肯定能单用，能单用的词却不一定能单说。因此，在分析某个句子中的词时，可以采取这样的步骤：将句子中那些能单说且不能再进一步往下切分的成分先提取出来，直接判定为词；然后看剩下的成分能不能单独起语法作用，如果该成分能单独起语法作用且不能再切分下去了，就可以判定为词。

（二）是否为最小单位

词是最小的能独立运用的语言单位。所谓“最小”，就是不能再继续往下切分了。上面的“吐鲁番的葡萄”，也是能独立运用的单位，它可以单独回答下面这样的问题：

“你喜欢什么？”——“吐鲁番的葡萄。”

虽然能独立运用，但“吐鲁番的葡萄”并不是最小的语言单位，因为它还可以进一步切分出“吐鲁番”和“葡萄”两个部分，中间用“的”来连接。因此，它不是词，而是由词和词组合而成的短语（见第一章第二节）。而“吐鲁番”“葡萄”“的”这三个单位内部不能再切分了，它们三个才是词。因此，可以用“最小”这一条标准来区分词和短语。

现代汉语的词可以从各种不同的角度进行分类，如“基本词、一般词”“新词、古语词”“方言词、外来词”等，情况比较复杂。关于词的分类，我们将在第二章说明。

第二节 固定短语

一、什么是固定短语

两个或两个以上的词按照一定的规则可以组合成更大的语法单位，即**短语**（也叫**词组**）。有的短语比较自由，只要符合语义搭配和语法规则就可以临时组合在一起，这就是自由短语，如“新同学、仔细辨别、鲜花绽放、看电视、理想和现实、说清楚”等。有的短语在结构和意义上比较固定，在用法上与词相当，这就是**固定短语**（也叫**固定语**）。

固定短语中的“固定”有两方面含义。一是指形式上的固定，构成成分不能随意增减或变更（为了实现修辞效果而做的变换除外），如“雪中送炭”不能说成“大雪中送炭”，“塞翁失马”也不能说成“塞翁失牛”；成分的组合顺序也不能随意改动，如“人不知鬼不觉”不能说成“鬼不觉人不知”，“破罐子破摔”也不能说成“破摔破罐子”，等等。二是指意义上的完整，固定短语的意义不是构成成分字面义的简单相加，如“胸有成竹”不是指胸中有竹子，而是比喻做事之前已经有了通盘的考虑；“炒鱿鱼”不能理解成炒鱿鱼这道菜（若照此理解，便是自由短语），而是借指解雇；“吃大锅饭”不是指吃用大锅做的饭，而是比喻不论工作好坏、贡献大小，待遇、报酬都一样；“七大姑八大姨”也不是实指七个大姑八个大姨，而是泛指各类女性亲属。这些都是固定短语，具有特定的含义。

二、固定短语的类型

固定短语一般包括专门用语和熟语。

（一）专门用语

专门用语指各学科各部门使用的固定短语，主要包括术语、行业语、机构名、组织或会议名、书刊名等。例如：

半元音　加速度　勾股定理　哥德巴赫猜想　基因突变
涨停板　电子商务　微创手术　蝴蝶效应　物价指数
广电总局　中国人民银行　剑桥大学　大众汽车集团
亚太经合组织　国际奥委会　欧洲联盟　中国语言学年会
《西游记》　《人民日报》　《现代汉语》　《语言教学与研究》

（二）熟语

熟语是由词组成的一种较为特殊的固定短语。熟语包括很多类型，其中最主要的有成语、惯用语、歇后语、谚语等。

成语是形式简洁、意义精炼的固定短语，大多数是四字格的形式。例如：

甜言蜜语　名正言顺　车水马龙　欢天喜地　山清水秀　心直口快
大同小异　死去活来　外强中干　虎头虎脑　不卑不亢　戒骄戒躁
负荆请罪　完璧归赵　精卫填海　嫦娥奔月　狐假虎威　掩耳盗铃

惯用语是人们口语中习用的结构定型、生动形象的固定短语。例如：

鸿门宴　墙头草　半桶水　光杆司令　绣花枕头　热锅上的蚂蚁
出洋相　泼冷水　走后门　捅马蜂窝　钻牛角尖　有鼻子有眼
八九不离十　赶鸭子上架　敬酒不吃吃罚酒　饭来张口，衣来伸手

歇后语是由近似于谜面和谜底的两部分组成的、中间有间歇的口头用语。例如：

池塘里的风波——大不了
小和尚念经——有口无心
牛角抹油——又奸（尖）又滑
飞机上挂暖壶——高水平（瓶）
小葱拌豆腐——一清（青）二白
孔夫子搬家——尽是输（书）

谚语是流传于民间的、表达某种道理的通俗语句。例如：

朝霞不出门，晚霞走千里。
春雨贵如油，多下农民愁。
冬吃萝卜夏吃姜，免得医生开药方。
好记性不如烂笔头。
雁过留声，人过留名。
内行看门道，外行看热闹。

正因为具有结构上的定型性和意义上的整体性，同时又蕴含着特定的文化意义，熟语成为汉语词汇中颇具特色的组成部分。其实，熟语在任何语言中都是颇为特殊的，以英语为例：

Their plan was called off at the eleventh hour.（他们的计划在最后一刻被取消了。）

It’s a shame that you don’t have any horse sense.（真遗憾，你连起码的常识都没有。）

We're as different as night and day.（我们之间有天壤之别。）

His jokes always bring down the house.（他的笑话总是博得满堂喝彩。）

What's this fly doing in my soup?!（我的汤里怎么会有只苍蝇？！）

It can't be less interesting.（没意思透了。）

Practice makes perfect.（熟能生巧）

All roads lead to Rome.（条条大路通罗马）

Where there is a will, there is a way.（有志者，事竟成）

在第二语言的学习过程中，恰当地运用熟语往往能显示出学习者语言水平的地道和功力。关于“熟语”的具体内容，将在第二章中专门说明。

第三节　语　素

词是最小的能够独立运用的语言单位，但还不是最小的语言单位。比词更小的语言单位是语素。语素是词的构成成分，有的语素直接成词，更多的时候是语素跟语素组合成词。

一、什么是语素

语素是语言中最小的音义结合体。

语素是构成词和固定短语的最小单位，我们可以从词以及固定短语中将它分析出来。如下面的这个短语：

美丽的校园

这个短语本身是个音义结合体，它的内部由不同层级的音义结合体组成。依据词的定义，“美丽的校园”这个短语可以切分出“美丽、的、校园”这三个词来。其中“的”这个单音节词不能再往下切分了，它是最小的音义结合体，因此是一个语素。“美丽”这个词还可以继续往下切分：它的语音由两个音节“měi（美）”和“lì（丽）”组成，其中“美”表示“好看”，“丽”也表示“好看”。它们的意义跟“美丽”一词所表示的整体意义“使人看了产生快感的；好看”密切相关。也就是说，“美丽”是由“美”和“丽”这两个音义结合体组成的，它们是两个语素。再来看“校园”。“校园”也是由两个音节“xiào（校）”和“yuán（园）”组成，其中“校”的意思是“学校”，“园”的意思是“场所、地方”，它们的意义跟“校园”所表示的整体意义“学校范围内的场所”也是密切相关的。因此，“校园”也是由两个语素组成的。这样，我们说“美丽的校园”是由三个词（美丽、的、校园）、五个语素（美、丽、的、校、园）组成的。像“后悔药”这个词，其中的“后”和“悔”先组成一个语素组，然后再跟“药”组成词。而像“一马平川、吃大锅饭”之类的固定短语，分析到最小单位，也是由语素组成的，其中的每个音节代表一个语素。

有时，并不能单从音节的数量或者汉字的多少来判断语素的多少，需要结合意义的分析才能确定。比如“美味的葡萄”有五个音节、五个汉字，但只有四个语素（美、味、的、葡萄）。这是因为“葡”和“萄”虽然有语音和汉字形式，但本身不表示意义，它们各自都不是语素，结合在一起才是一个语素。

二、如何辨别语素

从意义的角度来确定语素，有时难免有模糊不定之处。结合意义的分析，辨别语素还有一种比较通行的方法——替换法。所谓替换法，就是对词中的成分进行替换，如果替换后仍然有意义且基本不改变原义，那么该成分就是一个语素，否则就不是一个语素。比如，要确定“汉语”这个词是一个语素还是两个语素，我们可以将“汉”和“语”拆开，将它们分别与其他语素组合，看能否被替换：

汉语
　　汉～：汉字、汉文、汉人、汉学、汉族
　　～语：母语、外语、口语、词语、言语

将“汉语”中的“语”替换后，“汉字、汉文、汉人、汉学、汉族”中“汉”的意思和“汉语”中的“汉”意思大致一样，都跟“汉族（的）”有关系。同样，将“汉语”中的“汉”替换后，“母语、外语、口语、词语、言语”中“语”的意思和“汉语”中的“语”意思也基本一致，都跟“语言、话”有关系。“汉”和“语”都可以在不改变基本语义的情况下与其他成分组合，说明这两个成分都是语素。

而有的词却找不到其他的成分来替换。如“蜻蜓”：

蜻蜓
　　蜻～：？
　　～蜓：？

“蜻”和“蜓”虽然有语音形式，但本身不表示意义，它们各自都不是语素，结合在一起才是一个语素。

不过，汉语词语中语素的构成情况是很复杂的，有时候并不是那么一目了然。在运用替换法时要注意以下两个方面：

一是替换时，原成分和替换成分所表示的意义要基本保持一致。例如：

纽约 <
纽～：纽带、纽扣、纽结、纽子
～约：条约、合约、契约、和约

“纽带、纽扣、纽结、纽子”中的“纽”都跟“起某种联系作用的事物”有关系，“条约、合约、契约、和约”中的“约”都跟“约定”有关系。但是，这两个意义跟“纽约”所指的美国的一个城市（New York）却没有任何关系。也就是说，虽然“纽”和“约”都能被替换，可是替换后新组合中成分的意义跟在原来语言结构中所表达的意义没有任何联系。因此，它们都不是语素，合起来才是一个语素。同样的道理，像“麦当劳、罗曼蒂克、埃塞俄比亚”这样的多音节词，拆开以后的成分要么不表示意义，要么表示跟原词毫无联系的另外的意义，因此都只能算作是一个语素构成的词。

二是如果两个成分中只有一个可以替换，那么就要依据具体的情况来判断是一个语素还是两个语素。例如：

蝴蝶 <
蝴～：？
～蝶：粉蝶、花蝶、化蝶

“蝴蝶”中的“蝴”能被其他成分替换，“蝶”却找不到任何成分来替换。而且“蝴蝶”跟“蝶”的意思基本相同，去掉“蝴”，“蝶”照样能表示完整的意义。由于“蝴”并没有增加新的意义，也不起区别作用，因此我们将“蝴蝶”看作一个语素，其中的“蝴”只有音节没有意义。而“粉蝶”等词中的“蝶”实际是由“蝴蝶”减缩后通过音节语素化而来的，这种情况下，它已是一个语素。也就是说，“蝴蝶”中的“蝶”和“粉蝶”等词中的“蝶”性质不同，前者与“蝴”组成“蝴蝶”共同构成一个语素；后者则是语素（减缩而来），是声音和意义的结合体。像“螃蟹、蜘蛛”等都是如此。

有的词中成分虽然很难说出具体表示什么意义，但却具有区别意义的作用。例如：

苹果 ＜ 苹～：？
～果：水果、干果、腰果

“苹果”中的“苹”能被其他成分替换，“果”找不到任何成分来替换。不过，“苹”在这里起到了将“苹果”与其他类的水果，如“红果、火龙果、百香果、无花果、牛油果、圣女果”等区别开来的作用，它应该也是一个语素。跟“果”这样的构词能力较强的语素不同，“苹”只在一种组合中出现，但承载了一定的区别意义。我们将这样的语素叫**剩余语素**。像“鲫鱼、菠菜、豇豆”中的“鲫、菠、豇”等，都是剩余语素。这跟英语“cranberry（蔓越莓）”中的“cran-”类似。虽然“cran-”不能以它在“cranberry”中的意义出现在其他词中，但它却能将“cranberry”与其他浆果如“strawberry（草莓）、blackberry（黑莓）、blueberry（蓝莓）”等区别开来。“cran-”所承载的区别意义，与剩余语素有同样的价值。可见，特定的系统决定了成分与成分之间的关系，而特定的关系又确立了成分的价值（区别作用）。

值得说明的是，有一些基于现代汉语词汇系统所认定的剩余语素，在产生之初是有实在意义的，并非剩余成分。如“豇豆”中的“豇”本指一种豆名，而且有一定的组合能力，如“打豇、红豇、白豇、食豇”等。但随着语言的发展，到了现代汉语阶段，“豇”只能出现在“豇豆”这一种组合中，具有跟其他豆类，如“青豆、豌豆、蚕豆、扁豆、绿豆、红豆”等区别开来的意义，变成了剩余语素。而有的剩余语素经过一段时间的使用之后，也可能具备一定的造词能力，产生以它为词根的新词。如“啤酒”中的“啤”最开始时是个剩余语素，因为它只出现在这一组合中且具有区别作用（将“啤酒”与其他种类的酒，如“白酒、红酒、黄酒、米酒”等区别开来）。但后来又出现了“生啤、熟啤、扎啤、鲜啤、干啤、冰啤、黑啤、黄啤、绿啤、白啤”等词语，此时“啤”不仅扩大了组合能力，而且还可以代表“啤酒”的整体意义，它从一种区别意义变成了具体的“啤酒”义，是个音义结合体。在这种情况下，它也就不再是剩余语素了。在语言成分不断发展与演变的过程中，词汇形式和表达手段也得到了丰富。

三、语素的分类

我们可以从不同的角度对语素进行分类。

（一）根据音节数量的多少所分的类

根据音节数量的多少，语素可以分为单音节语素、双音节语素和多音节语素。

单音节语素是由一个音节表示的语素。例如：

人　天　看　打　香　甜　他　谁

真　太　从　在　的　而　吗　哦

双音节语素是由两个音节表示的语素。例如：

淋漓　慷慨　踌躇　汹涌　徜徉　荒唐　辗转　姥姥　潺潺

喇嘛　哈达　葡萄　枇杷　布丁　咖喱　吉他　探戈　夹克

多音节语素是由多个音节表示的语素。例如：

麦当劳　乌托邦　海洛因　威士忌　法拉利　费列罗

歇斯底里　奥林匹克　拉斯维加斯　布宜诺斯艾利斯

现代汉语的语素大多数是单音节的，部分双音节语素、多数多音节语素是从其他语言中音译过来的，如“喇嘛”是从藏文拼音“Lama”音译过来的，“麦当劳”是从英语“McDonald”音译过来的。

（二）根据语素的性质所分的类

1. 成词语素和不成词语素

根据构词能力的强弱，语素可以分为成词语素和不成词语素。

成词语素指能够独立成为一个词的语素。成词语素既包括意义比较实在的词，也包括那些词义比较虚或只起某种语法作用的词。例如：

火　灯　我　走　打　是　近　冷

能　肯　把　被　了　着　和　呢

不成词语素指那些不能独立成词只能参与构词的语素。例如：

妇　体　馆　校　汇　幻　务　显

善　贤　慈　阿　第　者　员　们

2. 定位语素和不定位语素

在不成词语素中，又可以依据活跃程度将其分为定位语素和不定位语素。

定位语素指构词时位置固定的语素。例如（括号外成分）：

阿（牛）　老（王）　第（一）　（桌）子　（盼）头　（影）儿

“阿、老、第”在词义上很虚，构词时只能放在其他成分的前面，而“子、头、儿”构词时只能放在其他成分的后面，也没有什么实在的意义，它们都是定位语素。

不定位语素指构词时位置不固定的语素。例如：

质　复　境　荣　定　涉　视　财　厨　异　族

像“质”这个语素，在构词时可前可后，既可以组合成“质量、质地、质感、质检、质朴”等词，也可以组合成“实质、变质、流质、杂质、潜质”等词，位置比较自由。

语素的性质分类情况可展示为：

- 语素
  - 成词语素：“火、我、走、是、冷、肯、把、了、和、呢”等
  - 不成词语素
    - 定位语素：“阿、老、非、亚、子、头、化”等
    - 不定位语素：“质、复、境、荣、定、涉、视、财”等

第四节　需要辨析的几个单位

在现代汉语词汇系统中，语素是构词单位，词和短语是造句单位，汉字则是记录它们的书写符号。它们之间既有联系，又有区别。

一、语素和词

语素是构成词和固定短语的单位。作为最小的音义结合体，语素不像词那样容易被人自然感知到，而是我们在分析词的构成时切分出来的单位。语素和词之间的关系比较复杂。

语素是词的内部构成单位，一个单音节语素可以自身直接成为一个词，如“鸡、冷、是、一、最、的、但、呢”等，此时语素和词是一一对应的关系。而双音节词、多音节词和语素之间的关系就比较复杂了。根据不同的构词方式和来源，同时也是为了说明的方便，下面先来说明具有音译特征的外来词。

纯音译词，无论含有几个音节，都是由一个语素构成的，如双音节的“吉他、沙拉、布丁、印度、瑜伽”等，三音节的“萨其马、三明治、白兰地、喀斯特、蒙太奇”等，四音节的“奥林匹克、香格里拉、波西米亚、阿司匹林、卡布奇诺”等。由于这些音节整体表示一个意义，拆分之后的成分跟整体都没有关系，因此它们都是由一个语素构成的词。

半音译半意译词，大多数由两个语素构成，如“华尔街（Wall Street）、呼啦圈（hula hoop）、苹果派（apple pie）、迷你裙（mini-skirt）、因特网（Internet）、冰激凌

（ice cream）、作秀（make a show）”等。少数由三个语素构成，如“克隆技术（clone technology）、纳米材料（nano materials）、夸克家族（quark family）”等。“音译+类名”词，一般也由两个语素构成，如“爵士乐（jazz）、芭蕾舞（ballet）、艾滋病（AIDS）、扑克牌（poker）、吉普车（jeep）”等。也有少数由三个语素构成，如“博客日志（blog）、托福考试（TOEFL）”等。

除了外来词以外，来自汉语本身的词语跟语素和音节之间的关系也比较复杂。在现代汉语中，一小部分词由一个语素但对应两个或两个以上的音节构成，如“仿佛、蓓蕾、疙瘩、冉冉、吱呀、稀里哗啦”等。大部分词由两个或两个以上的语素按照一定的规则组合成词，如双音节的“波浪、鲜花、雪白、心慌、换季、缩短、老虎、渐渐”等，都是由两个语素构成的。有时，一个语素先跟另一个语素组合成语素组，然后再与其他语素结合成词。有的语素组本身也可独立成词。例如：

广播站　　电视台　　铁路局　　儿童乐园　　监督电话　　珍珠奶茶

上例中“广播、电视、铁路、儿童、乐园、监督、电话、珍珠、奶茶”等都可独立成词，只是此时并不以词的身份出现，而是作为词的内部组成成分出现的。有的语素组自身并不能单独成词。例如：

雨刮器　　易拉罐　　夜来香　　向日葵　　顶梁柱

像“雨刮、易拉、夜来、向日、顶梁”等，只是词的组成成分，还需要再跟其他语素一起结合成词。五音节、六音节及更多音节的词，也都可以依据语素组的概念来分析。

上面说到半音译半意译词时，指出其中有三个语素构成的情况，其实这些词一般都是由一个音译的语素加上两个语素构成的语素组所构成，如“克隆｜技术、博客｜日志”，这些语素组（“技术、日志”）基本能独立成词。

当词和语素之间没有一一对应的关系时，尤其需要我们仔细地加以辨析。

二、词和短语

词是构成短语的单位。词和短语都能独立运用，比如课堂上问学生对某本书的阅读感受，有的学生说“有趣”，有的学生说“没感觉”。“有趣”和“没感觉”都能单独回答问题，但从语言单位的角度来分析，“有趣”是词，“没感觉”是短语。这是因为“有趣”是能独立运用的最小单位，“没感觉”不是最小单位，它可以继续往下分析出“没”和“感觉”这两个词，中间还可以插入“什么、一点儿”，说成“没什么感觉、没一点儿感觉”。

如何辨别词和短语？比较通行的方法是插入法。所谓“插入法”就是看两个成分之间能不能再插入其他成分，能插入并且插入之后结构关系和意思没有改变的是短语，不能插入的是词。例如“白花”可以在中间插入“的”说成“白的花”，结构和意思基本相同，因此它是个短语；而“黄河”就不能插入“的”说成“黄的河”，“黄河”在结构和意义上都具有整体性，它是词。又比如“牛羊”可以插入“和”说成“牛和羊”，结构和意义基本保持不变，它是短语；而“开关”就不能说成“开和关”，“骨肉”也不能说成“骨和肉”，它们都是词。也就是说，短语是词跟词的组合，在结构上可以插入扩展，在意义上也可以组合叠加。而词的结构形式和意义都具有整体性，不能再进行拆分或插入等操作了。对于那些形式相同但意思不同的成分，也可以用这种插入法来判断。例如：

① 她胸前戴了一朵红花。

② 红花抗寒性强，耐贫瘠，是一种名贵的药材。

这两个句子里都含有“红花”，但二者迥异。① 句中的“红花”可以扩展成“红的花”或者“大红花”，意思基本相同，因此它是短语；② 句中的“红花”不能扩展成“红的花”或者“大红花”，而是一种草本药用植物的名称，在结构和意义上都具有整体性，因此它是词而不是短语。

不过，汉语中有一类特殊的词，中间可以拆开插入其他成分。拆开扩展时是短语，合起来时是词，因此叫作离合词。例如：

洗澡：洗热水澡　　洗了一个澡　　洗了澡　　洗起澡来

睡觉：睡回笼觉　　睡了一个好觉　　睡完觉　　睡起觉来

生气：生闷气　　生了好几天气　　生了气　　生起气来　　生他的气

吃亏：吃哑巴亏　　吃了好几次亏　　吃过亏　　吃起亏来　　吃过他的亏

离合词在汉语词汇中数量不小，出现频率高，母语为非汉语的学习者在基础阶段就经常使用。而离合词的性质和用法比较特殊，使用时容易出现偏误。关于离合词教学的具体内容，我们将在第八章进行具体说明。

三、字和语素

一般认为，汉字是书写单位，语素是语言单位，二者所属的类别不同，并不是一回事。不过，汉语中的“字”本身有音有义，基本上一个汉字对应一个音节、一个概念，因此往往一个汉字就代表一个语素，一个语素用一个汉字来记录，二者之间也就有了一定的对应关系。

（一）单音节语素和汉字之间的关系

从数量关系上看，一个单音节语素，无论是成词语素，如“山、打、浅、挺、跟、啊”等，还是不成词语素，如“国、民、伟、辑、达、以（上）”等，都是用一个汉字来表示的，此时语素和汉字是一一对应的关系。不过，单音节中汉字和语素不对应的情况也是有的，主要有以下两种情况：

1. 同一个汉字可以代表不同的语素

同一个汉字有可能对应不同的读音，而且表示不同的意义，这是多音字的情况。此时，汉字和语素之间的关系就不再一一对应了。例如：

和：①hé：柔和
②hè：附和
③hú：打麻将和了
④huó：和面
⑤huò：和药

“和”这个汉字，有五种不同的读音，且分别表示不同的意义，因此是五个语素。

同一个汉字，同一个读音，但表示了不同的意义，这是同音同形字的情况。此时，汉字和语素之间也不是一一对应的。例如：

别^{1}bié：分离：别了，我的母校。

别^{2}bié：区分；区别：分门别类。

别^{3}bié：用别针等把另一样东西附着或固定在纸、布等物体上：她胸前别着一朵红花。

别^{4}bié：表示禁止或劝阻：你别说了，让我静一静。

以上四个义项的“别”虽然读音相同，但对于这四个义项而言，既有不同的性质，也表示了不同的含义，而且在意义上也没有什么联系，因此是四个语素。

2. 同一个汉字是否为语素因语境而异

有的汉字和语素之间的关系很复杂，在某些词中是语素，在另外一些词中不是语素。例如：

肯定、品德、基础——肯德基（Kentucky Fried Chicken，KFC）

深奥、启迪——奥迪（Audi）

“肯”在“肯定”、“德”在“品德”、“基”在“基础”中都是语素，但在“肯德基”这个词里，由于它们只表音而不表义，三个字合在一起才表示一个意义，因此都不是语素。同样，“奥”在“深奥”、“迪”在“启迪”中都是语素，但在“奥迪”这个词里两个字合在一起才是一个语素。

（二）双音节词、多音节词中语素与汉字的关系

正如双音节词、多音节词与语素之间关系比较复杂一样，双音节词、多音节词中的语素与汉字之间的关系也比较复杂。如双音节的“国家”是两个语素、两个汉字，“尴尬”是一个语素、两个汉字；三音节的“吸尘器”是三个语素、三个汉字；“橄榄油”是两个语素、三个汉字；“萨其马”则是一个语素、三个汉字；四音节的“抽油烟机”是四个语素、四个汉字；“夸克家族”是三个语素、四个汉字；“巧克力豆”是两个语素、四个汉字；而“奥林匹克”则是一个语素、四个汉字。

为了清晰梳理汉字、语素和词之间的关系，下面以“山、国家、尴尬、橄榄油、夸克家族”为例，列出一张简表来说明：（见表1）

表1　汉字、语素和词对应关系示例表

<table>
<tr><th></th><th colspan="12">举　例</th></tr>
<tr><td>词</td><td rowspan="3">山</td><td colspan="2">国家</td><td colspan="2" rowspan="2">尴尬</td><td colspan="3">橄榄油</td><td colspan="4">夸克家族</td></tr>
<tr><td>语素</td><td rowspan="2">国</td><td rowspan="2">家</td><td colspan="2">橄榄</td><td>油</td><td colspan="2">夸克</td><td>家</td><td>族</td></tr>
<tr><td>汉字</td><td>尴</td><td>尬</td><td>橄</td><td>榄</td><td>油</td><td>夸</td><td>克</td><td>家</td><td>族</td></tr>
</table>

一般说来，有多少个音节，就有多少个汉字（儿化词除外），而语素却需要具体词项具体分析，有可能跟汉字数量一致，也有可能不一致，尤其是一些联绵词（如“尴尬、参差、蜿蜒”等）和外来词。

值得注意的是，汉字既是记录汉语的书写单位，同时又是形（字形）、音（音节）、义（意义）的结合体，不但可以用来看、用来读，而且还可以从它对应的概念中识别意义，在汉语里具有特殊的地位。我们在进行词汇教学时，要充分利用汉字的这个特点，可以借助汉字教学来帮助学习者练习听、说、读、写，从而提高他们的口头表达能力和书面表达能力。

第五节　现代汉语词汇的特点

所谓汉语词汇的特点，就是将汉语的词汇跟某种或某些语言的词汇相比得出的特殊之处。而考察现代汉语词汇的特点，还需要拿它跟古代汉语词汇相比。特点因比较而呈现。人们在归纳现代汉语词汇的特点时，一般是拿汉语跟印欧语尤其是英语的词汇进行比较，同时参照古代汉语词汇的特点。下面是比较后归纳出来的几个带有全局性质的汉语词汇系统的特殊之处。

一、单音节语素多

大多数情况下，汉语中的一个字（这里的“字”不只是指汉字的字形，而是形音义的结合体）就是一个语素，而一般来说一个字对应一个音节，因此汉语中单音节语素占多数。有的单音节语素本身就是一个词，如“天、走、好、很、在、吗”等，而有的单音节语素只能用来构词，如“妇、历、贡、丰、然”等。至于双音节语素，如“葡萄、沙龙”之类，以及多音节语素，如“马拉松、珠穆朗玛、布宜诺斯艾利斯”等，在现代汉语中所占比例相对较小，绝大多数都是从外语中借入的。

二、双音节词占优势

现代汉语中的词，双音节词占 70% 以上。双音节词占优势是影响汉语词汇和语法的重要特征。

古代汉语单音节词多，但在汉语词汇的发展过程中，有一个明显的趋势，就是双音节化。比如，有不少古代汉语的单音节词，通过增添或者转化逐渐成为双音节词，如“耳—耳朵、车—车子、发—头发、虎—老虎、目—眼睛、日—太阳”等。有些多音节词或短语，在使用时也被缩略成双音节形式，如“北京大学→北大、登上月球→登月”等。还有一些新产生、新出现的词也多为双音节形式，如“微博、达人、按揭、吐槽”等。

在汉语的构词造句中，词语的音节数量具有重要的意义和影响。有的双音节形式和单音节所表达的概念义差不多，但当它们与其他形式组合时，往往具有很大的区别。例如：

阅读——读：阅读报纸　　阅报　　读报　　读报纸　　＊阅读报[1]
种植——种：种植树苗　　种树　　植树　　种树苗　　＊种植树
砍伐——砍：砍伐大树　　砍树　　伐树　　砍大树　　＊砍伐树
选择——选：选择课程　　选课　　择课　　选课程　　＊选择课

这样的现象数量众多，形成系列。汉语中这种由两个音节构成的能够自由运用的语法单位叫作**韵律词**。韵律词跟“语素、词”等基本单位有所不同，它是从音节数量的多少对词汇所作的分类。词语的长度影响词语的表达功能，这种现象在以前的教学和研究中都没有被充分关注过，但在汉语作为第二语言的学习和教学中又特别重要，需要我们在汉语词汇教学中特别注意。

三、广泛运用词根复合法构词

在汉语词汇系统中，运用词根语素（意义比较实在、在词中起核心作用的语素）复合而成的合成词最多，如“衣服、飞快、造假、心疼、阐明、房间”等。运用词根语素和词缀语素（没有什么实在的意义、附缀在其他语素上构词的语素）构成的派生词较少，如“第一、阿姨、袜子、石头、盖儿”等。由词根重叠而成的重叠词也很少，如“爸爸、妈妈、仅仅、刚刚”等。跟汉语相比，英语运用派生方式来构词则很常见，而且灵活多样。比如，同一个“act”可以派生出一系列的词来：

actor（男演员） actress（女演员）
acting（演戏） action（行为） activity（活动）
active（积极的） actively（积极地） activeness（积极性）
inactive（不积极的） inactively（不积极地） inactivity（无所作为）
react（反应） reactor（反应者） reactive（反应的） reactivity（反应性）
reaction（反应） reactionary（保守的，反动主义的，反动分子）

跟英语相比，汉语词汇还有其他一些比较特殊的方面，如汉语词根复合词的构造方式与短语的构造规则基本一致等，这里就不一一说明了。我们在学习词汇时，要重视上面说到的这些影响汉语表达系统的特点，把握好词汇的整体特征，这样才能更好地理解汉语词汇。

① 前加“*”表示该表达不成立。

【思考与练习一】

一、填空。

1. 词汇指语言中＿＿＿＿＿和＿＿＿＿＿的总汇。
2. 词是最小的＿＿＿＿＿的语言单位，语素是最小的＿＿＿＿＿结合体，短语是＿＿＿＿＿。
3. 我们用＿＿＿＿＿来区分词和语素，用＿＿＿＿＿来区分词和短语。
4. 根据音节数量的多少，语素可以分为＿＿＿＿＿、＿＿＿＿＿和＿＿＿＿＿。
5. 根据构词能力的强弱，语素可以分为＿＿＿＿＿和＿＿＿＿＿。根据活跃程度的大小，语素又可以分为＿＿＿＿＿和＿＿＿＿＿。
6. 从构词能力的强弱角度来看，“窗、黑、醒、酸”是＿＿＿＿＿语素，“航、职、功、恭”是＿＿＿＿＿语素。
7. 固定短语是＿＿＿＿＿，固定短语一般包括＿＿＿＿＿和＿＿＿＿＿。
8. 常见的熟语有＿＿＿＿＿、＿＿＿＿＿、＿＿＿＿＿、＿＿＿＿＿这几种类型。
9. “玻璃瓶里的咖啡是姥姥买的”这句话中有＿＿＿＿＿个词、＿＿＿＿＿个语素、＿＿＿＿＿个汉字。
10. “会计一会儿就会去开会”这句话中画线部分是＿＿＿＿＿个词、＿＿＿＿＿个语素、＿＿＿＿＿个汉字。

二、下列句子中画线的成分都是词吗？说出判断的理由。

1. 他白吃白喝，还白拿了一车白菜，说白了，就是个大骗子。
2. 台灯的开关关上了没有？
3. 今年吐鲁番的葡萄产量翻了一番。
4. 这几个西红柿红透了。
5. 他饿坏了，一连吃了三份三明治。

三、画出下面这段话中的词。

这是勇敢的海燕，在闪电之间，在怒吼的大海上高傲地飞翔。这是胜利的预言家在叫喊——让暴风雨来得更猛烈些吧！

四、运用替代法来鉴别下面的词中成分，哪些是语素，哪些不是语素。

学习	沙龙	沙包	蚯蚓	荒唐	荒原
精彩	窟窿	演练	蹊跷	苏打	缥缈

五、分析下列词语的语素构成情况。

校服　骆驼　从容　孝敬　蝴蝶　忐忑
巴士　撕打　苦涩　猩猩　酿造　蜡烛
澎湃　驼背　模特　画报　佛法　仿佛
参差　惨败　逍遥　雅思　本地　打的
葡萄酒　农产品　西班牙　呼啦圈　热水器
桑拿浴　高尔夫　旅行社　因特网　斯拉夫语
水上芭蕾　珠穆朗玛　马克思主义　中华人民共和国

六、分别从音节、构词能力和活跃程度上对下列语素进行归类。

老　沙发　瞰　芙蓉　苏维埃　基　丰　街　玲珑　妇
玛瑙　羽　性　荆棘　凡士林　蜈蚣　化　孤　谁　历

七、下列汉字有三种不同身份：① 只是语素；② 既是语素又是词；③ 既不是词又不是语素，请一一注明（将数字号码填入括号内）。

览（　）人（　）匍（　）缔（　）慷（　）念（　）司（　）
跳（　）葡（　）森（　）蛛（　）蜻（　）嗦（　）蚣（　）

八、分析下列对举的两个结构的异同。

编辑—编书　作假—作家　出产—出厂　新书—新娘　学习—学坏
白墙—白菜　热水—汗水　参赞—参政　海浪—海流　生姜—生肉
吃食堂—吃米饭　穿小鞋—穿新鞋　挖地洞—挖墙脚　占便宜—占座位
揭锅盖—揭老底　炒鱼片—炒鱿鱼　背黑锅—背麦子　钻山洞—钻空子

九、分别指出下列每句话中的汉字、语素和词。

1. 李厂长坐在沙发上喝咖啡。
2. 他喜欢唱流行歌曲，跳迪斯科。
3. 信赖，是一片爱的汪洋大海。
4. 在五彩斑斓的水石间，鱼群闪闪的鳞光映着雪水清流。
5. 老人蹒跚地走了过来。

十、在下列空格中填上相应词汇单位的个数。

	好	民主	白纸	幽默	多媒体	华尔兹	番茄酱	耶路撒冷
汉字								
语素								
词								

十一、汉语的语素常常根据音节的数量和性质来分类，你的母语中如何对语素进行分类？想想为什么会有这样的差别。

十二、为了更有效地对母语为非汉语者进行汉语词汇教学，有的专家提出了“语素教学法”，即在词汇教学中，除了讲练目标词语以外，还要将其语素加以离析，然后与其他已学或未学的词素再行组合。例如在学习“服装”一词时，将两字拆开，分别组合成“西装、时装”和“羽绒服、工作服”等词语，这样不仅能巩固所学词语，而且扩大了新词学习的范围，还能培养学生的猜词能力，即便他们没有学过“女装、男装、童装”等词，也能明白大概意思。你认为这种教法有道理吗？请谈一谈你的看法。

十三、举例说明现代汉语词汇的特点。

第二章
现代汉语词汇系统的构成

现代汉语词汇作为一个系统，它的构成是丰富多样的，一直处在动态的发展过程中。在长期的历史进程中，许多不同特点、不同来源的词语不断地汇合到这个系统中来，有的词语也会因各种原因逐渐退出这个系统。因此，我们可以从多个不同的角度对汉语词汇系统的构成情况做出考察，既可以分析现代汉语词汇的构成部分和使用特点，也可以分析词汇的来源和发展；既可以从总体上看，也可以从某一个特定的角度和范围去看，如从地域、行业、民族交往或语言接触的角度来看现代汉语词汇系统对各种方言词语、行业用语和外来词语的吸收。这些都是现代汉语词汇的重要构成部分。

一种语言词汇系统中的词语，多达数万乃至数十万，这些词语，从使用功能角度看，其地位实际上是不相同的。有些词使用得非常频繁，如“天、水、我、吃、一、上”等；有些词很少使用，一般人基本不用，例如“韵母、中子、保墒（bǎoshāng，使土壤中保存一定的水分，以适合于农作物出苗和生长）”等；有些词可以充当构词成分构成很多新词，如“人、电、打”等，而有些词根本没有跟其他成分组合成词的能力，如“把、被、了”等。因此，根据词汇系统中词语的不同功能特点，一般把词汇系统中的词语分为基本词汇和一般词汇两大类。

第一节　基本词汇

一、基本词汇的内涵和范围

基本词是指语言交际中使用时间长、使用频率高、为人们共同理解的词语。**基本词汇**就是基本词的总汇。它们表示人们日常生活中最基本的事物和概念，适用面很广。这是现代汉语词汇系统中比较稳定的内层部分。

从所表达的概念这个角度来看，基本词汇大致可以分为以下一些方面：

1. 与自然界常见事物有关的。例如：

天　地　田　土　山　河　湖　海　树
花　雨　雪　水　火　牛　鱼　鸟　虫

2. 与身体部位有关的。例如：

头　脑　脸　耳　口　舌　牙　胸　腰
身　手　指　腿　脚　心　肝　胃　骨

3. 与人际关系称谓有关的。例如：

爸爸　妈妈　爷爷　叔叔　姑姑　舅舅　哥哥
丈夫　妻子　老师　学生　同学　朋友　同事

4. 与衣食住用行等生活资料有关的。例如：

米　面　粮　油　布　衣　鞋　房　屋
床　刀　柴　煤　笔　灯　路　车　船

5. 与人的动作行为或事物的发展变化有关的。例如：

吃　睡　站　走　跳　看　说　写　听
改　变　生　长　死　出现　发展　消失

6. 与事物的性质或状态有关的。例如：

大　小　高　低　好　坏　冷　热　聪明
金黄　雪白　碧绿　高兴　欢快　平静　热烈

7. 与时间、方位或处所有关的。例如：

今天　明天　去年　从前　将来　以后　最近　中午
东　南　上　下　左　右　前　后　内　外
上面　前边　后头　中间　旁边　附近　周围　远处

8. 与数量有关的。例如：

一　二　三　十　百　千　万　亿
尺　寸　斤　两　只　张　次　顿

9. 表示指称和替代的。例如：

我　她　它们　自己　别人　大家　谁　什么
怎么　多少　哪儿　这　这样　那　那里　那么

10. 表示判断、存在、否定、程度、范围、关联等基本关系的。例如：

是　有　不　没　很　最　特别　非常
全　都　所有　的　和　跟　虽然　而且

11. 表示语气的。例如：

了　啊　呀　唉　吧　啦　哇

吗　呢　么　哟　嘛　哦　哩

二、基本词汇的特点

基本词汇反映人们的日常生活和语言的基本关系，是现代汉语词汇中的核心部分。从整体的角度来看，与一般词汇相比，它具有以下几个方面的特点：

（一）普遍性

由于基本词汇中的词都是人们在日常生活和日常交际中经常、普遍使用的词，因此使用范围非常广泛。这些词所表示的都是一些最常见的事物、现象和基本概念。

对于不同地域、行业、文化程度、年龄、阶层的人来说，基本词汇的使用频率都是很高的。人们可能受地域的限制而不使用某些具有方言色彩的词，因是“外行”而不使用某些行业语，受文化程度的限制而不使用某些古语词，因年龄的限制而不使用新词新语，等等，但是却不能不使用基本词。完全不使用基本词而要进行正常的交际是不可能的。因此，基本词汇具有很高的普遍性，是全民常用词汇。

（二）稳固性

基本词汇中的词大多是历史传承下来的，具有很强的稳固性。如数千年前就已经有记载的“牛、羊、马、鸡、酒、日、月、雨、雪、风、见、大、高”等词，这些词从古到今基本没有发生什么变化。基本词汇中，单音节词比较多。这跟汉语的特点有关系，也与历史传承有关系。汉语以“字”（这里的字不是只指字形）为基本单位，字集形、音、义三位于一体，一个汉字对应一个音节、一个词。古代汉语中，单音节词很多，传承至今，单音节词使用频率仍然很高。

基本词汇之所以具有稳固性，与它的概念内容和交际地位是分不开的。一方面，基本词汇所记录的客观现象或观念，常常比较稳固，很少发生变化，如“人、手、山、火、水、看、好、黑、白”这些词语。另一方面，词汇系统中的一部分词（基本词）保持相对稳定，体现出词汇系统及其交际功能的层次性。基本词汇是词汇系统的内核，往往适用于各个层面交际的共同需要；而一般词汇是词汇系统的外围成分，满足不同情况下交际的特定需要。

当然，基本词汇的稳固性是相对而言的。实际上，整个词汇系统一直是在变化发展的。原来的单音节词有不少变成了语素而保留在合成词中，如“月—月亮、目—目光、足—足迹、眠—睡眠、饮—畅饮”等。有的词则退出了交际系统，如“司空（古代掌管水利、建造的官员）、刖（yuè，古代的一种酷刑，把脚砍掉）”等。有的基本词形式没变，但是意义发生了变化。如“响”原来的意思是指回声，如“空谷回响、如响斯应、响应”等，后来泛指各种声音，如“声响、响度、响彻云霄”等；“姑”原来除了指“父亲的姐妹”，如“姑母、表姑”等，还可以指“丈夫的母亲”，如“翁姑、舅姑、姑嫜”等，而现在只指“父亲的姐妹”。稳固和变异是万事万物发展中相辅相成的统一体，词汇也不例外。

（三）能产性

所谓能产性，就是指构词能力较强。基本词是构成新词的基础。基本词汇具有使用上的普遍性，加之使用时间很长，非常稳固，影响很大，所以人们在构造新词语的时候，往往使用基本词尤其是单音节的基本词作为构词要素和基干，这样构成的词语，给人的感觉是既熟悉又新鲜，容易接受，也最容易普及开来。

一个基本词作为构词要素，往往可以同别的语素组合构成数十甚至数百个词语。例如：

心：①心病　心肠　心潮　心得　心地　心扉　心肝　心怀　心机
心爱　心动　心服　心寒　心黑　心慌　心急　心悸　心静
心宽体胖　心腹之患　心花怒放　心驰神往　心怀叵测　心惊肉跳
②爱心　圆心　忠心　真心　掌心　足心　唯心　疑心　自尊心
安心　专心　钻心　走心　醉心　负心　违心　向心　知心
嘴直心快　专心致志　壮心不已　语重心长　提心吊胆　别出心裁

生：①生菜　生辰　生词　生父　生机　生姜　生客　生路　生命
生病　生财　生产　生存　生动　生还　生活　生猛　生怕
生花妙笔　生老病死　生龙活虎　生拉硬拽　生离死别　生机勃勃
②花生　民生　门生　女生　学生　人生　今生　先生　医生
出生　增生　夹生　谋生　轻生　陌生　写生　野生　寄生
痛不欲生　自力更生　妙趣横生　借景生情　谈笑风生

正是这些构词能力极强的基本词，构成了词汇系统的基础。不过，也要注意以下两个方面。一是基本词具有构词能力，是就其主要部分而言的，其实有些基本词没有什么构词能力，如汉语中表示指称和替代的“我、你、他、它”等，表示基本语法关系的“的、地、得、了、和、并、把、被”等，表示语气的“吗、啊、哟、么”等。同时，单音节的基本词比多音节的基本词构词能力强，例如“秋”可以构成“秋天、秋波、秋分、秋风、秋毫、秋景、秋凉、秋水、秋意、秋装、秋游、秋老虎、秋高气爽、秋风扫落叶、明察秋毫”等，而同样意义的双音节词“秋天”就没有什么构词能力。二是有构词能力的词不一定就是基本词，例如“人造”可以构成“人造革、人造毛、人造棉、人造丝、人造冰、人造土、人造纤维、人造卫星、人造行星、人造石油”等，构词能力较强，但“人造”不是基本词，而是制造行业的术语。

普遍性、稳固性和能产性这三个特点是就基本词汇的整体来说的，并不是说所有的基本词都具备这三个特点，因此不能单纯将这三个特点当作判断基本词汇和一般词汇的唯一标准。这三个特点之间又是互相联系、互相影响的。由于基本词汇具有普遍性，在使用上涉及不同阶层、不同地域的人，客观上要求基本词汇保持相对稳固性，不能经常变动，以利于运用；而当出现新事物、新现象需要构造新词时，人们又首选现成的基本词作为构词材料，使得基本词汇又具有了很强的构词能力，这又反过来强化了基本词汇的普遍性和稳固性这两个特点。

第二节　一般词汇

一、一般词汇的内涵

一般词汇是指基本词汇以外的词汇。语言交际活动是复杂多样的，单靠基本词汇满足不了交际需求，还需要用到一般词汇。如在医院里经常要用到“内科、外科、挂号、会诊、消毒、皮试、麻醉、手术、化验、化疗、传染、隔离、针灸、护理、病历、病案”等词，这些词，尽管不是基本词，但都是看病或医疗事务中常用的词，离开了它们，在医院这个范围内进行交流就会存在一定的困难。

与基本词汇的普遍性特点相比，一般词汇的使用范围比较狭窄，不一定为人们普遍掌握。不同时期、地域、行业、阶层、文化程度的人所掌握的一般词汇也有差别。在生活实践和交际过程中，人们往往习惯性地掌握和使用跟自己的生活环境密切相关的一般词语。像“硬件、内核、搜索、引擎、缓存、驱动、显卡、代码”等词是计算机行业人士熟知和掌握的词语，“元音、辅音、清音、浊音、鼻音、边音”等词是语言学尤其是语音专业的人所熟悉并经常使用的词语，但这些词对其他行业的人来说就不那么常用和普遍了。而且，一般词汇也没有基本词汇那么强的稳固性，随着社会的发展，不断有新词产生，也不断有旧词消亡，经常发生变动。因此，一般词汇是灵敏反映社会发展变化的指示牌。另外，一般词汇的构词能力也没有基本词汇那么强。

虽然有上述这些差别，我们还是很难把基本词汇和一般词汇截然区分开来，二者具有紧密的联系。基本词汇是构成新词的基础，充实、扩大了一般词汇的内容。基本词汇和一般词汇之间也处于动态的关系之中。基本词汇中的有些词，在发展过程中变成了一般词语。如“臣”在古代社会是个很常用的词，也比较能产，是个基本词，有“议臣、诤臣、直臣、智臣、重臣、守臣、谪臣、遗臣、姻臣、藩臣、贼臣、奸臣、顾命大臣、钦差大臣、臣役、臣服、臣僚、臣民、臣子”等。随着时代的变迁，现在这些说法已经很少在交际中使用了。也就是说，“臣”发展到现在，已经转入了一般词汇，甚至主要作为构词语素而使用了。一般词汇中的词，也有可能在语言发展过程中逐渐取得基本词的性质而转化为基本词，如“手机、电脑、打车”等，原来并不是基本词，随着这些事物和现象在当今社会的普及，这些词为人们所普遍使用，很有可能发展为基本词。

二、一般词汇的范围

一般词汇的内容广泛而丰富。具体说来，主要包括以下几个方面：

（一）新词和古语词

新词和古语词是按词语产生和使用的相对时间来考虑的两种类型。

1. 新词

新词是指语言系统中新产生、新出现的词语。

社会生活中，特别是在经济、政治、科技、文化、教育等领域，每一个阶段的发展变化都会产生一大批新词语。新词语总是以反映新概念，指称新事物、新现象的面貌出现的。例如：

微博　驴友　暖男　蚁族　达人　蓝牙　峰会　玩家　星级
给力　融资　套牢　并购　按揭　磁控　缺位　逆袭　吐槽
暗物质　转基因　正能量　实名制　白富美　伤不起　物流时代　风险投资

近些年来，随着社会生活的急速变化并借助于网络的广泛运用与传播，各种网络词语不断涌现，成为新词的主要来源之一。例如：

斑竹　大虾　灰常　酱紫　表　粉

偶像　可爱　白骨精　蛋白质

山寨　鲜肉　灌水　潜水　汗　顶

in（表入时、时尚。如：她的打扮很 in）

out（表过时、落伍。如：你这样做已经 out 了）

-ing（表示正在做某事。如：想 ing、睡觉 ing）

网络词语的表达方式多种多样，有的借用语音中的谐音或变化来构词，如“斑竹”是“版主”的谐音；“大虾”是“大侠”的谐音，指的是善于应用网络、具有一定网络技术水平的人。其他的如“灰常（非常）、酱紫（这样子）、表（不要）、粉（很，后来也用来指粉丝，即追随者、崇拜者）”等。

有的网络词语是将汉语中已经存在的双音节或多音节词拆分开来逐字重新理解（多为别解），如“偶像”指“呕吐的对象”，“可爱”指“可怜没人爱”，“白骨精”是“白领 + 骨干 + 精英”，“蛋白质”则是“笨蛋 + 白痴 + 神经质”。

有很多网络词语说新不新，说旧又新。如“山寨”原指有寨子的山区村庄，在网络交际中指仿造的、非正牌的。“鲜肉”原为短语，指新鲜的肉，在网络交际中指年轻、帅气的男性。“灌水”也是短语，原指给田地浇水或向容器里面注水，在网络中指在论坛里发表没有实际内容的帖子。“潜水”原来指在水面以下活动，作为网络用语指的是在线不说话或只浏览页面、看帖而不发表个人意见的行为。这些词都是借用旧有的词语表达了新的意义内涵，属于旧词新用。

还有的网络词语移用和改造外语（主要是英语）的表达方式。如 in 引入到汉语网络交际后指“入时、时尚”；out 与 in 相反，指“过时、落伍”，两者在汉语网络中使用时多做形容词或动词使用，如“你的想法真 in，而他就太 out 了”。“-ing”移用到汉语中也表示正在进行，直接加在汉语动词词形的后面，如“哭 ing、抓狂 ing”等。

网络词语满足了网络交际的需要，有不少网络词语已经渗入到日常语言交际中了，如“刷屏、白骨精、山寨、-ing”等，为汉语的交际和发展提供了养分。

值得注意的是，新词语具有鲜明的时代特征，它们总是以某一个特定的时代为标志的。比如“五四”时期产生的新词语现在已经不认为是新词语了，而上面的“微博、给力、山寨、暗物质”等新词语（新词形或新义项）都是最近这些年才出现的。新词语产生后，有的会随着人们的广泛使用而进入到基本词汇的行列，成为词汇体系中的基本成分，有的也会随着时间的流逝而退出历史舞台，成为历史词，如流行于20世纪80—90年代的“大团结（指十元面额的人民币）、大哥大（指手提电话）、万元户、福利分房、BP机（指一种无线传呼机）”等词，除了用来描述当时的情况，现在已经基本不用了。可以说，新词语是一个经常发生变动的动态词汇集合体。

2. 古语词

古语词是从古代作品中继承、吸收过来的词语。根据来源和性质的不同，古语词可以分为文言词和历史词。

（1）文言词

文言词是指那些在古代语言交际中使用，而在现代汉语中只出现于书面语中的词语。文言词所代表或指称的事物、现象、关系等在现实生活中仍然存在，但是绝大多数已经被通俗易懂的现代词语所代替，因此在口语中很少使用。例如：

诞辰　冗员　望族　门第　冠冕（miǎn）　笑靥（yè）
肇（zhào）端　罢黜（chù）　贬谪（zhé）　滥觞（shāng）
伊始　孳（zī）乳　及冠　拜谒（yè）　吊唁（yàn）
兹　勿　甚　若　乃　尚　何尝　而已　呜呼

文言词或者表示特殊的语义，或者带有某种特定的感情色彩和文体色彩，如果能适当、贴切地使用，往往能产生简洁、庄重、典雅等语言效果。例如：

① 惠函收悉，至今未复，甚感歉疚，还望见谅。

② 以上各项，如蒙同意，敬请迅即派相关人员就有关问题达成协议。特此函达。

③ 值此大会召开之际，谨表祝贺。

④ 凡违反规定、私自出售者，必将严惩不贷。

像“函、甚、望、蒙、敬、特、达”等单音节文言词，现在都不能独立使用，必须和另外一个单音词组成一个双音节形式（如“惠函、甚感”等）才能使用。这样的单音节词及其组成的双音节形式具有庄重、典雅的书面语色彩。

使用文言词，一定要注意场合和情境，应该充分考虑所面对的对象和实际的需求，否则就有可能出现半文不白、掉书袋的现象。鲁迅的小说《孔乙己》里，有这样一段描述：

⑤ 孔乙己便涨红了脸，额上的青筋条条绽出，争辩道，“窃书不能算偷……窃书！……读书人的事，能算偷么？”接连便是难懂的话，什么“君子固穷”，什么“者乎”之类，引得众人都哄笑起来：店内外充满了快活的空气。

孔乙己满口“之乎者也”的说话方式，以及试图用文言色彩的“窃”来减轻“偷”的狼狈辩解，无一不被当时店里的人们所取笑。

对母语为非汉语的学习者来说，在初级阶段往往学习和使用口语词汇，到了高级阶段则应该掌握一定的文言词。不过，文言词的习得难度较大，学习者经常在需要使用书面语色彩的文言词时选择自己熟悉的现代汉语口语词汇，造成表达的不得体。例如：

⑥ 你校搞的那活动让我得到了很多益处。（贵校举办的那次活动让我受益良多。）

⑦ 你有了成绩不要骄傲，要一直努力，我希望得到你的回答！（再接再厉，敬候佳音！）

因此，文言词的习得需要学习者有较高的综合水平。

（2）历史词

历史词是表示历史上存在、现实生活中已经消失了的事物或现象的词语。

与文言词不同，历史词所表示的事物或现象在现实生活中已经消失了，只是在涉及历史事件、现象或涉及外民族的特定情况时才会使用。例如：

戈戟　门阀　科举　九品　秀才　私塾

皇上　寡人　储君　太尉　御史　尚书　侍中　知府　教头

登基　禅让　朝贡　和亲　会试　车裂　刺配　充军　凌迟

历史词一般在历史著作或反映古代生活的作品中出现，如一些历史小说、戏剧、电影、电视剧等。还有一些历史词虽然在本民族的现实生活中已经消失，但在外民族的现实生活中还是存在的。例如：

① 英国查尔斯王子是女王伊丽莎白二世和爱丁堡公爵菲利普亲王的长子，是英国历史上时间最长的王储。

有时，历史词用来表现现实生活时，还具有一定的修辞效果。例如：

② 他是家里的小皇帝，他的话就是圣旨，一家人谁也不敢违拗。

用“皇帝、圣旨”这样的历史词来表现“他”在家里的专横地位，既生动又形象。

（二）方言词和外来词

方言词和外来词是从词语产生的空间来源来考虑的两种类型。

1. 方言词

方言词指在某一地区使用的带有方言色彩的词语。

方言词实际上包含了两种类型：一是流行于特定方言区而没有在普通话中通行的词，二是已经被普通话吸收的带有方言色彩的词。没有在普通话中通行的这类方言词数量巨大，纷繁复杂。比如，对于同一种事物，各种方言往往有不同的称法。普通话的“妻子”所对应的方言词就有数十个，如“媳妇儿（北方方言）、女人（太原话、盐城话）、屋里头的（河南话）、烧锅的（安徽青阳话）、婆娘（成都话、绵阳话）、家婆（苏州话）、婆子（南昌话）、老太婆（舟山话）、堂客（长沙话）、老马儿（金华话）、厝里（福州话）、内人（广州话）”。

这里要着重说明的是被普通话吸收的那部分方言词，也就是原本流行于特定区域的方言词，通过一定的媒介传播进入到普通话之中，成为其词汇系统的一部分。普通话吸收方言，大致有以下几种情况：

一是有的方言词表示某一地域特有的事物，普通话中没有相应的词语来表示，因此吸收了这些成分，丰富了词汇系统。例如：

龙眼　橄榄　米线　腊肠　叉烧包　白斩鸡　油麦菜　米豆腐

二是普通话中虽然有相应的词语，但不如方言词表达得准确、生动或形象，吸收进来能增强表现力。例如：

侃　忽悠　磨蹭　窝囊　门道　大腕儿　遛弯儿　带劲儿
龌龊　噱（xué）头　尴尬　垃圾　名堂　蹩脚　瘪三　穿帮
私家　拍拖　爆棚　生猛　冲凉　摆平　打工仔　发烧友

方言词在社会中使用的范围越广，使用频率越高，进入普通话的时间越长，它的方言色彩就越淡，有的甚至看不出其源头了。比如，《北京土语词典》（1990年版）曾把下面这些词看作方言词：

凑合　般配　帮腔　插嘴　差劲　出息　败家子　打退堂鼓

到今天，这些词人们都已经相当熟悉，很少有人会再把它们当成是方言词了。这也在一定程度上说明，方言词是普通话词汇系统的重要来源之一。

2. 外来词

汉语里有不少词是从别的语言里借来的，这样的词叫**外来词**，也叫**借词**。根据吸收方式和构造特点，外来词可以大致分为以下几种：

（1）音译词

音译词指按照发音进行翻译的外来词。例如：

巴士（bus）　坦克（tank）　皮卡（pick-up）　桑拿（sauna）　雪碧（Sprite）
咖喱（curry）　沙拉（salad）　吐司（toast）　探戈（tango）　柠檬（lemon）

威士忌（whisky） 马自达（Mazda） 穆斯林（Muslim） 厄尔尼诺（El Niño）

阿訇（imam） 哈达（hada） 喇嘛（Lama） 冬不拉（dombra）

（2）音义兼译词

音义兼译词是指音译的同时尽量使用跟原词词义相关的汉语语素。例如：

休克（shock） 鸦片（opium） 逻辑（logic） 引擎（engine）

宜家（IKEA） 幽默（humour） 声呐（sonar） 基因（gene）

脱口秀（talk show） 披头士（Beatles） 可口可乐（Coca-Cola）

家乐福（Carrefour）

（3）半音译半意译词

半音译半意译词是把外来词分成两个部分，一部分音译，一部分意译。例如：

呼啦圈（hula hoop） 冰激凌（ice cream） 霹雳舞（breakdancing）

金利来（Goldlion） 新西兰（New Zealand） 唐宁街（Downing Street）

浪漫主义（romanticism） 诺贝尔奖（Nobel Prize）

奥林匹克运动会（Olympic Games）

（4）"音译＋类名"词

"音译＋类名"词是把外来词分成两个部分，一部分是音译（或音义兼译），另一部分加上表示这类事物的类名。例如：

曲奇饼（cookie） 太妃糖（taffy） 吉普车（jeep） 苏打水（soda）

桑拿浴（sauna） 浪琴表（Longines） 恰恰舞（cha-cha）

泰晤士河（Thames）

（5）字母词

字母词是借用外文字母或单词而形成的词。根据是否与汉语语素组合，又有两种情况：

一是纯字母形式的。例如：

IQ（智商） VIP（贵宾） DIY（自己动手做） EMS（邮政特快专递服务）

Fax（传真） email（电子邮件） Flash（闪光，软件名） iPhone（苹果手机）

纯字母形式一般是由几个词语的首字母缩略构成的（如"IQ"）。由较为完整的外文单词构成的字母词（如"Fax"），目前还比较少。

除了纯字母形式以外，还有与汉语语素或数字组合在一起的。例如：

A股 B超 O型（血） pH值 e时代 维生素A

A4纸 4S店 3C革命 4D影院 ISO认证 3D打印技术

随着汉民族外语水平的提高，中外文化交流、不同民族文化交流的不断加深，大量新事物和新概念进入到汉语交际当中来。字母词的出现在一定程度上弥补了汉语在表达某些新事物、新概念上的局限，如“Moving Picture Experts Group (MPEG) Audio Layer 3”用汉语来命名相当困难，往往只能对它进行阐释说明，即“一种数字音频编码和压缩格式”，而用 MP3 来表达就比较方便和简洁。字母词的使用也适应了信息网络时代的共享需求，不仅在一些专业领域通用，在人们的日常交际中也发挥了不小的作用，如 IT、CPU、http、Wi-Fi 等，已为一般人所广泛接受。不过，对于字母词在汉语中的使用也有不少争议，我们应该科学、合理地吸收和使用字母词，在日常表达中不要过分依赖和滥用字母词。

（6）借形词

除了上面五种形式以外，外来词中还有一种借形词。**借形词**是把用汉字书写的日语词直接借用过来，保持原词的词形（词义可能有变化），但改用汉语的读音。例如：

经验　对象　干部　革命　文明　体制　判断　意识　演绎
取缔　主观　景气　料理　写真　直觉　有机　金融　集团

由于这类词原本就是用汉字书写的，所以不太容易察觉出来是外来词。

汉语中还有一些词，从来源的角度看，是由外来概念形成的，但采用的是汉语的构词材料和规则，在形式上已经看不出多少外来、异域的情调和痕迹了。这样经过汉化的词语，只能算作外来概念词，严格来讲不是真正的外来词，主要包括意译词和仿译词这两种类型。

意译词是利用本民族的构词材料和规则，完全采用意译的方式把外语里某个词的意义移植过来。例如：

公司　电视　灵感　手机　激光
铁路　电脑　舞会　胶卷　维生素

仿译词是在意译的过程中，不仅保留原词的字面意思，同时还尽量移植原词的构词方式。其实这些构词方式也是汉语构词方式所允许的。例如：

热线（hotline）　牛仔（cowboy）　周末（weekend）　软件（software）
冷战（cold war）　白领（white collar）　草根（grass roots）　绿卡（green card）
拉力赛（rally race）　打字机（typewriter）　下意识（subconscious）
跳蚤市场（flea market）　花花公子（playboy）　白色污染（white pollution）

值得注意的是，在开始引入外来概念时，人们一般采用音译的方式连其语音形式一起吸收进来，但随着时间的迁移，有时人们会采取意译的策略来替换音译的表达，表现出较为明显的意译化趋势。在不同的阶段，有的外来词语既有音译形式，又有意译形式。例如：

email—伊妹儿（音译）—电子邮件（意译，可缩略为“电邮”）

laser—镭射（音译）—激光（意译）

motor—马达（音译）—发动机（意译）

платье—布拉吉（音译）—连衣裙（意译）

vitamin—维他命（音义兼译）—维生素（意译）

除了意译化的趋势以外，近年来汉语对外来词的吸收还有另一个发展趋势，就是使外来词中的某个音节语素化。所谓“音节语素化”，就是音译词中本来无意义的某个音节可以代表整个词的意义参与构词，从而获得语素资格。例如：

taxi—的士（音译）→的：打的、的哥、的姐、摩的、面的、板儿的

beer—啤酒（音译＋类名）→啤：生啤、熟啤、鲜啤、扎啤、冰啤、干啤、黑啤

bar—酒吧（音义兼译）→吧：吧台、吧女、水吧、氧吧、网吧

“的士”本是taxi一词的音译词，其中“的”只是构词音节，没有意义，因此并不是语素。但后来随着广泛而长久地使用,“的”能与其他词语灵活搭配，而且在“打的、的哥、的姐、摩的、面的、板儿的”等词语中具有了“的士或运营用的车”这样的意义，成为了语素。“啤、吧”也同样如此。这是外来词汉语化进程的重要表现，日益引起人们的关注。

不断吸收和改造外来词也是丰富普通话词汇系统的重要途径之一。

（三）社区词

语言是在社会交际中存在和发展的，而交际都是在特定的社会群体中实现的。从社会交际空间的差异来看，某些方面具有相同或相似特点的社会群体在用词上存在着“社区性”的特点，这就是社会区域词，简称社区词。**社区词**指的就是在某个社区流通的词语。比如，在中国内地（大陆）、香港、澳门、台湾以及一些海外的华人社区里，除了共通使用的那部分词以外，还有各自流通的社区词。例如：

中国内地（大陆）社区词：社保、北漂、黄金周、农民工、活雷锋、211工程、宏观调控

中国香港社区词：善款、人蛇、抢闸、垃圾虫、强积金、打工皇帝、伤健人士、秘奥（奥秘）、拉尺（卷尺）、尾站（终点站）、计程车（出租车）、地盘（建筑工地）、人工（工资）、辛苦（难受）、拉拢（使别人靠拢到自己方面来，无贬义）

中国台湾社区词：大咖、愿景、芭乐（番石榴）、采认、造势、博爱座（爱心座位）、道地（地道）、营运（运营）、根础（基础）、管道（渠道）、豪雨（暴雨）

海外华语社区词：

泰式华文社区词：公民证、倒债（出现债务危机）、肇案（肇事）、佛日（佛教节日）、僧王（佛教领袖）、法音（僧王或僧人为老百姓讲道）

新加坡华文社区词：资政、组屋、邮差、拥车证、度岁金（过年时发给贫苦老人的红包）、三合一家庭中心（托老、托儿、托幼）

无论是构词成分还是构造方式，社区词都跟汉语通用语的词汇系统基本一致。因此，社区词在形式上是以汉语通用语为基础的。不过，由于在特定的社区中流通，社区词与汉语通用语存在着不少差异。以香港社区词为例。有一些社区词反映了香港特有的事物和观念，如“人蛇（偷渡客）、抢闸（赛马时抢先出发）、垃圾虫（乱扔垃圾的人）、强积金（强制性的公积金）、打工皇帝（报酬极高的打工者）、伤健人士（身体受伤需要康复才能慢慢改善的人）”；有一些社区词与普通话词内涵相同，但形式有别，如“秘奥、拉尺、尾站、计程车”；还有一些社区词与普通话词形式相同，但内涵或用法有差异，如“地盘”在普通话里指“占用或控制的地方；势力范围”，但在香港社区最常见的意思是指“建筑工地”。

随着不同社区及社会群体接触和交往的日益频繁，有一些社区词不只在该社区使用，而是慢慢扩散到其他社区，形成“跨社区词”或“泛社区词”，有的甚至成为通用语，如“水货、物业、楼盘、义工、收银、放电、飙车、发烧友、私家车、烂尾楼、垃圾股、白马王子、煲电话粥、钻石王老五”等，已经成为普通话中常见的词语了。

社区词和方言词、外来词一起，成为现代汉语一般词汇的重要来源和组成部分。

（四）行业语

行业语是指在特定行业或领域内使用的词语。根据所属领域的不同，行业语可以进一步分为专业术语和行业用语。

1. 专业术语

专业术语是自然科学、人文社会科学等各个不同的领域所用的专门用语。例如：

哲　学：	实践	精神	本真	自我	存在	悖论	证伪
心理学：	情感	性格	意象	图式	动机	反射	移情
金融学：	信贷	债券	期货	股票	货币	利率	流通
物理学：	阻力	摩擦	反射	折射	介质	电压	固化
材料学：	纳米	合金	树脂	界面	硬度	酸蚀	氧化
医　学：	发烧	肿瘤	血栓	结核	骨折	分娩	化疗

每一门学科都有一整套满足于学科需要的专业术语，它们都有比较严格的定义和明确的意义，在各个民族、国家之间都有，对应性和国际性很强。随着各个学科不断的发展，也不断有新的专业术语进入其中，因此是一个动态变化的系统。

2. 行业用语

行业用语是指在社会各行各业中使用的词语。行业用语是由于社会分工的不同而出现的，同人们所从事的职业密切相关。例如：

农业：	插秧	施肥	除草	收割	嫁接	栽培	灌溉
工业：	焊接	压铸	锻造	组装	喷口	成品	模具
商业：	促销	直营	零售	批发	回扣	商圈	店面
出版：	印张	开本	插页	样本	排版	编辑	校对
影视：	首映	重播	录制	特技	编剧	票房	字幕
旅游：	景点	攻略	驴友	套票	地陪	跟团	双飞

不管是专业术语还是行业用语，通常都为一定的专业和行业服务。不过，也有相当一部分的行业语随着专业知识的普及和行业的发展而渐渐地为广大人民所了解和掌握。如“水平、消化、反馈、效应、群体、启动、渗透、对接”等，原本都是行业语，随着词义的扩大或泛化而进入到一般词汇之中，有的甚至进入了全民常用的基本词汇行列。

因此，行业语也是丰富普通话词汇系统的重要来源之一。

第三节　熟　语

除了基本词汇和一般词汇，现代汉语词汇系统中还有一类比较特殊的构成部分——熟语。**熟语**是指人们习用的定型化了的固定短语。跟基本词汇和一般词汇里的词相比，熟语在形式上和意义上都具有鲜明的特色。熟语包括很多类型，这里介绍其中主要的三类——成语、惯用语和歇后语。

除了形式和意义凝固性很高的熟语类型以外，具体的语言交际中还有一些由词组成、意义不那么凝固但又不同于自由短语的语言成分，它们往往以整体或框架形式出现，如“锻炼身体、从……到……、开……玩笑、挺……的、哪里哪里”等。由于这样的组块形式（即“语块”）在词汇系统及词汇教学中具有特殊的表现，这一节也对它做出简要说明。

一、成语

（一）成语的内涵和来源

成语是人们长期习用的形式简洁而意义精练的固定短语。大多数成语都是从历史上沿袭下来的，蕴含了丰富的文化，经过近千年的使用和流传，已经进入了汉语词汇的宝库。

汉语中的成语大都有一定的出处和来源。主要来源有以下几种：

1. 神话寓言

中国古代有很多富有想象力的神话传说和寓言故事流传下来，含义深刻，富有教育意义，充满哲理和智慧，被后世概括成了成语。例如：

开天辟地　　愚公移山　　女娲补天　　八仙过海　　嫦娥奔月
坐井观天　　刻舟求剑　　杞人忧天　　鹬蚌相争　　自相矛盾

2. 历史故事

历史故事是指历史上真实存在的人物和事件。中国古代有许多著名的历史故事和历史事件，后人把它们凝缩成四个字的成语。例如：

破釜沉舟　　草木皆兵　　高山流水　　指鹿为马　　江郎才尽
四面楚歌　　三顾茅庐　　萧规曹随　　东山再起　　讳疾忌医

3. 诗文语句

有些成语从古代典籍脍炙人口的诗文语句中截取、凝缩、引用或改造而来。

例如：

有条不紊　举一反三　痛心疾首　奴颜婢膝　胸有成竹
水落石出　一鸣惊人　一鼓作气　分庭抗礼　外强中干

4. 口头熟语

有不少成语现在已经找不到真正的原始出处了，它们绝大部分是人民群众创造出来的，一般在口头语言中使用。例如：

摩拳擦掌　偷天换日　装模作样　好事多磨　指桑骂槐
另起炉灶　投鼠忌器　拖泥带水　阳奉阴违　不三不四

5. 佛教经典

汉语中有少数成语借自佛教经典。这些成语来自佛经，原本都与佛教故事和教义有关，不过有很多已经获得了新的含义。例如：

一尘不染　五体投地　六根清净　衣钵相传　借花献佛
当头棒喝　天花乱坠　大千世界　在劫难逃　不可思议

了解成语的来源，对理解成语的意义很有帮助。只有了解成语的来源及其发展变化，才能真正理解成语的含义。

（二）成语的特点

成语是固定短语中最为凝练的类型。它具有以下几个方面的特点：

1. 结构的凝固性

成语多数由四字构成（又称四字格成语），经过长期使用，在结构上已凝固成一个整体。结构的凝固性可以从三个方面体现出来：

一是构成成语的语素定型，一般不能随便更换。如“地广人稀”不能说成“地广人少”，“隔岸观火”不能说成“隔岸看火”，而“亡羊补牢”不能说成“亡牛补牢”，“浑水摸鱼”也不能说成“浑水摸虾”，等等。不过也有微调的情况，有少数成语的个别语素可以用其他语素来替换，如“莫名其妙”可以说成“莫明其妙”，“不由分说”也可以说成“不容分说”。

二是成语中构成成分的次序固定，一般不能随意颠倒。如“深谋远虑”不能说成“远虑深谋”，“标新立异”不能说成“立异标新”，“闻风丧胆”不能说成“闻风胆丧”，“上下交困”也不能说成“上交下困”，等等。只有很少一部分成语（以并列结构为主），前后互换位置影响不大，如“千山万水—万水千山、山盟海誓—海誓山盟、天涯海角—海角天涯、冰清玉洁—玉洁冰清、得意洋洋—洋洋得意”等，互换后意思没变，只是哪个更常用的问题。

三是构成成语的字数固定，一般不能随意增减。如“掌上明珠”不能说成“掌上的明珠”，“百里挑一”不能说成“从百里挑一”，“不吐不快”不能说成“如果不吐就不快”，“不痛不痒”也不能说成“既不痛又不痒”。

因此，我们在使用成语时，在结构上不能任意改变构成成语的成分及其位置。

2. 意义的整体性

理解一个成语的意义，决不能望文生义，因为成语的意义具有整体性，不是其构成成分意义的简单相加或总和。如“愚公移山”并不能简单地理解为字面所表示的意思——“愚公把山移走了”，而是用愚公移山的故事借指“做事有毅力，有恒心，不怕困难”。又如“胸有成竹”也并不是指“胸中有竹子”，而是用“画竹子时心里有一幅竹子的形象”来比喻做事之前已经有通盘的考虑。由此可见，成语的意义是其构成成分之间关系的进一步概括和引申，这也就要求我们在理解成语时须做整体上的理解。

二、惯用语

（一）惯用语的内涵和来源

惯用语是人们口语中习用的结构定型、生动形象的固定用语。例如：

铁饭碗　笑面虎　黑心肠　多面手　马后炮　定心丸　鬼门关

背黑锅　走后门　揭老底　钻空子　炒鱿鱼　开玩笑　敲竹杠

钻牛角尖　打退堂鼓　吃哑巴亏　捅马蜂窝　唱对台戏　啃硬骨头

惯用语多是三音节的形式，也有更多音节的情况，但数量不多。

惯用语是人们在交际过程中逐渐形成的。它紧贴生活，常以实际生活中的事物或行为来比喻另一事物或行为。如用“咬耳朵”这种行为来比喻凑近人耳朵边低声说话，不使人听见。又如用“马后炮”这一棋艺用语来比喻不及时的举动。这样的说法通俗易懂又生动幽默。

由于惯用语来源于丰富多彩的实际生活和人民群众的口头创造，因此，多数很难指出它们的出处和来源。只有少数惯用语可以从古代神话传说、历史故事或文学作品中窥见它们的运用情况。不过，即便是能指出出处的惯用语，可能也早已在民间流传和使用了。粗略说来，惯用语的来源主要有以下几种：

1. 神话传说

有些惯用语是从神话或传说中凝练出来的。例如：

登龙门　鬼门关　阎王殿　鬼画符　上西天　迷魂汤

扫帚星　丧门神　财神爷　下油锅　白虎星　打入十八层地狱

“登龙门”的背后有个鲤鱼登龙门的神话传说：“龙门之下，每岁季春有黄鲤鱼，自海及诸川争来赴之。一岁中，登龙门者不过七十二。初登龙门，即有云雨随之，天火自后烧其尾，乃化为龙矣。”(《太平广记》）后来，人们便用“登龙门”来比喻由微贱到富贵，或比喻得到有名望、有权势者的援引而身价大增。又比如，“鬼门关”是迷信传说中阴间与阳间交界的关口，后来人们用来比喻凶险的地方，“过鬼门关”便用来比喻历经灾难的殊死折磨。“阎王殿、鬼画符、迷魂汤、打入十八层地狱”等都是从迷信传说中形成的。

2. 历史故事、制度习俗

有一些惯用语来源于历史故事。例如：

笑面虎　眼中钉　肉中刺　安乐窝　一窝蜂　敲门砖

借东风　破天荒　紧箍咒　吃闭门羹　唱空城计　下逐客令

“笑面虎”在宋代庞元英《谈薮》里有记载：“王公衮字吉老，宣子尚书之弟。……公衮性甚平和，居常若嬉笑，人谓之‘笑面虎’。”由历史上的这个人物及其故事产生了“笑面虎”这个用语，后来逐渐用来比喻外表装得善良而心地凶险之人。又如“借东风”，是借《三国演义》中诸葛亮草船借箭的故事来打比方，比喻要利用良好时机。

还有的惯用语来源于古代的制度、习俗等。例如：

戴乌纱帽　打官腔　抬轿子　打退堂鼓　打入冷宫　立军令状　假传圣旨

这些由历史故事和古代制度、习俗凝结而成的短小精悍的惯用语，历经千年，流传至今，依然是人们耳熟能详的常用语。

3. 诗文语句

有的惯用语是从古代诗文语句中凝练而成的。例如：

耳边风　定盘星　莫须有　赔了夫人又折兵

“耳边风”来源于唐代杜荀鹤诗句“百岁有涯头上雪，万般无染耳边风”，现在也叫“耳旁风”，原本指“吹过耳边的风”，现在用来比喻对别人的嘱咐或劝告等不放在心上。又如“定盘星”，出自宋代朱熹《水调歌头·联句问讯罗汉同张敬夫》中的“记取渊冰语，莫错定盘星”，后来人们便用“定盘星”来比喻要拿定主意。

4. 口头熟语

广大人民群众的生活智慧和口头语言都是极为丰富的，这一来源的惯用语数量较多，涵盖了实际生活的各个方面。例如：

日常生活：穿小鞋　戴高帽　拍马屁　泼冷水　老油条　走后门
　　耍嘴皮子　吃大锅饭　穿一条裤子　碰一鼻子灰

戏剧戏曲：唱高调　唱反调　唱双簧　敲边鼓　乱弹琴
　　耍花枪　跑龙套　走过场　台柱子　唱独角戏

军事：打埋伏　打头阵　打游击　放暗箭　打冷枪
　　放空炮　端老营　排头兵　烟幕弹　先遣队

数字：二百五　半吊子　二一添作五　三下五除二　不管三七二十一

下棋：将军　马后炮　过河卒子

5. 方言或外来概念

还有的惯用语来自方言或外来概念。例如：

炒鱿鱼　吹牛皮　拆烂污　替罪羊　里程碑

“炒鱿鱼”是从粤方言中来的，鱿鱼一炒就卷了，正如卷铺盖那样，因此用“炒鱿鱼”来比喻解雇、卷铺盖走人。“替罪羊”来自《圣经·旧约》，是由外来的概念凝练而成的。

由此可见，惯用语的来源相当广泛。了解惯用语的来源，对准确掌握其语义是很有好处的。有的惯用语，如不知其来源，就难以了解其真正含义，如“登龙门、敲门砖”等。

（二）惯用语的特点

跟成语的四字格相比，惯用语以三个字的居多，也有四字、五字甚至五字以上的。一般说来，它具有以下两个特点：

1. 结构的定型性

惯用语在结构上也具有定型性。如“黑心肠”不能说成“黑的心肠”，“后悔药”不能说成“治后悔的药”，“活见鬼”也不能说成是“活活见到了一个鬼”，等等。这点它与成语、歇后语等熟语一样。但是，惯用语的定型性比成语弱，有的惯用语可以更换其中的构成成分，如把“脚踏两只船”说成“脚踩 / 登两只船”、“栽跟头”说成“摔 / 跌跟头”都是可以的。还有一些述宾形式的惯用语，在使用的时候，具有很大的灵活性。例如：

打埋伏：打一打埋伏、打了一次埋伏、打敌人的埋伏、这次埋伏打得漂亮

碰钉子：碰了钉子、碰了个大钉子、碰过一次钉子、这个钉子碰不得

占便宜：占了便宜、占了一次大便宜、占他的便宜、他的便宜可不好占

开玩笑：开开玩笑、开了一次玩笑、开了他的玩笑、他的玩笑不能开

揭老底：揭揭老底、揭了一次老底、揭了他的老底、把他的老底揭了、他的老底被揭了、他的老底揭得人们触目惊心的

上面的这些惯用语，中间既可以插入一些词语，也可以颠倒其中成分的次序，而它所表达的意思基本不受影响。

2. 意义的整体性

在意义上，惯用语与成语一样，也具有整体性特征。惯用语的含义往往不是其组成成分字面意义的简单相加或总和。如“你们俩去看电影吧，我可不想当电灯泡”，这个句子中的“电灯泡”可不是指“白炽电灯上用的发光器件，一般呈梨形或球形”这个含义，而是指在两人约会时出现的不合时宜的第三个人。这是采用比喻的修辞方法，将不合时宜的第三个人比喻成电灯泡，从字面义衍生出来的新的意义。可见，惯用语一般具有两层意思，一层是字面意思，另一层通常是比喻义、引申义或者是文化义。

惯用语口语色彩浓重，由于生动传神、形象活泼等特点，经常出现在人们的口头交际活动中。对于母语为非汉语的学习者来说，惯用语是一道不小的障碍。由于结构和意义上的特殊性，有很多惯用语并不能通过字面义去推测其整体意义，还有的需要结合词义的感情色彩甚至文化内涵等方面来理解。如“狗头军师”是用来比喻爱给人出主意但主意却并不高明的人，如果光从字面义去揣摩而不结合其贬义色彩以及汉语文化，就难以正确地理解和运用。因此，对惯用语的学习需要建立在一定的汉语水平基础之上。

三、歇后语

（一）歇后语的内涵和类型

歇后语是由近似于谜面、谜底的两部分组成的，中间有间歇的口头用语。例如：

哑巴吃黄连——有苦说不出

民航开辟新航线——有机可乘

《百家姓》去掉赵——开口就是钱

炒了的虾米——红人（仁）

隔窗户吹喇叭——名（鸣）声在外

像“哑巴吃黄连——有苦说不出”这样的歇后语，谜底是从前面谜面的比喻推理得出的结果，而“炒了的虾米——红人（仁）”，谜底在谜面推理的基础上还增加了谐音的要素。按照这样的区别，我们可以将歇后语分为以下两种类型：

1. 谐音类

谐音类歇后语是利用同音字或近音字相谐，由原来的意义引申出所需要的另一个意义。例如：

小葱拌豆腐——一清（青）二白

梁山泊军师——无（吴）用

精装茅台——好久（酒）

三九天穿单衣——威（畏）风

2. 喻义类

喻义类歇后语指的是通过打比方的方式来阐明事物或现象的属性或特征。根据谜面、谜底之间的性质和特点，喻义类歇后语又可以细分为以下几个小类：

（1）喻事类

喻事类歇后语是用客观的或想象的事情打比方。要领悟后半截的谜底，需要对用来作比的事情的特点、情状有所了解。例如：

弄堂里搬木头——直来直去

隔着门缝看人——把人看扁了

竹篮打水——一场空

一根头发分八瓣——细得很

（2）喻物类

喻物类歇后语是用某种或某些物件打比方。了解了事物的性质，也就能领悟它的意思。例如：

春茶尖儿——又鲜又嫩

秋后的蚂蚱——蹦跶不了几天

棋盘里的卒子——只能进不能退

放了气的皮球——硬不起来

（3）故事类

故事类歇后语一般是用常见的典故、寓言或神话传说等打比方。只要知道用来作比的人物及其故事，一般也就能理解。例如：

姜太公钓鱼——愿者上钩

楚霸王举鼎——力大无穷

曹操吃鸡肋——食之无味，弃之可惜

周瑜谋荆州——赔了夫人又折兵

要注意的是，以上只是大致的分类，类与类之间也有交叉。有的歇后语兼有几种特点，比如“纸糊的琵琶——谈（弹）不得”既谐音，又喻物。无论是什么类别，作恰当的比喻是歇后语的共同特点。人们需要了解用来作比的事物或事件的性质或特点，来推出所要比喻的意义。

（二）歇后语的特点

跟成语和惯用语相比，歇后语在结构和意义上具有鲜明的特点。

在结构上，歇后语由前后两个部分组成。前半截是形象的比喻，为谜面，后半截是对前半截的解释和说明，为谜底。歇后语可以把两部分都说出来，但在一定的语言环境中，也可以只说出前半截，“歇”去后半截，人们也不难领会和猜出它的本意。例如：

① 他这次一如反常地献殷勤，明显就是黄鼠狼给鸡拜年（——没安好心）。

② 我这样帮他，他还不领情，真是狗咬吕洞宾（——不识好人心）。

这种把后半部分隐去不说的用法，显得比较含蓄、委婉，给人以想象的空间。不过，对于一些不太常见或人们不太熟悉的歇后语，省略后半部分会让人难以理解。如“盐店的老板——闲（咸）人”，如果不把后半部分一起说出来，就会让人不知所云。还有的歇后语，谜底部分可以有不同的解释和说明，可以表达不同的含义，这时一定不能省略，如“石头上长的草——根底硬 / 根不深”。

在意义上，歇后语需要人们通过前半部分的比喻和引子，抓住用来作比事物、事件的特点和性质去揣摩领会后半部分的意义。虽然后半部分在表达时可以省略，但所要表达的实际意思和重点还在后半部分。

歇后语具有通俗易懂、活泼形象的特点，一般用在口头或一些通俗的文艺作品里，深受老百姓的喜爱。

四、语块

除了成语、惯用语和歇后语等高度凝固和定型化了的固定短语外，语言表达中还有一些由多个词语单位组成的、具有一定的固定性且须整块出现的结构体。我们将这些特殊的表达形式称作**语块**。例如：

不敢当　　哪里哪里　　有话好说　　可不是吗

聊天儿/聊了半小时的天儿　　生气/生他的气/生了很大的气

提～意见　　干涉～内政　　坚持～原则　　表示～感谢

在……上　　连……带……　　怪……的

只有……才……　　首先……其次……再次……

像上面这样的结构，语言学习者往往需要整体存储在大脑中，在使用时须整体提取和打包，这种整存整取的特点能帮助学习者减少信息加工的程序和难度。

不过，不同类型的语块，其形式和意义结合的紧密程度是有差别的。如“够呛、不敢当”等语块，形式和意义的凝固程度最高，一般不能随意变更次序和成分，其实质相当于熟语；“聊天儿/聊了半小时的天儿、生气/生他的气”等语块内部可离可合，中间还可以插入多种成分，具有一定的自由性；“提～意见、干涉～内政”等语块，成分之间的组合和搭配比较固定；“在……上、连……带……”等语块则像一个框架，形式上比较固定，而内部空槽待填成分又比较灵活；而像“只有……才……”等语块在形式和意义上比较透明，主要起到连接作用和篇章功能。可见，汉语语块的类型多种多样，具有不同的性质特征。

其实，像成语、惯用语、歇后语等熟语，也是广义的语块，只是这种类型的语块形式和意义结合得最为紧密，整合程度也最高。关于语块的类型和语块教学的具体内容，本书将在第十章进行系统说明。

【思考与练习二】

一、填空。

1. 基本词是指________________________________，基本词汇就是________________的总汇。

2. 整体而言，基本词汇具有______、______和______这三个特点。

3. ________和________是按词语产生和使用的相对时间来考虑的两种类型；________和________是从词语产生的空间来源来考虑的两种类型。

4. 根据来源和性质的不同，古语词可以分为________和________。“苗裔”是________词，“驸马”是________词。

5. “唠嗑”是________词，“克隆”是________词。

6. “扑克”是外来词中的________词，“扑克牌”是________词；“摩托车”是________词，“卡车”是________词；“组织”是________词，GDP是________词。

7. 英语的“shock”写成“休克”是________词，写成“虚脱”是________词。

8. 根据所属领域的不同，“期货、基金”是__________，“熊市、套牢”是__________。

9. 成语是____的固定短语。它在结构上具有________，在意义上具有________。

10. “针锋相对”是熟语中的________，“针尖对麦芒——尖对尖”是________；在“铁公鸡——一毛不拔”中，“铁公鸡”是________，“一毛不拔”是________，这两个部分合起来是________。

二、选择。

1. “引擎、芒果、声呐”都属于（　　）

A. 纯音译　　B. 意译　　C. 音义兼译　　D. 半音译半意译

2. “绿卡、冰激凌、华尔街”属于（　　）

A. 纯音译　　B. 意译　　C. 音义兼译　　D. 半音译半意译

3. “软件、手机、网页”都属于（　　）

A. 外来词　　B. 新词　　C. 方言词　　D. 行业词

4. “模特、沙龙、马达”都属于（　　）

A. 外来词　　B. 新词　　C. 方言词　　D. 行业词

5. “蹩脚、尴尬、冲凉”都属于（　　）

A. 外来词　　B. 新词　　C. 方言词　　D. 行业词

6. “蹦极、优盘、磁卡”都属于（　　）

A. 外来词　　B. 新词　　C. 方言词　　D. 行业词

7. “香波、幽默、逻辑”这三个外来词的借用方式是（　　）

A. 纯音译　　B. 意译　　C. 音义兼译　　D. 半音译半意译

8. “概念、表决”这两个外来词的借用方式是（　　）

A. 纯音译　　B. 意译　　C. 音义兼译　　D. 半音译半意译

9.“老生、脸谱、跑龙套”这三个专门词语属于（　　）

A. 戏曲用语　　B. 商业用语　　C. 哲学术语　　D. 经济学术语

10. 下列都属于古语词的一组是（　　）

A. 人、刀、盐、船　　B. 水、目、睹、闻

C. 箸、毋、兹、甚　　D. 殿、阙、门、庭

11. 下列都属于古语词中的文言词的一组是（　　）

A. 亵渎、拜谒、邂逅、伉俪　　B. 败北、举人、囹圄、皇帝

C. 聆听、苗裔、悼念、陛下　　D. 长安、沐浴、而已、玷污

12. 下列都属于古语词中的历史词的一组是（　　）

A. 伶仃、祭坛、碰壁、科举　　B. 倘若、太尉、幽默、项羽

C. 轩辕、职衔、忤逆、狱吏　　D. 状元、红娘、知县、陛下

三、鉴别下列词语，指出它们所属的类别。

拨冗　基因　干事　冬不拉　SOS　邂逅

水货　马拉松　东京　宦官　晓得　爵士

CBD　模具　尴尬　汽车　蹩脚　莞尔

氧吧　哈达　伦敦　大咖　手机　SPA

电影　可口可乐　股票　黑屏　庶人　瘪三

伏尔加酒　手续　卫星　沙丁鱼　事务所

太子　备忘录　总统　寿司　洛杉矶　系统

四、解释下列惯用语。

变色龙　炒冷饭　打头炮　一刀切　大杂烩

抱佛脚　地头蛇　乱弹琴　马大哈　狗咬狗

翘尾巴　抱粗腿　绣花枕头　陈谷子烂芝麻　挂羊头卖狗肉

五、指出下列成语的来源。

一干二净　完璧归赵　爱屋及乌　老骥伏枥

愚公移山　黄粱美梦　天马行空　信誓旦旦

扑朔迷离　自相矛盾　负荆请罪　精卫填海

六、简答。

1. 举例说明汉语基本词汇的特点。

2. 基本词汇和一般词汇之间是什么关系？

3. 举例说明汉语借用外来词的方式。

4. 惯用语、歇后语和成语相比，各有哪些特点？

七、在外来词的借用过程中，有时候会发生几种形式并存的情况。比如“Internet—因特网—互联网”、“World Wide Web—3W—Web—万维网—环球网”，你认为哪种形式比较好？谈一谈你的理由。

八、像“芝士、的士、电饭煲、买单、饮茶、搞笑”这些词，都是从粤语中引进的。但是，普通话里本来就有“奶酪、出租车、电饭锅、结账、喝茶、逗乐儿”这样的词，有人认为既然普通话中有相应的说法，那就没有必要从方言中引进了。你认为这样的说法有道理吗？为什么？

九、有人认为，字母词采用的是非汉字形式，是对汉语传统词汇的冲击，不利于维护汉语词汇的纯洁性。请说一说你的看法。

十、你所熟悉的语言或方言中有哪些惯用语？请举出几个比较常见的例子，并分析它们的结构和语义特点。

十一、近年来，你所在的国家在使用汉语时有没有出现什么新词？是关于哪些方面的？请举例说明。

十二、请你举出你的母语里的一些常用语块，如果在汉语里有类似的表达，请比较一下它们的相同点和不同点。

第三章
词的构造

词是由语素构成的。汉语的语素大多数是单音节的，许多语素都能独立成词。语素和语素之间又能根据构词规则相当自由地组合成词，如“生”和“活”两个语素，它们既能单独成词，又能组合成“生活”一词，同时还能跟其他的语素组成一系列的词，如“生命、生产、生存，活动、活泼、活力”等。因此，汉语词的构造方式复杂多样，掌握词的内部构造方式，不仅有助于加深对词语结构的理解，而且也可以使我们更好地理解词义及其用法。

根据词的内部结构的不同，现代汉语的词可以分为单纯词和合成词两类。

第一节　单纯词

单纯词是指只有一个语素构成的词。

汉语一个语素往往对应一个音节，因此，那些由一个单音节语素构成的词都是单纯词。例如：

房　网　听　有　短　苦　很

不　向　跟　得（de）　且　咦　喔

汉语一个语素也可能是由两个或两个以上的音节构成的，这样的单纯词主要有以下几种情况：

一、联绵词

联绵词指两个音节连缀成义而不能拆开的词。如“望洋”不能拆开来解释为“望着海洋”，而是表示“抬头向上看的样子”，“望洋兴叹”就是仰视而叹。因此，“望洋”是一个联绵词，这个联绵词的两个汉字各自都只有音节而没有意义，合起来才有意义。

根据音节连缀特点的不同，联绵词包括以下三种类型：

（一）双声

双声指连缀成义的两个音节声母相同。例如：

仿佛　吩咐　澎湃　淋漓　伶俐　倜傥　秋千　尴尬

参差　踌躇　慷慨　蹊跷　玲珑　崎岖　忸怩　拮据

（二）叠韵

叠韵指连缀成义的两个音节韵母相同或相近。例如：

叮咛　汹涌　霹雳　蓓蕾　绸缪　葫芦　荸荠　婆娑

仓皇　旖旎　蹒跚　缱绻　锒铛　龌龊　趔趄　邋遢

（三）其他

芙蓉　蔷薇　蚂蚁　薄荷　枸杞　蟋蟀　鹧鸪　蝙蝠

婀娜　妯娌　逶迤　邂逅　狡猾　狰狞　垃圾　疙瘩

二、叠音词

叠音词是重复同一个音节构造而成的词。例如：

潺潺　涓涓　猩猩　蝈蝈　菁菁　飒飒　纷纷　娓娓

侃侃　昂昂　耿耿　汹汹　孜孜　脉脉　冉冉　依依

要注意的是，叠音词只是音节的重叠，而不是语素的重叠，它们与“爸爸、仅仅、常常”这样的重叠词在构造上是不同的。叠音词中的字都不能单用，也不表意义，两个字叠起来才表示意义，构成一个语素，叠音是构词手段；而重叠词中的字都是语素，都有意义，不过重叠后并没有附加新的语法意义，重叠仍是构词手段。

汉语中的联绵词和叠音词，由于语音上的特点，在语言表达上往往使作品具有音乐美，听起来琅琅上口，从而产生良好的表达效果。

需要说明的是，联绵词、叠音词中很多字都只用于这个词中，而不在其他词中出现，因此这些词（尤其是联绵词）中的生僻字比较多。

三、拟声词

拟声词也叫象声词，是模拟事物声音的词。例如：

嘘嗖　哎哟　啾啾　叽咕　哐当　啪嗒　吱呀

嘀铃铃　骨碌碌　呼噜噜　哗啦啦

噼里啪啦　叮铃啷当　叽里咕噜　稀里哗啦

四、音译词

音译词是以读音相同或相近的字翻译外来词语而形成的单纯词。音译词包括从外国语言中音译过来的词。例如：

酷（cool）　粉丝（fans）　艾滋（AIDS）　扑克（poker）　探戈（tango）

卡路里（calorie）　新加坡（Singapore）　伏特加（водка）　布拉吉（платье）

也包括从少数民族语言中音译过来的词。例如：

胡同（gudum）　蘑菇（moku）　哈达（hadag）　站（jam）　萨其马（sacima）

“胡同、蘑菇、哈达、站”是从蒙古语中借过来的音译词，“萨其马”（也作“沙琪玛、沙其马、沙其玛”等）是从满语借过来的音译词。

音译词是单纯词，这是因为构成音译词的几个音节同该词在意义上没有联系。值得注意的是，有的既是音译又是意译的词，如“香波（shampoo）”，由于构成语素在意义上跟整个词密切相关，因此不能算单纯词，而只能算合成词。

第二节　合成词

合成词是指由两个或两个以上的语素构成的词。

合成词是由几个语素构成的，不同性质的语素在合成词中的作用并不相同。有的语素意义比较实在，如“改变”中的“改”和“变”、“扫地”中的“扫”和“地”等。由于这样的语素在词中起核心作用，我们称之为**词根**。有的语素没有什么具体实在的意义，而且只能出现在固定的位置，如“阿姨”中的“阿”、“木头”中的“头”等。由于它们只能附缀在其他语素上构成词，我们称之为**词缀**。汉语的双音节词大多数都是由词根和词根组合而成的，也有由词根附加词缀构成的，不同性质的语素互相组合，便构成了不同结构的词。

语素之间关系的不同，所构造出来的合成词也会不同。如在“道路”这个词中，“道”和“路”的意思相近，二者是并列关系；在“将军”这个词中，“将（率领、带领义）”表动作，“军（军队义）”是动作的对象，二者形成支配与被支配的关系；在“雪崩”这个词中，“雪”是陈述对象，“崩”陈述动作，二者构成陈述和被陈述的关系，等等。

根据语素的不同性质和语素之间的关系，我们将合成词分为下面三种类型：

一、复合词

复合词是指由两个或两个以上不同的词根构成的词。在现代汉语中，双音节的复合词占大多数，因此这里主要以双音节的复合词为例来说明复合词的构成情况。根据词根和词根之间结构关系的不同，复合词可以分为下面几种类型：

（一）联合式

联合式复合词是指由两个意义相近、相关或相反、相对的语素并列组合而成的复合词。根据语素之间的意义关系，联合式主要有以下四种情况。

1. 两个语素意义相近。例如：

波涛　尘埃　边陲　缝隙　途径　奔跑　积累　跳跃
计算　贤良　靓丽　洁净　哀伤　差错　宽敞　齐全

2. 两个语素意义相关。例如：

岁月　糖果　香火　风云　尺寸　规矩　社稷　街坊
狼狈　血汗　皮毛　口吻　手足　耳目　煎熬　险阻

3. 两个语素意义相反或相对。例如：

买卖　问答　缓急　方圆　曲直　功过　兴衰　荣辱
利弊　教学　深浅　迟早　恩怨　供求　老少　虚实

4. 两个语素中只有一个语素的意义起主要作用。例如：

国家　窗户　人物　妻子　质量　凤凰　诗歌　衣裳
干净　动静　好歹　忘记　睡觉（“觉”本指“醒”）

跟前三种相比，第四种比较特殊。这类词由意义相近或相对的两个语素构成，但意义并不是两个语素义的组合或引申，而是偏向或只取其中的一个语素义，另一个语素义隐含或只作背景，起陪衬作用，如“国家”偏指“国”，“家”的意义隐含；“干净”偏指“净”，“干”的意义消失。由于词义上具有偏向特点，这类联合式复合词又叫“偏义复合词”。

（二）偏正式

偏正式复合词是指前一个语素对后一个语素起修饰、限制作用的复合词。例如：

小暑　咸菜　外商　污水　西服　单调　鲜花　美梦
小瞧　低估　热购　狂喜　微笑　粉饰　飞奔　久仰
碧绿　漆黑　深蓝　通红　雪白　火热　透明　笔直

从后一语素的性质来看，偏正式复合词既包括中心语素是名词性的，如“小暑、咸菜”等词；也包括中心语素是动词性的，如“小瞧、低估”等词；还包括中心语素是形容词性的，如“碧绿、漆黑”等词。

（三）主谓式

主谓式复合词是指前一个语素表示陈述的事物，后一个语素陈述前一个语素的复合词。构成主谓式复合词的两个语素之间是被陈述和陈述的关系。例如：

口红　事变　海啸　地震　月食　秋分　霜降
眼熟　耳鸣　头疼　嘴馋　面生　心烦　神往
人为　发指　胆寒　年轻　体检　气短　声张

（四）述宾式

述宾式复合词是指前一个语素表示动作行为，后一个语素表示动作支配对象的复合词。构成述宾式复合词的两个语素之间是支配与被支配的关系。述宾式也叫动宾式、支配式。例如：

司机　领事　当局　靠背　护膝　凌晨　立春
创业　防潮　定点　撤诉　着装　解困　见机
满意　醒目　耀眼　拗口　刺耳　耐心　合法

（五）补充式

补充式复合词是指后一个语素补充说明前一个语素的复合词。具体又分以下两种情况：

1. 述补式

述补式即前一个语素表示动作，后一个语素表示动作的结果。例如：

缩短　说明　战胜　看扁　贬低　放宽　推翻

激怒　戳穿　改善　割断　削平　击毙　锁定

加入　展开　突出　退出　引进　引起　掀起

2. 量补式

量补式即前一个语素表示事物，后一个语素表示事物的单位。例如：

车辆　书本　船只　纸张　物件　田亩　枪支

兵员　马匹　米粒　土方　花朵　诗篇　银两

虽然这两组都是补充式复合词，但二者的性质差异还是比较大的。第一组的后一个语素补充说明前一个语素所表示动作的结果（如"缩短、激怒"）或趋向（如"加入、展开"等），因此也被称为述补式；第二组的后一个语素作为计量单位补充说明前一个语素，所构造出来的词都是名词，表示集合概念，不能再受具体数量的修饰，如不能说成"一辆车辆、一本书本"。这种补充式又叫量补式。

以上介绍了复合词的五种基本构造方式。讲构词法的目的是帮助我们更好地理解词义，常常也能在一定程度上帮助我们理解用法（如补充式）。不过，需要说明的是，这里的构造方式指的是词的内部结构关系，词的整体功能不一定与之有对应关系。比如，组成"口红"的两个语素之间是被陈述与陈述的关系，其构造方式为主谓式，但"口红"整体是个名词，表示"用来涂在嘴唇上使颜色红润的化妆品"。又如，"护膝"的内部结构关系是动宾式，但它整体是个名词，表示"保护膝部的用品"。这点在判断词的构造方式时是需要特别注意的。

二、派生词

派生词是指由词根附加词缀而构成的合成词。根据词缀的不同位置，派生词可以分为以下三种类型：

（一）前加式

前加式派生词是词缀放在词根之前的派生词，这类词的主要意思都由后面的词根承担。例如：

阿～：阿婆　阿姨　阿Q　阿斗　阿飞　阿毛

老～：老虎　老鹰　老师　老爸　老兄　老乡

初～：初一　初二　初六　初八　初九　初十

“阿、老、初”在词义上很虚，构词时都只能放在其他成分的前面，是汉语典型的构词前缀。

还有一些语素在构词时类似于前缀，意义已经开始虚化，但又还没有完全达到典型前缀那样的虚化程度，我们把这样的成分称为**类前缀**。这是新词生长点之一。例如：

可～：可惜　可怜　可行　可爱　可恨　可悲

反～：反季节　反函数　反作用　反潮流　反倾销　反批评

非～：非金属　非卖品　非计划　非婚生　非急需　非选举产生

半～：半导体　半成品　半决赛　半封建　半透明　半自动

高～：高科技　高蛋白　高效益　高风险　高学历　高清晰

软～：软广告　软技术　软实力　软投入　软着陆　软杀伤

零～：零距离　零首付　零收入　零容忍　零干扰　零损耗

多～：多边　多层次　多渠道　多功能　多品种　多晶体

超～：超声波　超常规　超链接　超一流　超自然　超大型

（二）后加式

后加式派生词与前加式相反，是由词根附加词缀而形成的派生词。例如：

～子：孩子　胖子　村子　袋子　例子　猴子

～头：木头　势头　苦头　活头　甜头　个头

～儿：人儿　花儿　坎儿　明儿　印儿　个儿

“子、头、儿”在词义上很虚，构词时只能放在其他成分的后面，是汉语中典型的后缀。

跟类前缀的情况相似，汉语中也存在着一些正在发展中的后缀，我们把它们称为**类后缀**。这也是新词生长点之一。例如：

～界：商界　业界　文艺界　体育界　语言学界　新闻出版界

～坛：歌坛　影坛　体坛　球坛　网坛　论坛　讲坛

～性：知识性　周期性　开放性　选择性　准确性　柔韧性

～式：蛙式　机械式　喷气式　填鸭式　螺旋式　古典式

～度：知名度　信誉度　承受度　信任度　敏感度　清晰度

～风：中国风　田园风　民族风　吃喝风　复古风　流行风

～热：丛书热　琼瑶热　汉语热　足球热　旅游热　出国热

～迷：球迷　戏迷　舞迷　棋迷　电影迷　扑克迷　军事迷

～化：简化　地方化　科学化　合理化　具体化　多元化

（三）中加式

中加式派生词是词缀放在中间的派生词。例如：

稀里糊涂　古里古怪　傻里傻气　肮里肮脏

黑不溜秋　白不呲咧　花不棱登　酸不溜丢

神乎其神　微乎其微　玄乎其玄　难乎其难

像“里、不、乎”这样夹在中间的词缀，仅起到衬音作用，本身并没有实在的意义，它们与前后成分是黏着的，中间不能再插入其他的成分了。有的论著并不将它们看作词缀，只是当作衬字看待。

三、重叠词

重叠词是指由词根重叠而成的词。根据进行重叠的词根数量和方式的不同，重叠词有两种类型：

（一）AA 式

AA 式重叠词是由单个语素重叠而构成的双音节词。整个词的意义跟单个语素的意义基本一样。例如：

爸爸　妈妈　叔叔　舅舅　哥哥　姐姐　娃娃　星星

久久　万万　渐渐　单单　恰恰　悄悄　徐徐　频频

AA 式重叠词是语素的重叠，跟单纯词中的叠音词有所不同。重叠词中的“爸、妈、叔、舅、哥、姐、娃、星、久、万、渐、单、恰、悄、徐、频”都是语素，都有意义；而叠音词只是音节的重叠，构成成分并无意义，如“姥姥、惺惺、娓娓、飒飒”中的“姥、惺、娓、飒”等。同时，AA式重叠词跟“家家、看看、轻轻、串串”这样的重叠也不同。“家家、看看、轻轻、串串”是词（“家、看、轻、串”）的重叠，它们并没有构成新词，但产生了新的语法意义，如“家家”跟“家”不同，“家家”表示“每一家”，产生了“遍指”这样的语法意义。而“爸爸”跟“爸”只有音节上的区别，并没有产生新的语法意义。

（二）AABB 式

AABB 式重叠词是由两个语素分别重叠而构成的词。例如：

卿卿我我　三三两两　口口声声　风风火火　林林总总　大大咧咧

洋洋洒洒　纷纷扬扬　战战兢兢　郁郁葱葱　浑浑噩噩　稀稀拉拉

这类重叠式复合词的特点是，并不存在 AB 这样的词与之对应，如并不存在“卿我、三两、口声、风火、林总、大咧、洋洒”这样的词，重叠后才构成一个词。

要注意的是，这类重叠词跟“干干净净、安安稳稳、整整齐齐、慌慌张张”等不同，后者是在“干净、安稳、整齐、慌张”这些词基础上进行重叠，不构成新词，但产生了新的语法意义，比如“干干净净”比“干净”在程度义上有所增强。因此，它们是一种语法重叠，而“卿卿我我”这样的重叠是构词重叠。

我们将叠音词、重叠词和词重叠的不同归纳如下：

	例词	语素数量	词数	构造方式
AA 式	猩猩、潺潺	1	1	音节重叠（叠音词）
	爸爸、久久	2	1	语素重叠（重叠词）
	家家、高高	2	2	词的重叠（产生新的语法意义）
AABB 式	卿卿我我	2	1	语素重叠（重叠词）
	干干净净	2	2	词的重叠（产生新的语法意义）

四、合成词的层次和结构关系

以上分析了现代汉语双音节合成词的基本结构类型。那些由三个或三个以上语素构成的合成词，其内部都是有层次的。比如，“人造革”这个词，先是“人造”构成一个主谓式的语素组，然后才与“革”结合，构成偏正复合词。这样，我们就可以在分析双音节语素组的基础上，再根据其内部的层次和结构关系来做出分析。例如：

光　荣　榜　　　　牛　皮　鞋

偏　正　　　　　　偏　正

联　合　　　　　　偏　正

注 册 师
偏 正
述 宾

说 明 书
偏 正
述 补

胃 下 垂
主 谓
联 合

脑 溢 血
主 谓
述 宾

第 三 者
后 加
前 加

非 婚 生
前 加
偏 正

半 自 动 步 枪
偏 正
前 加 偏 正
主 谓

无 政 府 状 态
偏 正
述 宾 联 合
偏 正

第三节 缩略语

单纯词和合成词是根据构词语素的数量和性质差异来说明词是如何构造出来的。除此以外，现代汉语中还有一些词语，是从较长的、较复杂的短语中提取、截取或统括并进一步转化、凝结而成的。比如“地铁”是从“地下铁路”、“空调”是从“空气调节器”中提取而来的，经过长期使用，形式和内容已经固定下来，它们的全称反而很少使用了。这种由固定用法经过提取、截取或统括而成的词语就叫**缩略语**，也叫**略语**、**简称**。缩略后的成分并不一定都是词，如“国内、国外”缩略为“国内外”，“师兄、师弟”缩略为“师兄弟”等，缩略后的成分都不是词，只是临时的缩略形式。不过，缩略也是一种重要的构词方法，因此在这里一并加以介绍。

产生缩略语的方式主要有提取、截取和统括这三种。下面分别说明：

一、提取

提取是指抽取原词语中的某些成分重新组合成词，将其余部分省略。根据被抽取成分位置的不同，又可以细分为以下几种情况：

（一）abcd（ef）→ ac（e）

即抽取原词语中每个词的前一个成分。例如：

邮政编码→邮编　科学教育→科教　航空模型→航模　贪污腐败→贪腐
调查研究→调研　创新意识→创意　南京大学→南大　超级女声→超女
博士生导师→博导　北京师范大学→北师大　奥运会申办委员会→奥申委

（二）abcd → ad

即抽取原词语中前一个词的第一个成分和后一个词的第二个成分。例如：

泰山北斗→泰斗　美术学院→美院　归国华侨→归侨　台湾同胞→台胞
公开放映→公映　监视观测→监测　扫除文盲→扫盲　通货膨胀→通胀

（三）abcd → bc

即抽取原词语中前一个词的第二个成分和后一个词的第一个成分。例如：

汽车展览→车展　治疗效果→疗效　香港澳门→港澳　电影评论→影评
结婚庆典→婚庆　调查处理→查处　物理化学→理化　住房改革→房改

（四）abcd → bd

即抽取原词语中前一个词的第二个成分和后一个词的第二个成分。例如：

优良品种→良种　生育年龄→育龄　电影明星→影星　电影电视→影视
预防潮汛→防汛　来信来访→信访　保护森林→护林　等待就业→待业

（五）abcde → ace

即抽取原词语中前一词的第一个成分和后一个词的前后两个成分。例如：

中国科学院→中科院　世界博览会→世博会　少年先锋队→少先队
立体交叉桥→立交桥　安全理事会→安理会　教学研究室→教研室
法国新闻社→法新社　电业管理局→电管局　国民党统治区→国统区

（六）abcb（db）→ ac（d）b

即合并原词语中的相同语素。例如：

中医西医→中西医　教工职工→教职工　企业事业→企事业
土产特产→土特产　出境入境→出入境　硕士博士→硕博士
一等二等三等→一二三等　高档中档低档→高中低档

此外，包含外来词的名称可以抽取外来词的第一个音节和汉语词或语素重新组合。例如：

法兰西共和国→法国　亚细亚洲→亚洲　哈尔滨市→哈市

华沙条约组织→华约　迪斯科舞厅→迪厅　芭蕾舞剧→芭剧

二、截取

截取是指截取原词语中的关键成分而省去其他的成分。根据截取成分位置的不同，又可以细分为以下三种情况：

（一）截头式

即截取原词语中的开头部分。例如：

哈佛大学→哈佛　商务印书馆→商务

《说文解字》→《说文》　非典型肺炎→非典

有的音译外来词，尤其是一些计量单位，也可以通过这种方式成为缩略语。例如：

瓦特→瓦　摩尔→摩　帕斯卡→帕

安培→安　伏特→伏　卡路里→卡

（二）截尾式

即截取原词语中的结尾部分。例如：

天津→津　四川→川　照相机→相机

《崔莺莺待月西厢记》→《西厢记》

（三）截中式

即截取原词语的中间部分。例如：

《春秋穀梁传》→穀梁

《玉树后庭花》→后庭

三、统括

统括是抽取并列结构中的共同语素或选取能概括各词共性的语素，然后在它前面标上与并列结构项数目相等的数词。根据所抽取词或语素的位置，又可以分别以下四种情况：

（一）取头式

即将并列项中作为共同成分的前一个语素抽取出来统括。例如：

广东、广西→两广

百花齐放、百家争鸣→双百

农业、农村、农民→三农

通邮、通航、通商→三通

增产节约、增收节支→双增双节

（二）取中式

即将并列项中作为共同成分的中间一个语素抽取出来统括。例如：

《初刻拍案惊奇》《二刻拍案惊奇》→二拍

钢笔字、毛笔字、粉笔字→三笔字

东岳泰山、西岳华山、南岳衡山、北岳恒山、中岳嵩山→五岳

（三）取尾式

即将并列项中作为共同成分的后一个语素抽取出来统括。例如：

西汉、东汉→两汉

瞿塘峡、巫峡、西陵峡→三峡

望诊、闻诊、问诊、切诊→四诊

（四）义括式

即选取能代表各词共性的语素作为代表来统括。例如：

生、老、病、死→四苦

金、木、水、火、土→五行

脾、肺、肾、肝、心→五脏

《诗》《书》《礼》《乐》《易》《春秋》→六艺

喜、怒、哀、惧、爱、恶、欲→七情

还有一些义括式，数字以外的内容是对所要统括内容的比喻。例如：

南京、武汉、重庆→三大火炉

梅、兰、竹、菊→四君子

除了以上所举的缩略方式，有的缩略语是通过几次缩略才完成的。例如：

农业现代化、工业现代化、国防现代化、科学技术现代化→四个现代化→四化

联合国安全理事会→安全理事会→安理会

欧罗巴洲经济共同体→欧洲经济共同体→欧共体

另外，现代汉语中还存在着字母缩略的形式，有的是汉语拼音的缩略。例如：

Pǔtōnghuà Shuǐpíng Cèshì（普通话水平测试）→ PSC

Hànyǔ Shuǐpíng Kǎoshì（汉语水平考试）→ HSK

有的是外来字母的缩略形式。例如：

Information Technology（信息技术）→ IT

Automatic Teller Machine（自动柜员机）→ ATM

Small Office, Home Office（小型办公室和家庭办公室）→ SOHO

Asia-Pacific Economic Cooperation（亚太经济合作组织→亚太经合组织）→ APEC

Test of English as a Foreign Language（托福）→ TOEFL

还有的缩略语是外来字母和汉语语素的组合。例如：

Integrated Circuit Card（集成电路卡）→ IC 卡

Algebraic Average（代数平均）→ AA 制

Light Emitting Diode（发光二极管）→ LED 灯

随着不同语言之间、东西方文化之间的碰撞以及科技、生活的发展，这些含有外来字母的缩略语的应用范围也越来越广。对于大部分人来说，不少字母缩略语的全称形式和意义都比较复杂，且多为专业用语，很难记住，不便使用。进行缩略后，形式简短，内容简洁，便于交际。这种精练简洁的形式使人们快速经济地获取信息，从而有效地增强了词汇的表现力。有些字母缩略语原来的全称是什么形式，甚至都已经不为人所知了。

【思考与练习三】

一、填空。

1. 根据词的内部结构的不同，现代汉语的词可以分为______和______。
2. 单纯词指由______语素构成的词，合成词是指由______或两个以上的语素构成的词。

3.“淋漓”是______联绵词，“蹒跚”是______联绵词。

4.汉语的合成词可以分为______、______和______三种类型。

5.复合词是由______和______构成的，派生词是由______和______构成的。

6.在复合词的结构类型里，“面熟”是______式，“老小”是______式，“打垮”是______式，“阅兵”是______式。

7.“姥姥”是______词，“婶婶”是______词，“星星”是______词。

8.“洋洋洒洒”是______的重叠，“清清楚楚”是______的重叠。

9.产生缩略语的方式主要有______、______和______这三种。

10.“环保”是通过______方式进行缩略的，“整风”是通过______方式进行缩略的，“五官”是通过______方式进行缩略的。

二、选择。

1.下列各组词中，两个词都是单纯词的一组是（　　）。

A.星星、木头　B.横竖、玻璃

C.咖啡、口舌　D.从容、仿佛

2.下列各组词中，两个词都是叠音式单纯词的一组是（　　）。

A.弟弟、常常　B.猩猩、常常

C.姥姥、猩猩　D.常常、往往

3.下列各组词中，两个词都是派生词的一组是（　　）。

A.老师、读者　B.变化、绿化

C.宠儿、鸟儿　D.莲子、帘子

4.下列不属于附加式合成词的是（　　）。

A.箭头　B.绿化　C.乱糟糟　D.瓜子

5.下列加点的字都是词缀的是（　　）

A.初五、起初　B.老鹰、老式

C.苦头、苗头　D.第一、次第

6.“雪白、雪耻”这两个词语的构成方式分别是（　　）。

A.偏正、补充　B.联合、述宾

C.补充、述宾　D.偏正、述宾

7.“蝴蝶”和“彩蝶”的语素个数分别是（　　）。

A.1，1　B.1，2　C.2，1　D.2，2

三、比较下列各对词语，指出哪些是单纯词，哪些是合成词，是合成词的指出其结构类型。

朋克—朋友　　仓库—仓皇　　拷贝—宝贝　　罗汉—老汉

沙发—沙滩　　布丁—布衣　　雪碧—雪崩　　幽默—幽暗

四、分析下列各组词的构成方式，有差别的指出其中的差别。

女儿—花儿　　沙子—莲子　　老乡—老龄　　初中—初始

男子—乱子　　马虎—老虎　　星星—猩猩　　往往—常常

五、指出下列各个合成词的构成类型（复合词的还须指出其具体构词类型）。

司令　　质量　　说服　　胆怯　　哥哥　　跳高

馍馍　　年轻　　霜降　　抓紧　　行政　　尾巴

反正　　桌子　　住宅　　掉队　　船头　　冲淡

说明　　烤鸭　　剧场　　肃清　　花朵　　理事

火红　　前者　　可靠　　草签　　瓦解　　老人

膨胀　　自从　　狐疑　　民主　　久久　　车辆

六、分别指出下列“白”字家族、“命”字家族和“雪”字家族的构词类型。

白醋　　白净　　白白　　白化　　白领　　白天　　白费

命运　　命题　　命名　　命中　　命脉　　命大　　命令

雪白　　雪耻　　雪藏　　雪花　　雪茄　　雪亮　　雪里蕻

七、分析下列多音节词的层次和关系。

幼儿园　　车管所　　人造棉　　自动化　　三角尺

出国热　　小商品　　全方位　　人行道　　更衣室

八、比较并分析下列各词重叠的特点。

病病歪歪　　冷冷清清　　凄凄惨惨　　密密麻麻

紧紧巴巴　　漂漂亮亮　　花花绿绿　　千千万万

明明白白　　鬼鬼祟祟　　踉踉跄跄　　高高兴兴

九、分别指出下列缩略语所代表的全称并分析其缩略方式。

央企　　外长　　侨联　　边贸　　公关

作协　　五谷　　硕导　　浙大　　管院

史语所　　中文系　　青运会　　老中青　　四书五经

十、说明下列缩略语的缩略方式，将相同方式的归为一组。

展览销售→展销　　高级工程师→高工

复旦大学→复旦　　公共汽车→公车

家用电器→家电　　综合文艺→综艺

工业、农业、商业→工农商

理科工科→理工科　　厦门大学→厦大

中央电视台→央视　　个体经营户→个体户

基础教育、职业教育、成人教育→三教

西北、华北、东北→三北　　松、竹、梅→岁寒三友

中国人民政治协商会议→政协

北大西洋公约组织→北约

Global Positioning System（全球定位系统）→ GPS

Universal Serial Bus（通用串联总线）→ USB

Computer, Control and Communication（电脑、控制、通信）→ 3C

Sales, Service, Spare parts supply, Survey（销售、售后服务、零配件供应、信息反馈）→ 4S

Brazil, Russia, India, China, South Africa（巴西、俄罗斯、印度、中国、南非）→ BRICS（金砖五国）

第四章
词义结构和词义分析

第一节 词义的内涵

任何一个词都是形式与意义的结合体。词的外在形式是语音，词的意义则是词的内容。词的意义比较复杂，既包括词汇意义，也包括语法意义。**词汇意义**指的是词本身所代表的概念内容，是对客观事物或现象的概括和反映。如“老虎”这个词的词汇意义就是它的概念内容，指的是“哺乳动物，头大而圆，毛黄色，有黑色横纹。听觉和嗅觉都很敏锐，性凶猛，力气大，善游泳，不善爬树，夜里出来捕食鸟兽”。除了词汇意义，词还有语法意义。词的**语法意义**指的是一个词和其他词组合后所形成的关系意义。如“老虎”在“老虎伤人”中充当动作的发出者和“伤人”陈述的对象，在“武松打老虎”中充当“打”的支配对象，在“两只老虎”中是数量成分“两只”的修饰对象，等等。汉语大部分的词既有词汇意义，也有语法意义，但也有一些词，很少或基本没有词汇意义，只有语法意义。比如“关于”这个词，没有什么明确的词汇意义，主要表现为语法意义，表示“引进关涉的对象”，如“关于织女星，有一个美丽的传说”。

由于词的语法意义是根据词与词之间的语法关系和表达功能来确定的，是语法研究的对象，因此一般作为“语法”内容来阐述。本章所分析的“词义”指的是“词汇意义”。

第二节 词义的性质

在词义的形成和概括过程中，在不同的时空分布中，体现出不同方面的性质和特点。这些性质和特点往往表现出对立统一的关系。概括起来，主要有以下四个方面相互依存的关系：

一、概括性和具体性的统一

从形成过程来看，词义是对客观对象的性质和特征进行抽象和概括的结果，具有概括性。如“人”的词义是“能制造工具并使用工具进行劳动的高等动物”，这种概括抓住了“人”的本质特征，而去掉了各种各样、不同类型的人的个体差异，如人在不同肤色、国籍、性别、年龄等方面的差别。又如“笔”的词义是“写字画图的用具”，它概括了各种笔的共同的、本质的特点，而舍弃了具体的笔在制成材料、书写材质、质地、功能等各方面的差异。不仅一般词的词义具有概括性，专有名词的词义也具有概括性。如“北京”指的是“中华人民共和国的首都”，它在不同时期的组成部分、发展情况、地位、作用和意义各有不同，但我们仍然能够根据某些共同的方面来概括它的性质和特点，形成词义。

一方面，词义具有概括性，而另一方面，当词进入到具体的话语环境中时，词义又呈现出具体性。如在“他去火车站接人了”这句话中，“人”的词义就不是词典里“能制造工具并使用工具进行劳动的高等动物”这个概括性的定义，而是指具体的某个人或某些人。又如在“他送我的这支笔很耐用”中，“笔”的词义也十分清楚而明确，一定是说话者所指的某支具体的笔，而不是其他的笔。可见，词在使用中所呈现出来的意义需要根据具体的语境来判断。

词义是概括性和具体性的统一。在词义的概括性中，人们把握住了词所反映的客观对象的本质特征，而在具体性中，人们能明确话语交际中所指对象的确切含义，促使交际活动顺利进行。学习者习得词义，正是在一个个具体词义用法中做出概括。

二、明确性和模糊性的统一

在语言交际中，一个词的词义在很大程度上是相对明确的。如“天空、白云、学校、教室、书桌、电灯”等，词义的所指是清楚、明确的。又如“微笑、欢笑、嘲笑、苦笑、冷笑、狂笑”等都是笑，但它们之间的界限也是很明确的。正因为词义的明确性，人们在语言交际时才能准确地表达自己的意思。

不过，由于词所指称的客观事物或现象常常没有明确的界限，这使得词义的界限也不确定，因此词义还具有模糊性的一面。如“春天、夏天、秋天、冬天”的词义界限是模糊的，到底几月几日几点几分是“春天、夏天、秋天、冬天”，并没有特别严格的标准。我们常说的“春夏之交、秋冬换季”，指的就是这么一个模糊的过渡阶段。又如“大”和“小”、“新”和“旧”、“美”和“丑”、“聪明”和“愚蠢”等，这些词的意义都是相比较而存在的，界限也比较模糊。

模糊性不仅是因为客观事物本身的界限模糊这个原因造成的，还因为人们在认知事物或现象时，有时只有一个大致的范围，并没有一个严格的边界。而且，在这大致的范围内，有的成员处在核心位置或者具有典型特征，是典型成员；还有的处在外围位置或者不具有典型特征，是边缘成员。而人们对典型成员的认识往往比较统一，对边缘成员的认识却常有各自不同的理解。比如，一个人在举出属于家具的成员时，大概会毫不犹豫地说出“沙发、饭桌、茶几、椅子、书柜”之类的物品来。但要是问“壁柜、壁画、地毯、窗帘这样的物品算不算家具”，估计就会犹豫甚至有所争议了。这也就是说，即便“壁柜、壁画、地毯、窗帘”之类的算作家具，它们也只能是家具中的边缘成员。又比如杯子，从最瘦长的形状到最矮胖的形状，什么时候我们不会称其为杯子，而是花瓶呢？什么时候我们又不能说这是杯子，而是一个碗呢？对于生活中的日常用品，人们的认知也是模糊的，并不像想象中的那么清晰，对词义的理解具有模糊性，自然也在情理之中。这种词义认知方面的内容近年来引起了广泛关注，在语言研究和教学中也常常碰到。

词义的明确性和模糊性在交际活动中起着不同的作用。在日常交际中，有时只需要将某一事物同别的事物区别开，使对方的理解不造成歧义就可以了。比如，说某个人“学习成绩好”，这个“好”的词义是模糊的，到底是 80 分算好，还是 90 分算好，或者 100 分才能算好，似乎都可以。很多时候我们也并不需要追究词义的精确所指，只要“好”能与“一般”或者“差”“坏”区别开来，具有“令人满意”的特征，就不会影响人们对词义的理解。当然，在需要明确的场合一定要明确，像法律文件、合同、条约等，就要求词义明确，如法律上对“未成年”就有明确的年龄规定。因此，词义的明确性和模糊性是对立统一的。

三、稳定性和变异性的统一

最初用词来命名事物或现象时，词的外部形式与词所指的事物或现象之间并没有什么必然的联系，如英语用“book”、汉语用“shū（书）”来表示“装订成册的著作”。但是，一旦音和义之间的对应确定下来，约定俗成了，它们的关系就具有稳定性。汉语中有很大一部分的词，其形式和意义之间的对应关系具有稳定性，如“天、地、山、水、火、白、马、鸡、见、大、高”等，这些词不仅在共时层面上具有相对稳定性，而且从古到今词义也基本没有发生什么变化。这种稳定性便于人们学习、使用和交际。

不过，词义也不是一成不变的，它随着时代的变迁、人类社会的发展、客观事物的变化和人们对世界认识的发展而不断发生演变。有的词义发生变异后，所表示的内容范围比原来的词义要大。如“哭”，在古代指“悲痛出声”，其中，“大声曰哭，细声有涕曰泣，大声而无泪曰嚎”。到了现在，“哭”可以包括各种各样的情形，当然也就包括了“泣”和“嚎”的情形。有的词义演变后，所表示的范围比原来的词义要小。如“丈人”，在古代是对“老年男子”的尊称，《论语·微子》里就有“子路从而后，遇丈人，以杖荷莜（yóu）”，现在则专指“岳父”，它表示的概念范围缩小了。还有的词义演变后跟原来所表示的内容有不同。如“闻”，古义是“听而得其声也”，如“听而不闻、耳闻不如目见”等，“闻”都表示“听见”的意思。而现在“闻”一般指用鼻子嗅，其词义内涵发生了转移。再如英语的“book”，原来指“山毛榉”，是一种树木的名称，这种树木在古代曾作为书写的材料，现在“book”则用来表示写成的书了，其词义内涵也发生了变化。关于词义发展的具体内容，可参见本章第六节。

词义的稳定性是从词的交际地位和概念内容上来分析的，而词义的变异性则是从词义发展的角度来考量的，二者相辅相成，共同构成了既对立又统一的系统。

四、民族性和共通性的统一

语言这一符号系统是在社会中产生的，是由社会群体成员在交际过程中约定俗成的。由于地域、环境、历史、习俗、宗教、社会制度、价值观念等诸多方面的不同，不同社会、不同民族的人在使用语言时，在概括事物或现象的性质、关系时必然会表现出一些差异，体现在词义上，这就是词义的民族性。

词义的民族性首先体现在词义概括对象的范围可能不同。在不同的语言中，表示亲属关系的词往往差别很大。汉语的亲属称谓数量繁多，具体而多样。血亲与姻亲，父系与母系，直系与旁系，长辈与晚辈等都有详细的区分。如“叔、伯、姑、舅”是血亲，而“婶婶、伯母、姑父、舅妈”则是姻亲；“爷爷、奶奶、姑妈、堂兄、侄子”等属于父系，而“外公、外婆、舅舅、姨妈、表兄、外甥”等则属于母系，等等。相比之下，英语亲属称谓则相对简单和笼统。像“伯父、叔父、姑父、舅父、姨父”等所有与父亲同辈的男性亲戚一概称为uncle，而“伯母、婶婶、姑妈、舅妈、姨妈”

等女性则一概称为 aunt；而像“堂哥、堂弟、堂姐、堂妹、表哥、表弟、表姐、表妹”等所有与自己同辈的亲人则一概称为 cousin。称谓的差别实际上是一种具有浓厚民族文化色彩的语言现象，这种负载文化意义、具有文化特征的词语，我们称之为“文化词”，具体参见第十一章“文化词及其教学”。

词义的民族性还表现在词的附加色彩上。如英语的 dear 和汉语的“亲爱的”，英文信用 dear 开头，这是一种客套，不一定具有多少感情色彩，因此它适用的对象和范围很广，不论给陌生人写信还是给亲人写信，都可以用 dear 称呼。可是，与 dear 相对应的“亲爱的”却是一个感情色彩十分强烈的词，它在汉语里的适用范围就小得多。一般只有关系非常亲密的朋友之间、夫妻之间或子女写给父母等长辈的信才用“亲爱的”开头。普通朋友之间一般不用，更不用说陌生人之间了。又比如，中国人认为 6、8、9 这样的数字象征着吉祥和好运，6 表示“顺”（六六大顺）；8 表示“发”（发财，8 与“发”音近），9 表示“久”（天长地久，9 与“久”谐音），是相当吉利和富贵的。相反，中国人不太喜欢数字 4，因为 4 跟“死”音近。可是 4 在西方语言中只是一般的数字，并没有什么特别的含义。同样，在不少语言中被认为不吉利的 13，在汉语里也就是一般的数字，没有什么特别的含义。

虽然不同语言中有很多词带有特定的文化信息，但人类生活在同一个星球上，自然界诸多相同的客观事物和现象、人类共同的认知方式和情感体验决定了不同民族、不同文化在概括词义的本质特征时形成了相近或相似的共通性。这种共通性体现在不同语言、文化背景的人对同一类事物具有相似的理解和概括。比如，汉语的“狐狸”有“狡猾善变、诡计多端”的含义，如“狐假虎威、狐狸尾巴、狐疑不决”等。英语的 fox 也有这样的含义和类似的表达，如“as cunning as a fox（像狐狸一样狡猾）、an old fox（老奸巨猾的人）、play the fox（耍滑、装假）”等，体现了对狐狸狡猾本性的普遍认同。又比如，无论在某种特定的语言中表示死亡这个概念的原词是什么，人们总会用很多委婉的、隐晦的说法来代替它，如汉语中的“去世、逝世、谢世、作古、病故、上天、归西、寿终正寝、与世长辞、心脏停止跳动”等委婉表达，英语中的“pass away, depart from the world forever, kick the bucket, breathe one’s last, go to heaven, be with God”等。

词义的民族性和共通性也是对立统一、相辅相成的。在汉语作为第二语言的教学中，尤其要注意那些具有民族文化特征的“文化词”。有些与民族文化相关联的词，即使了解了词本身的含义，也不能说明就理解了它的真正含义，因为词语的社会文化意义往往比它的表面意义要复杂得多。因此，我们应该充分重视词义中的民族性特点，注意不同民族、文化之间的共通性和差异性，只有这样，才能适应在不同的文化环境中进行有效交际的需要。

第三节　词义的构成

词义是由多个方面的因素综合构成的。一般来说，只要是具有实在意义的词，都会有一个跟概念相关的核心意义，即理性义，还有一个附加在理性义之上的附加意义，即色彩义。

一、理性义

词的**理性义**是人对客观事物或现象的特征、关系进行概括而形成的意义。理性义反映的是人们对事物或现象的理性认识，实际就是词中跟概念有关的部分，所以也叫概念义。例如：

【汽车】一种交通工具，用内燃机做发动机，主要在公路上或马路上行驶，通常有四个或四个以上的轮子。

【帮助】替人出力、出主意或给以物质上、精神上的支援。

【快乐】感到幸福或满意。

【稍微】表示数量不多或程度不深。

词的理性义都是以客观事物或现象的概念为基础的，它是一个词区别于另一个词的最本质特征，是词义的核心。词典对词条所作的解释主要是理性义。

二、色彩义

词的**色彩义**是指附着在词的理性义之上的表示某种倾向、情调或风格的意义。词的色彩义是很丰富的，包括感情色彩、形象色彩、语体色彩、地方色彩、古今色彩、民族色彩和外来色彩等。这里主要介绍感情色彩、形象色彩和语体色彩这三种。

（一）感情色彩

词的**感情色彩**是指词义中所附着的人们对描述对象的某种感情倾向和主观评价。例如：

① 他处理问题很果断。

② 他这样处理问题，未免太武断了。

“果断、武断”都有“做出判断或决定”的意思，但它们的感情色彩不同。“果断”表示能及时坚定地做出合理的判断或决定，说话者是肯定或赞赏的态度；“武断”表示只凭主观做判断，说话者是否定或厌恶的态度。因此，二者的感情色彩是不同的。

根据词语感情色彩的不同，词义有褒义、贬义和中性三种色彩。褒义色彩表达的是肯定、喜爱、赞扬等态度，含有褒义色彩的词就是褒义词。例如：

理想　领袖　志向　雄心　珍品　贡献　正气　荣誉
赞扬　鼓舞　保护　称颂　悼念　欣赏　尊崇　团结
英俊　端庄　勤劳　善良　孝顺　天真　温柔　贤惠
天生丽质　出类拔萃　明察秋毫　言简意赅　一丝不苟

贬义色彩表达的是说话人对有关事物的否定、厌恶、贬斥等态度，含有贬义色彩的词就是贬义词。例如：

阴谋　奸臣　野心　后果　手段　嘴脸　头目　帮凶
吹捧　怂恿　告密　庇护　勾结　诽谤　牟取　煽动
猥琐　歹毒　愚蠢　阴险　小气　幼稚　脆弱　腐败
好吃懒做　鼠目寸光　自以为是　处心积虑　夸夸其谈

在褒义词和贬义词之间，大部分的词既不含褒义，也不含贬义，属于“不偏不倚”的中性词。例如：

天空　海洋　教室　光线　过去　上海　技术　结果
起床　上课　导航　旅游　交换　收购　管理　渗透
柔软　缓慢　迅速　锋利　立刻　赶紧　悄悄　偶尔
不可思议　另起炉灶　难分难解　形形色色　风驰电掣

词义的感情色彩反映了人们对事物的爱憎感情和褒贬评价。正如“果断—决断—武断”这组词一样，汉语有不少词语在理性义上很相近，但感情色彩不同。如“团结—结合—勾结”，都是表示某种形式的结合或关联，理性义相近，但“团结”是褒义词，如“我们要团结起来，共同攻克眼前的难关”；“结合”是中性词，如“这篇文章中的理论与事实结合得很紧密”；而“勾结”是贬义词，如“他俩暗中勾结，为非作歹”。汉语作为第二语言的学习者在学习和使用这种理性义相近而感情色彩不同的词时，一定要分清差别，根据表达的需要来选用，否则很容易出现偏误。例如：

①* 所以解决代沟问题的办法一方面是做父母的思想要开放一点，不要太顽强、太保守。（应改为“顽固”）

②* 我尊敬他，因为他拥有顽固的性格、认真的态度。（应改为“顽强”）

“顽强”指坚强、强硬，含有赞扬的褒义色彩，如“顽强拼搏、顽强的毅力”等，而“顽固”指思想保守，不愿意接受新鲜事物，带有贬义色彩，如“顽固守旧、顽固不化”等。上面两例混淆了这两个词的感情色彩而造成偏误。

（二）形象色彩

词的**形象色彩**是指词义所表现出来的人们对所指对象产生的形象感。如“鹅卵石”除了表达一种石头这种理性义之外，还传达了关于这种石头在形状上像鹅蛋的信息，因此“鹅卵石”是一个具有形象色彩的词。

一般来说，人们主要通过眼、耳、鼻、舌、身等各种感觉器官对外界事物进行感知和体验。词的形象色彩，也常常通过人的视觉、听觉、嗅觉、味觉、触觉等各种感官，从形态、动态或状态、颜色、声音、气味、味道、触感、性质等方面来突出和增强事物的形象特征。

1. 形态

剑眉　　雀斑　　驼背　　梯田　　鳞波　　月琴　　声浪　　松针
蝴蝶结　　鸭舌帽　　金字塔　　水晶宫　　马蹄莲　　凤尾竹

2. 动态或状态

笼罩　　波动　　囊括　　云集　　席卷　　鱼贯　　蜂拥　　蚕食
垂柳　　跳板　　喷泉　　拱桥　　旋风　　转椅　　哭腔　　敲门砖

3. 颜色

碧空　　翠竹　　墨菊　　蓝莓　　银耳　　雪豹　　葱绿　　鹅黄
葡萄紫　　苹果绿　　鱼肚白　　玛瑙红　　白茫茫　　黑乎乎

4. 声音

蝈蝈　　蛐蛐　　知了　　布谷鸟　　乒乓球　　淙淙　　萧萧　　沥沥
窸窣　　刺溜　　扑哧　　嘎嘣　　当啷　　呼噜噜　　叽叽喳喳

5. 气味

香梨　　臭椿　　腥气　　臭豆腐　　烟火气　　麦香味　　香喷喷　　臭烘烘

6. 味道

酸奶　　甜点　　苦瓜　　咸菜　　麻辣　　鲜脆　　辣乎乎　　苦涩涩

7. 触感

冰箱　　温泉　　软膏　　硬卧　　热敷　　冷饮　　暖色　　火热

软绵绵　　硬邦邦　　滑腻腻　　冷冰冰　　热烘烘　　暖洋洋

8. 性质

铁证　　虎将　　兽性　　牛脾气　　刀子嘴　　豆腐心　　榆木脑袋

这些具有形象色彩的词，其构造常由两部分组成，一般都在表达所指对象本质属性的语素前面或者后面加上一个形象的、具有区别性特征的部分。以动物命名方式为例，动物种类繁多，在外形上也有明显的区别，给动物命名时多采取将外形特征内化到词语中的方式，如“斑马、长颈鹿、雪豹、金钱豹、梅花鹿、狮子狗、猫头鹰”等，这不仅使词义变得具体、精准，而且还能让人一下子抓住该对象的特征。这也是汉语构词法的一种重要特点。

恰当地运用带有形象色彩的词，能使表达生动活泼，富有感染力，使人如见其形、如闻其声、如临其境，增强了词语对现实世界的表现力度。

（三）语体色彩

词的**语体色彩**是指词由于经常出现在某种语言场合而形成的风格色彩。

词的语体色彩反映的是词与交际场合的关系。在正式的交际场合，需要使用严谨周密、庄重典雅风格的词语，如政府文件、报刊社论、学术著作、科技文章、文艺作品、合同协议等，这就形成了书面语语体。在日常的口头交际中，需要使用通俗自然、生动活泼风格的词语，这就形成了口语语体。如“祖籍—老家、母亲—妈妈、启程—动身、会晤—碰头”中的“祖籍、母亲、启程、会晤”是书面语语体，而“老家、妈妈、动身、碰头”则是口语语体。不过，有一些词语既可以用于书面语，也可以用于口语，如“生日”，既有“党的生日”，也有“他今天过生日”等表述，这样的词带有通用色彩。

不同领域的专门词汇，表示抽象概念或带有文言色彩、区别于日常口语的词语常表现出正式、庄典的风格，便带上了书面语色彩。例如：

公民　　宣言　　体魄　　声援　　呈报　　赐教　　踌躇

婀娜　　辽阔　　苍茫　　略微　　足以　　倘若　　使命感

此外，汉语有一些单音节词不能独立使用，必须和另外一个单音词组成一个双音节词才能使用，这样的词也带有正式、庄典的书面语色彩。例如：

贵校　　我所　　佳友　　巨资　　枯木　　良言

返京　　备受　　遍访　　惨遭　　互赠　　不宜

汉语中有不少单音节词、方言词、熟语等或者带有重叠、后缀或拟声成分的词常表现出一种亲切、随便、活泼、自然的口语风格，具有口语色彩。例如：

熬　猜　搞　老爸　哥们儿　家伙　头儿　溜达

别扭　邋遢　这（zhèi）个　碰钉子　巴不得　吧唧

胖乎乎　黑咕隆咚

鸡蛋里挑骨头　小葱拌豆腐——一清二白

有些词语通用于口语和书面语中。例如：

盐　脑袋　工作　唱歌　坚持　建设　优秀　彻底　因为

书面语和口语并无优劣之分，只是使用的场合不同、适用的对象不同，它们的功能也有所不同。而且，通俗和典雅、随便和庄重，并不是截然分开的两个对立面，而是不同的“度”的问题。例如：

寻思—琢磨—考虑—思量—斟酌

咬耳朵—唧哝—嘀咕—交头接耳—私语

搞定—摆平—解决—处理

小路—小道—小径—阡陌

上面的几组词语，它们的理性义很接近，但在语体色彩上有所不同。比如“寻思—琢磨—考虑—思量—斟酌”的理性义基本都跟“思考”相关，但“寻思、琢磨”带有口语色彩，“考虑”带有通用色彩，而“思量”和“斟酌”则带有书面语色彩。汉语作为第二语言的学习者在学习和使用这种理性义相近而语体色彩不同的词语时，要根据具体的语境来使用恰当语体风格的词语。否则，稍不注意就容易出现语体色彩上的偏误。例如：

①＊昔日，在一座高山上的一座庙里，只有一个和尚。

②＊老师：“你的病好了吗？”

学生：“痊愈了。”

③＊学生给老师的邀请函：我们在 12 月 6 日晚上举行婚礼，请老师来玩儿。

例①中的“昔日”是一个书面词语，跟整个句子的口语风格不相协调，换成“从前”更为合适；例②中的“痊愈”是个书面词语，用在师生之间较为轻松的口头对话里并不合适，应改为“好”；例③中的“玩儿”是口语色彩浓重的词，出现在结婚邀请函这种郑重的语境里也很不得体，“请老师来玩儿”可以改成“敬请老师光临”。可见，我们在进行交际时，一定要根据交际目的、对象、内容、方式、场合的不同来选用恰当、得体的词语来表达。

值得注意的是，书面语和口语风格色彩的差别是从表达内容中所体现出来的某种倾向或某种情调之类的差别，而不是书面表达和口头表达这两种载体的差别。有些书面表达，如朋友之间的信件往来、演讲稿的笔录、评书等，也含有大量通俗自然、富有生活气息的词语，应该看作是口语词。同样，有些口头表达，如公开演讲、学术讲座、电视节目中的科普节目解说等，也含有很多周密、庄重、典雅、郑重风格的词语，应该看作是书面语词。因此，书面语和口语的差别不在于选择书面还是口头的表达方式，而在于表达结果中所体现出来的色彩倾向性的差异。

词的理性义和色彩义分别从不同的方面和特点来反映词义，使词义既具有对客观事物、现象的本质特征加以概括和称名的作用，又表达了人们的主观评价和情调风格。理性义是色彩义存在的基础，色彩义又是理性义的补充和延伸，二者相辅相成，共同构成了丰富多彩的词义系统。

第四节　单义词、多义词和同音词

为了充分认识和有效掌握词义，我们需要深入到词义结构内部去说明和分析。在词典中，所收词条后面有对该条目的说明，有的还要做分项的解释，每一项便是该词条的一个义项。这些义项之间具有什么样的关系，是我们应该关心的。

一、义项

义项是对词义所作的分项说明。如“出访”和“出路”，在《现代汉语词典》第7版（商务印书馆，2016年）中的释义如下：

【出访】chūfǎng 到外国访问：～欧美。

【出路】chūlù ① 通向外面的道路：在森林里迷失了方向，找不到～。
② 生存或向前发展的途径；前途：另谋～。
③ 销售货物的去处：品质优良的产品，不愁没有～。

“出访”的释义只有一项，即有一个义项。而“出路”的释义有三项，即有三个义项。

词的义项是从词所出现的语言环境里归纳出来的。对于那些有多个义项的词来说，当它出现在不同的语言环境中时，所表示的词义是有所差别的。例如“初”的一些用法和意义：

① 初春；初夏：开始的

② 年初；月初：开始的一段时间

③ 初一；初旬：第一个

④ 初试；初出茅庐：第一次；刚开始

⑤ 初级；初等：最低的（等级）

⑥ 初心；初愿：原来的

⑦ 和好如初：原来的情况

这 7 个义项的归纳和说明正是从“初”所出现的语言环境里得出来的，不同的义项出现在不同的语言环境中，而每个具体的语言环境中只有一个义项适用。利用词所出现的环境来确定词的具体用法，这跟我们在分析语音中“元音的发音变化”时运用的方法是一致的。我们在学习语言和使用语言时，要积极地运用这种方法。

值得注意的是，词的义项是对词义概括的、凝固的语义说明，而不是临时的、随语境特设出来的意义。例如：

⑧ 人之所以感到人生如藏身巨蚌之一隅，或许，他还没有冲破思想的牢笼。

⑨ 每个人都有属于自己的地平线，都有属于自己的封闭的圈——由自己建构的环形山……原来，地平线竟是以自我为中心阅世览人的产物，是一个人远眺世界的极限。这个立足点不变，就永远也走不出自己的圈子。

例⑧的“牢笼”由“关住鸟兽的东西”比喻“束缚人的事物”，例⑨中的“地平线”并不是指“向水平方向望去，天跟地交界的线”这个意思，而是比喻人们思想意识的局限性。虽然二者都是比喻义，但“牢笼”的比喻义是经常性使用的凝固含义，离开了这个语境，使用者仍能了解这种比喻用法，因而在词典里立了这个义项。而“地平线”的比喻义是临时的，是这个语境所赋予的，离开了具体的语言环境，这种意义就不存在。因此“地平线”在词典里并没有“比喻人们思想意识的局限性”这一义项。

义项是人们对词义进行概括和加工后的产物，或多或少会带有归纳者的主观色彩。而且，不同词典由于所针对的使用群体和使用功能不同，对义项的设立和释义也可能有差异。即便是同一种词典中的义项，也有可能随着时代的变迁而有所调整。因此，词典中的释义只是体现了义项归纳的某种可能性。在词汇的教学过程中，我们要善于从实际的语言使用中结合上下文来推敲词义。

根据词的义项数量的多少，我们将词分为单义词和多义词。下面分别说明：

二、单义词

单义词是指只有一个义项的词。例如：

【舱】cāng：船、飞机等内部载人或装东西的部分：货～｜客～｜头等～。

【逢】féng：遇到；遇见：相～｜每～佳节倍思亲。

【恶狠狠】èhěnhěn：形容非常凶狠：～地瞪了他一眼。

这些词都只有一个义项，都是单义词。现代汉语里常见的单义词主要有以下几种类型：

（一）专门术语

专门术语一般要求精确固定，如果有几个义项，容易造成理解上的混乱，所以专门术语多是单义词。例如：

汞　反射　矢量　粒子　函数　青霉素　温室效应

（二）专有名称

专有名称命名的对象一般都意义确定，也多是单义词。例如：

滇　黄河　北京　故宫　孙中山　牛津大学

（三）一些常见的事物或动作名称

语义比较具体实在的常见事物或动作的名称，很多也是单义的。例如：

唇　汗　煮　衣服　蚂蚁　聊天儿　散步　睡觉

（四）外来词、新词

外来词和新词在刚出现的时候，一般以单义为主。例如：

沙发　引擎　雅思　网吧　桑拿浴　软广告　磁浮列车

（五）拟声词

拟声词往往模拟某类特定事物的声音，词义相对来说也比较单一。例如：

啪　哞　嗡　呱呱　呼哧　咣当　刺溜　叽叽喳喳

相比较而言，单音节的单纯词中单义词较少，合成词和非单音节的单纯词中单义词多。由于汉语词汇系统中合成词占大多数，而合成词中大多数是单义词，所以说，总体而言汉语词汇系统中单义词占多数。

另外，义项多少有时也与使用频率有一定的关联，低频词往往是单义的；有的虽然高频，但适用范围单一，也是单义词。当然，不能反过来说单义词是低频词。

三、多义词

（一）什么是多义词

多义词指的是有两个或两个以上具有内在关联的义项的词。如《现代汉语词典》（第 7 版）中“老”的释义有 17 项，我们以前 10 个义项为例：

【老】① 年岁大（跟“少、幼”相对）：～人｜～大爷。

② 老年人，也用作尊称：敬～院｜王～。

③ 婉辞，指人死（多指老人，必带“了”）：隔壁前天～了人。

④ 对某些方面富有经验；老练（跟“嫩”相对）：～手｜～于世故。

⑤ 很久以前就存在的；时间久的（跟“新”相对）：～厂｜～兵。

⑥ 陈旧：～脑筋｜～机器。

⑦ 原来的：～本行｜～地方。

⑧（蔬菜）长得过了适口的时期：油菜太～了。

⑨（食物）烹调时间过长；火候过大：鸡蛋煮～了。

⑩（某些高分子化合物）变质：～化｜防～剂。

这些义项之间并不是毫无关联的，而是有一定的联系。如上面 ①“年岁大”这个义项属于比较基本的意义，② 和 ③ 都是从 ① 直接引申而来的，④ 则是对“年岁大”中蕴含的“经验丰富、有资历”的延伸；而 ⑤⑥⑦ 则是从“老”的时间维度所作的引申，⑧⑨⑩ 则是从“老”的“过了头、不适当”这方面来引申的。这也就是说，多义词的义项之间并不是并列的关系，有的在时间上有先有后，有的在使用上分基本和非基本。不同义项的性质和发展方式也不完全相同，这就需要我们进一步区分多义词各个义项之间的关系。

（二）本义和派生义

从时间的先后来看，可以将词义区分为本义和派生义。

1. 本义

本义是指有文献记载的词的最初意义。

在一个多义词的几个义项中，最早产生、最古老的那个义项就是本义。例如：

【书】① 写字；记录；书写：～法｜大～特～。

② 字体：隶～｜楷～。

③ 装订成册的著作：一本～｜丛～。

④ 书信：家～｜～札。

⑤ 文件：证～｜说明～。

义项①是最早产生的，是“书”的本义，现在仍使用得比较广泛。其他的义项都是在这个本义的基础上发展出来的。

有些词的本义，像上面的“书”，还有反映日常生活的一些基本词，如“天、地、日、月、山、人、头、心、口、手、母、牛、羊、马、采、觅”等，本义到现在仍在使用。而有的词的本义在现代汉语中已经不再使用或基本不用了，例如下面的“牢”和“牺牲”：

【牢】① 养牲畜的圈：亡羊补～。

② 古代祭祀用的牲畜；牺牲①：太～。

③ 监狱：监～｜坐～。

④ 牢固；经久：～不可破｜记得更～。

【牺牲】① 古代为祭祀而宰杀的牲畜。

② 为了正义的目的舍弃自己的生命：流血～｜为国～。

③ 放弃或损害某些利益：～休息时间赶修机器。

“牢”的义项①是它的本义，这个意义在现代汉语中基本不用，只保留在古代沿用下来的“亡羊补牢”这个成语中。同样，“古代为祭祀而宰杀的牲畜”是“牺牲”的本义，而这个意义在现代汉语中已经不再使用了，义项②和③才是较为常用的意义。又如“集”（本义为“群鸟栖息在树上”）、“理”（本义为“治玉”）、“治”（本义为“治水”）等，都是如此。

2. 派生义

派生义是从本义衍生出来的意义，也叫转义。在多义词的义项中，除了本义外都是派生义。例如：

【后台】① 剧场中在舞台后面供演员化装、休息的部分：演员们正在～准备出场。

② 比喻在背后操纵、支持的人或集团：他有～撑腰，所以肆无忌惮。

【菜】① 能做副食品的植物；蔬菜：种～｜野～。

② 专指油菜：～油。

③ 经过烹调供下饭下酒的蔬菜、蛋品、鱼、肉等：荤～｜四～一汤。

在上面两个例子中，“后台”的义项①是本义，义项②是从本义中通过比喻的方式衍生出来的。同样，“菜”的义项①是本义，义项②和③也都是从本义中衍生而来的。不过，跟“后台”的衍生方式不同，“菜”的义项②和③是通过某种相关性而派生出来的。

根据派生方式的不同，我们可以将派生义分为两大类：比喻义和引申义。

（1）比喻义

比喻义是指通过比喻的方式派生出来的意义。

比喻义是利用事物之间的相似性联系，用一个词的现有意义来比喻另一事物而产生的新的、比较固定的意义。例如：

【风浪】水面上的风和波浪。→比喻艰险的遭遇或斗争的环境。

【传染】病原体侵入机体，使机体产生病理反应。→比喻因接触而使情绪、感情、风气等受影响，发生类似变化。

【峭拔】（山）高而陡。→形容文笔雄健。

“风浪”中的“风”和“浪”都是给行船过程带来艰险的因素，其中“艰险的”是具有描述功能的语义成分。有了这样的描述性特征，当“风浪”所关涉的对象从“水面”游移到人生境遇时，就生成了比喻义。同样，“传染”的本义描述的是“受……影响而使……产生反应”，在基本保持这种描述关系的情况下，当“传染”所关涉的对象从“机体”游移到人的情绪、感情、风气等较为抽象的事物上时，就生成了比喻义。“峭拔”也是一样的，“高而陡”的这种描述义在“峭拔”的本义和比喻义里基本一致，发生变化的是“峭拔”的关涉对象从“山”游移到了写文章的文笔或风格，两种不同事物之间建立了相似的链接关系，比喻义就生成了。因此，比喻义的生成过程其实是有规律的。在比喻义结构中，一般有两个组成部分：一个是描述性成分，另一个是关涉性成分，描述性成分是比喻义生成的基础，而关涉性成分的游移则使得具有相似特征的不同事物建立链接，从而使比喻义成为现实。

值得注意的是，比喻义和修辞上所说的比喻用法是不同的。修辞上的比喻用法，一般是一个临时性的比方，是在具体语境中临时带上的含义，并没有固定下来成为词义的一部分，可以因人而异，因情而异，因境而异。比较下面的“花朵”和“摇篮”：

① 孩子是祖国的花朵。

② 黄河流域是我国古代文化的摇篮。

例①用“花朵”来比喻儿童，是一种比喻用法，但“花朵”本身并没有派生出“儿童”的新义，在词典里也查找不到该释义。而例②的“摇篮”已经由“供婴儿睡觉的家具，形状略像篮子”这个本义派生出“比喻幼年或青年时代的生活环境或文化、运动等的发源地”的新义了，在词典里“摇篮”这个词下面有“发源地”这一义项。所以，比喻义和比喻用法并不一样，不能把二者混同。

当然，比喻义和比喻用法之间也是有联系的，两者在认知机制上是相通的。比喻义的形成不是无源之水，如果某种比喻用法长期运用、反复出现并且逐渐固定、凝固在词义中也就成了比喻义。因此，比喻义和比喻用法之间是使用的普遍性和固定程度高低的问题。

（2）引申义

引申义是指通过事物之间的相关性联系派生出来的意义。

引申义是从词义的某个方面引申出来的意义，强调的是事物之间的相关性。具有某个相关点或共同要素是引申义实现的基础。例如：

【心】① 人和高等动物身体内推动血液循环的器官。人的心在胸腔的中部……（本义）

② 通常也指思想的器官和思想、感情等：～思｜用～。（引申义）

③ 中心；中央的部分：圆～。（引申义）

义项 ① 是“心”的本义，指的是人和动物的心脏，是一种重要的身体器官；由词义中的“器官”扩展到思想、意识层面的器官，于是就有了义项 ② 的引申义；由人体心脏所处的“中部”这一位置进而引申出义项 ③。又如：

【搬】① 移动物体的位置（多指笨重的或较大的）：～运。（本义）

② 迁移：～家。（引申义）

③ 搬用；套用：生～硬套。（引申义）

同样，“搬”这个词的本义是“移动物体的位置”，即义项 ①。义项 ② 的“迁移”义与“移动”相关，而义项 ③ 的“搬用”是将某物“挪过来用”之义，也是“移动”的一种。因此，引申义和本义之间含有某些共同的要素，引申义是从某个相关点所作的引申。

以上两个词的引申义都是直接从本义引申出来的，还有的引申义是由本义辗转、间接引申出来的。比如，“朝”的本义是“早上”（《说文解字》：“朝，旦也。”），由本义直接引申出“上朝、朝见”之义，由“上朝、朝见”之义引申出“朝廷、朝堂”之义，进而又引申出“朝代”之义。相对于本义而言，“朝廷、朝堂、朝代”等义都是间接引申而来。

值得注意的是，相关性涉及的范围也很广，只要两种事物之间具有某种联系，都可以看作是有相关性的。这之间的关系是比较复杂多样的。例如：

【歌】唱。→歌曲。

【笔杆子】笔的手拿的部分。→指擅长写文章的人。

【丝竹】制造弦乐器和管乐器的两种材料。→琴、瑟、箫、笛等乐器的总称。→音乐。

【官】官署。→官吏。

【眉目】眉毛和眼睛。→指容貌。

【编辑】对资料或现成的作品进行整理、加工。→做编辑工作的人。

【高端】等级、档次、价位等在同类中较高的。→指高层官员或负责人。

上面的各个引申义中，“歌”是用动作行为代替动作行为所作用的对象；“笔杆子”是用工具代替使用工具的人；“丝竹”是用材料代替用材料制成的工具进而再来代替成品；“官”是用处所代替使用处所的人；“眉目”是用部分代替整体；“编辑”是用动作代替动作的发出者；而“高端”则是用性质代替具有该性质的人。这也就是我们常说的“借代”，借代也是引申的一种。正如比喻义和修辞上的比喻不同，词的借代义和修辞上的借代也有所区别。修辞上的借代用法是临时的、不固定的，如“花白胡子一面说，一面走到康大叔面前”中的“花白胡子”，是用特征来代替了具有该特征的人。不过，“花白胡子”指“长有花白胡子的人”是临时的，脱离了特定语境，“胡子”的义项里是不会有这个借代义项的。而词的借代义是固定的，如“编辑”借指做编辑工作的人，并不局限于某一特定语境，而是得到了人们的普遍认同的，这个借代义已经被词典收录进去了。

（三）本义和基本义的关系

在谈本义和派生义的时候，人们常常容易将这组概念和另一组概念混淆在一起。这就是基本义和一般义。这里我们对这两组概念进行辨析。

基本义指的是多义词的多个义项中最主要、最常用的义项。与此相对的**一般义**指的是多义词的多个义项中除基本义之外的其他义项。例如：

【手】① 人体上肢前端能拿东西的部分。
② 拿着：人～一册。
③ 小巧而便于拿的：～册。
④ 亲手或亲手写的：～抄。
⑤ 手段；手法：眼高～低。
⑥ 用于技能、本领等：他真有两～。
⑦ 擅长某种技能的人或做某种事的人：选～｜能～。

在“手”的这 7 个义项中，义项 ① 是最广泛、最常用的意义，是基本义，其他 6 个义项都是一般义。

本义和基本义是从不同的角度来分析词义的，二者并不是一回事。本义是与派生义相对的，是从词义的来源、发展来说的。而基本义是与一般义相对的，是从词使用频率的角度来说的。不过，由于有的词的本义从古到今并没有发生什么变化，往往在现代汉语中也是最常用的意义，这时本义和基本义一致，如上面“手”的义项 ① 既是本义，又是基本义。像“脑、泥、砍、高、处置、生育”等都是如此。有的词经过发展，某些义项用得较为普遍，比本义的使用频率要高，逐渐地就成为了基本义，且由这个基本义又引申出了其他的一般义项，而本义却很少用了，这时本义和基本义就不一致了。比如，“走”的本义是“跑”，在“夸父与日逐走、走马观花、奔走相告”中都是“跑”的意思。而“走”在现代汉语中最主要、最常用的意义是“人或鸟兽的脚交互向前移动”，如“行走、走路”等，这个基本义跟它最初的本义是有差别的。

四、同音词

同音词指语音相同而意义之间并无联系的一组词。

前面介绍的单义词和多义词，是从词的义项数量和关系的角度切入的。在多义词中，无论内部含有多少个义项，各个义项之间是什么关系，这些义项都是同属于一个词条的。翻开词典我们还会发现，有些语音相同甚至字形也相同的词，却作为两个或两个以上不同的词条分别列出。例如：

【布[1]】bù ① 用棉、麻等织成的，可以做衣服或其他物件的材料：棉～｜粗～。
② 古代的一种钱币。
③ 姓。

【布[2]】bù ① 宣告；宣布：发～｜～告。
② 散布；分布：阴云密～。
③ 布置：～局｜～防。

“布[1]”和“布[2]”虽然发音相同、字形相同，但是意义之间并没有什么联系，因此看作两个不同的词，在词典里作为两个不同的词条列出。

还有的词语音相同，但是词形不同，当然也就属于不同的词了。例如：

【意义】yìyì 语言文字或其他信号所表示的内容。

【异议】yìyì 不同的意见：提出～。

不管是同音同形还是同音异形，它们的共同的特点是同音，因此是同音词。

值得注意的是，同音词的音同，指的是声母、韵母和声调必须完全相同，其中任何一项如果有不同，都不能构成同音词。下面的这些情况都不是同音词：

①【人家】rénjiā 住户：这个村有百十户～。

【人家】rénjia 指自己或某人以外的人；别人：～都不怕，就你怕。

②【教授】jiāoshòu 讲授：～数学。

【教授】jiàoshòu 高等学校教师的最高专业职称：他是著名的语言学～。

这两组词的声调不完全相同，不是同音词，而是多音词，即同一词形而具有不同的读音和意义的词。

在汉语作为第二语言的词汇教学中，像“抱负—报复—暴富、公式—攻势—宫室”这样的同音异形词，除了读音相同以外，词形和意义完全没有联系，是比较容易辨别清楚的。可是，对于有些同音同形词，不少学习者在判断它们到底是同音词还是多义词时往往不容易区分清楚。实际上，同音词和多义词是有区别的。同音词反映的是两个不同的词在语音上的相同关系，而多义词反映的是同一个词不同义项之间的关系。如下面两组词的用法：

③ a. 它总是昂着头，骄傲地挺着脖子。

b. 他学习挺努力的。

c. 这个战士端着一挺机枪。

④ a. 这西瓜真甜。

b. 小姑娘嘴真甜。

c. 他睡得很甜。

在例③中，“挺”的三种用法意义各不相同，在 a 句的意思是“伸直或凸出（身体或身体的一部分）”，b 句表示“很”，c 句则是个量词，这三种用法在意义上没有什么联系，因此这三个“挺”是不同的词，它们之间构成同音词关系。在例④中，“甜”在 a 句表示“像糖和蜜的味道”，这是“甜”的本义；b 句的“甜”表示“乖巧、讨人喜欢”，这是在本义的基础上由味觉向性质方面的引申；c 句的“甜”表示“舒适、愉快”，是由味觉向感觉方面所作的引申。这三种意义之间有着密切的联系，因此，这三种用法分别是同一个“甜”的三个义项，“甜”是一个多义词。

第五节　词义结构的义素分析

要确定一个词的真正内涵，除了从它的义项及其关系入手，还可以深入到词义结构的内部去分析它的语义构成，将它放在与其他词义的联系中来进行比较和分析，看它们存在着哪些共同联系和区别特征。下面介绍一种比词的义项更小的意义单位“义素”，并介绍其分析方法。

一、义素的内涵

词的每个意义单位（在词典里表现为义项），往往都是由若干语义成分结合而成的。**义素**就是通过比较一组相关词语的意义而得到的区别性语义成分。

比如，“男人、女人、男孩儿、女孩儿”这一组词，它们共同具有 [+ 人] 这一语义成分，但在“成年”“男性”这两个语义成分上显示出了区别和差异。其中“男人”的词义由 [+ 人 + 成年 + 男性] 这样的语义成分结合而成，“女人”的词义由 [+ 人 + 成年 – 男性] 结合而成，“男孩儿”是由 [+ 人 – 成年 + 男性] 结合而成，而“女孩儿”则为 [+ 人 – 成年 – 男性]。有了这样的语义分析，我们就可以清楚地看到，“男人”和“女人”的差别在于是否为[男性]，而“男人”与“男孩儿”的差别则在于是否为[成年]。

又比如，“盯、瞟、望”这一组词，都跟“看”有关系，但在看的方式上有所差异。其中，“盯”的词义由 [+ 看 + 集中在一点] 这样的语义成分构成，“瞟”由 [+ 看 + 斜着眼睛] 构成，而“望”则由 [+ 看 + 向远处] 构成。通过这样的比较和分析，可以发现 [+ 看] 是它们的共同语义成分，而 [+ 集中在一点][+ 斜着眼睛] 和 [+ 向远处] 是它们的区别义素。有了这样的区别性成分，人们就能清楚地了解词义之间的内部结构和区别联系，有利于正确把握词义。

二、义素分析法

（一）义素分析法的内涵

从义素的角度来分析词义的方法就叫**义素分析法**，也叫语义成分分析法、语义特征分析法等。

义素分析法的关键在于从比较中提取出具有区别性特征的语义成分，并用这样的语义成分来分析词义之间的关系、比较词义的异同、说明词义的结构等。词义的区别性特征跟我们在讲语音时提到的区别性特征在本质上是相通的，都是在最小差异对比中进行比较，找出具有区别作用的因素来，如现代汉语普通话的声母 b[p] 和 p[pʰ] 在 [+ 双唇 + 清 + 塞音] 这三个方面是一致的，它们的差别只在于 b[p] 不送气而 p[pʰ] 送气，送气与否就是这两个声母的区别性特征。运用区别性特征来分析语言现象是语言教学与研究中一种十分重要的方法。

（二）义素分析的步骤

对词义结构进行义素分析的过程就是确立和提取出具有区别作用的意义要素的过程。一般说来，大概有下面几个步骤：

1. 确定比较范围，找出共同义素

义素分析的第一步是确定比较的范围即相关词语所在的语义类聚，找出共同义素。义素分析并不是孤立地分析某个词语的词义，而是在具有共同意义成分的相关词语中来进行的。这是比较的前提和基础。不在同一语义类聚中的词语不适宜作为义素分析的对象，如“汽车—跳舞”“吃—急”等，因为从中显示不出这些词之间的相关性及分析的意义。

语义类聚可大可小，存在着不同的层级关系。比如现代汉语“亲属关系”这一类聚可以分为“近亲”和“远亲”类聚，“近亲”又可以再细分为“配偶”“血缘”和“同胞”类聚。为了便于切分并描写出具有最小差异的语义成分，义素分析应该在最小层级的语义类聚中进行。例如“丈夫—妻子”应该放在“配偶”这个范围内进行比较，“父亲—母亲—儿子—女儿”应该在“血缘”这一类聚中进行分析，“哥哥—姐姐—弟弟—妹妹”则应在“同胞”这一类聚中进行区别。如果将“丈夫—妻子”放在“近亲”这一层级，那么就不能直接与其他的亲属词语区分开来。

确定了比较的范围，接下来就是找出共同义素。共同义素表明各个词之间的相关性，对全面认识词义有着重要的作用。比如“汽车—火车—公交车—自行车—出租车—摩托车”等词语虽然各自含有不同的语义成分，但它们之间拥有共同的义素即 [+ 交通工具 + 陆地]；“吃—喝—吸”的词义构成也并不相同，但它们都含有 [+ 经过口腔] 这个义素；“自信—自负”一褒一贬，但都表示 [+ 对自身的认识]。

这里的语义类聚和共同义素其实都涉及“语义场”的相关内容，后面会做出详细介绍。

2. 比较异同，找出区别义素

义素分析最关键的一步就是通过比较分析的方法找出区别义素来。比较时可以将一组词逐一进行两两对比，分析两个词之间的最小差异，然后从中归纳出若干区别点。

比如，用义素分析法来分析“哥哥—姐姐—弟弟—妹妹”这一组亲属称谓名词，可以先将“哥哥”和“姐姐”进行对比，它们都表同胞亲属关系，且都比“自己”年长。它们唯一的区别在于性别，“哥哥”为男性而“姐姐”为女性。然后将“哥哥”和“弟弟”进行对比，发现它们的区别在于长幼，“哥哥”比“自己”年长而“弟弟”比“自己”年幼。逐一对比后可以总结出将这组词区别开来的两个点——“性别”和“长幼”。它们之间的区别义素如下：

词语	区别义素	
	性别	长幼
哥哥	男性	年长
姐姐	女性	年长
弟弟	男性	年幼
妹妹	女性	年幼

又比如，要分析“拾—捞—抽—掏”这一组动词的义素，不难发现它们含有[+人用手取东西]这一共同义素。将它们逐一两两对比后发现，它们的主要区别在于所取对象的处所不同，比如“拾”是从地上捡起，“捞”是从水里或其他液体（如油等）里取出东西，“抽”是把夹在物体中间的东西取出来，“掏”是从物体的口子里伸进去把东西弄出来。除此之外，“捞”和“掏”也包含了用其他工具把东西取出来的情况，如用渔网捞鱼等，而“拾”和“抽”则不具备这个特征。由此我们可以总结出“处所”和“工具”这两个区别点。它们之间的区别义素如下：

词语	区别义素	
	所取对象的处所	工具
拾	地上	手
捞	水里或其他液体里	手 / 其他工具
抽	物体中间	手
掏	有口子的物体里	手 / 其他工具

再比如，“鼓舞—鼓动—煽动”这一组动词都有激发的意思，但在语义侧重、搭配对象和感情色彩上有所不同。两相比较后可以发现，“鼓舞”指的是使振作，增强信心和勇气，跟它搭配的如“士气、人心、斗志”等，是个褒义词；“鼓动”指的是用语言、文字等激发人们的情绪，使他们行动起来，跟它搭配的如“群众、情绪”等，是个中性词；而“煽动”是指鼓动别人去做坏事，跟它相搭配的如“暴乱、仇恨、闹事”等，是个贬义词。它们之间的区别义素如下：

词语	区别义素		
	语义侧重	搭配对象	感情色彩
鼓舞	使振作，增强信心和勇气	士气、人心、斗志	褒义
鼓动	用语言、文字等激发情绪使行动	群众、情绪	中性
煽动	鼓动别人去做坏事	暴乱、仇恨、闹事	贬义

其实，这跟本书第五章所要介绍的同义词的辨析在本质上是相通的。

能否找到准确的比较点，并从中提取出区别性的语义特征，是义素分析的关键。

3. 用符号进行描写

在确定好共同义素和区别义素之后，接下来就是用符号来进行描述。一般来说，先对义素进行概括分类。如果有两项对立的情况，就用“+”“-”号进行区分，将其合并为一个。比如上面分析的“哥哥—姐姐—弟弟—妹妹”这一组，其中的“性别”一项只有“男性”和“女性”这两种对立的情况，那么就可以分别用[+男性][-男性]来表示。同理，“长幼”这一项中的“年长”和“年幼”也可分别用[+年长][-年长]来表示。如果不是对立的情况，也可以用文字进行简要描述，如“拾—捞—抽—掏”这一组。最后，用“[　]”将义素的各项具体特征括起来。综合共同义素的情况，这三组的义素分析分别描述如下：

① 哥哥——[+同胞亲属+男性+年长]
姐姐——[+同胞亲属-男性+年长]
弟弟——[+同胞亲属+男性-年长]
妹妹——[+同胞亲属-男性-年长]

② 拾——[+人取东西+手－其他工具+地上]

捞——[+人取东西+手+其他工具+水里或其他液体里]

抽——[+人取东西+手－其他工具+物体中间]

掏——[+人取东西+手+其他工具+有口子的物体里]

③ 鼓舞——[+激发+使人振作，有信心和勇气+士气/人心/斗志+褒义]

鼓动——[+激发+用语言、文字使人行动+群众/情绪+中性]

煽动——[+激发+使人做坏事+暴乱/仇恨/闹事+贬义]

当然也还有其他的描写形式与方法，只要便于揭示出其中的联系与区别，都是可行的。

义素分析法深入到词义的内部微观结构，能清楚地揭示词义之间的区别和联系，便于人们进行同义词的辨析。比如用义素分析来比较“计划—规划”之间的差别，发现它们都含有共同义素[+预先拟定的+内容+步骤]，其区别在于“规划”具有[+长远+全局]这样的语义特征而“计划”不一定有。如果了解了这样一些差别，那么学习者在面对“北京市政府对城市建设布局做出了十年（计划、规划）”的选择题时就比较容易了。此外，通过区别性特征的提取，义素分析还能比较好地解释语义的组合和聚合规律。比如在普通话中，我们可以说“吃饭、吃苹果”而不能说“吃水、吃酒”（“吃药”有些特殊，不论是固体还是液体），可以说“喝水、喝酒”而不能说“喝饭、喝苹果”等，这是因为“吃”的词义构成中有[+固体食物]这样的语义特征而“喝”具有[+液体食物]这样的语义特征。不过，古代汉语中有“吃水、吃酒”这样的表达，这种用法至今在不少方言中也仍有所保留。这主要是因为“吃”的意义和用法发生了改变，而语义的变化也意味着义素的变化。利用词的语义特征来分析词语之间的选择和限制，这也是我们在语言教学和研究中常用到的方法。

义素分析在汉语作为第二语言的词汇教学中发挥着重要的作用，它便于我们认识、区别、分析和掌握词语，我们应该积极地运用义素分析法来促进词汇教学。

三、语义场

（一）语义场的内涵

义素分析不是孤立地进行的，而是放在相关词语所在的语义类聚中来比较和分析的。这种具有共同意义成分的相关词语构成的类聚就是**语义场**，也称作义场。如“蛙泳、蝶泳、仰泳、自由泳”构成“泳姿”义场；“切、削、砍、剁、劈、剖、割”构成“人持工具的手部动作”义场；“英俊、清秀、俊秀、秀气、英气、帅、俊”可以构成“人的长相”这个义场等。语义场强调的是一个词跟相关词语在语义上的联系，只有分析词与词之间的这种联系，才能确定这个词的真正内涵。

语义场是通过相关词语的比较，根据它们的相同点和不同点划分出来的。属于同一语义场的各个词义有共同的义素，表明它们之间的相互关联，又有一些不同的义素，表明它们之间的区别。例如：

词语	共同义素	区别义素	
		特点	大小
溪	水体	山间流出	[－ 大]
河		一般的水道	[± 大]
湖		被陆地围着的积水	[± 大]
海		大洋靠近陆地的部分	[＋ 大]

由于事物现象的分类可粗可细，类别可大可小，因此语义场也具有不同的层级。若干较小的语义场可以集合成较大的语义场。如“父亲—母亲”构成了“直系血缘长辈”语义场，它们可以跟“儿子—女儿”汇成更大的“直系血缘亲属”语义场。又如“跳、跃、蹦、蹿、纵、越”构成了“腿部向上动作”语义场，它们可以与“走、站、蹲、跪、踢、踩”等汇成更大的“下肢动作”语义场，还可以跟“拿、抓、握、摸、摘、揉、提、举、托”等上肢动作语义场一起汇成“动作”语义场等。

属于同一层级语义场的词语，其词义是相互关联、相互制约的，具有很强的系统性。一个词语的意义结构的凸显内容，取决于这个词跟哪些词语构成一个语义场。比如“金”在“金—木—水—火—土”这个语义场里指的是“金属”，而在“金—银—铜—铁—锡”这个语义场里指“黄金”。因此，词语的意义是在语义场这个系统里通过与其他词语的比较才得以凸显和确定的。

（二）语义场的类型

不同的语义类聚形成了不同的语义场类型。下面就来介绍几种常见的语义场类型：

1. 类属义场

可以被一个上位的类属概念所包含的一组词构成的义场是**类属义场**。这是最常见、最普遍的一类语义场。例如：

“亲属”义场：祖父、祖母、父亲、母亲、儿子、女儿

“家畜”义场：猪、狗、牛、羊、马、驴

“颜色”义场：白、黑、红、黄、蓝

“文具”义场：笔、墨、纸、砚

“烹饪方法”义场：煮、煎、炒、蒸、炸、爆、焖、炖、焯、焗、煲、卤、熏

类属义场最常见的语义关系就是上下义关系。上下义关系就是逻辑上的种属关系。其中表示属概念的词是上义词，表示种概念的词是下义词。类属义场一般是多层次的，大类之下可划分出小类，小类之下又可分出更小的分支。例如：

交通工具

船、飞机、车……

自行车、火车、摩托车、汽车……

轿车、吉普车、面包车、公交车……

“交通工具”这个语义场下面有“船、飞机、车”等成员，“交通工具”是“船、飞机、车”的上义词，“船、飞机、车”是“交通工具”的下义词，依此类推。上义词所指的范围包含了下义词所指的范围，如可以说“车是交通工具”，但不能反过来说“交通工具是车”。

2. 顺序义场

有的词语类聚之间存在先后、大小、高低等顺序关系，这就是**顺序义场**。像数目、时间、季节、月份、空间、度量衡单位、学位、职衔等词的词义，都属于顺序义场。例如：

“数目”义场：一、二、三、四、五……十、百、千、万、亿……

“星期”义场：星期一、星期二、星期三、星期四、星期五、星期六、星期日

“季节”义场：春、夏、秋、冬

“方向”义场：东、南、西、北

有的顺序义场里的词义间不只是某种顺序关系，还反映了高低等级关系。例如：

“学校”义场：小学、中学（初中、高中）、大学

“军衔”义场：少尉、中尉、上尉、少校、中校、上校、大校、少将、中将、上将

“职称”义场：助教、讲师、副教授、教授

“温度”义场：寒、冷、凉、温、暖、热、烫

“程度”义场：稍微、有点儿、比较、相当、很、十分、特别、极其、最

顺序义场中的成员，有的是封闭的，如“天干”这个语义场里只有“甲、乙、丙、丁、戊、己、庚、辛、壬、癸”十个词。有的是开放的，如“数目”义场里的“一、二、三、四、五……”。

3. 关系义场

反映某种相互依存、相互对立关系的语义场就是**关系义场**。关系义场的成员一般成对出现。例如：

丈夫—妻子　　父母—子女　　教师—学生　　被告—原告

上面—下面　　东边—西边　　前方—后方　　左边—右边

买—卖　　嫁—娶　　号召—响应　　给予—获得

人和人之间的某种对立依存关系是关系义场的常见类型，如“丈夫—妻子”是基于婚姻关系形成的语义场，“父母—子女”是基于直系血缘关系形成的语义场等。空间位置也可以作为关系，组成某些关系语义场，如“上面—下面、东边—西边”等都是基于方位关系而形成的语义场。有的行为动作过程所涉及的关系也可以看作关系语义场。如“买—卖”是基于交易过程中双方的关系而形成的义场，“嫁—娶”则是基于结婚过程中双方的关系而形成的义场等。由于关系义场反映的是事物之间的相互依存关系，因此由一方可以推知另一方。比如，可以由“甲是乙的丈夫”推知“乙是甲的妻子”；由“甲在乙的上面”可以推知“乙在甲的下面”；由“甲向乙买东西”可以推知“乙卖东西给甲”等。

4. 同义义场和反义义场

意义相同或相近的词组成的语义场叫**同义义场**。同义义场中的各个词就是同义词，如“边疆—边境、祝贺—庆贺、关心—关怀、优良—优异”等。构成同义义场的成员以意义基本相同或相近而类聚在一起，又因理性义有细微差别、感情色彩和语体色彩有差别、用法有差别而具有各自的价值。这也是各个成员存在的条件。

意义相反或相对的词组成的语义场叫**反义义场**。这样的词语互为反义词，如“有—无、出席—缺席、买—卖、权利—义务”等。构成反义义场的成员既是互相对立的，又是互相联系的。比如“长—短”虽然在意义上相反，但同属于“度量”这

个语义场。不属于同一个语义场的词不是反义词，如“深”和“大”，前者属于“深度”义场，后者属于“体积”义场，二者不构成反义关系。

关于同义词和反义词的详细内容，可参看本书第五章“同义词和反义词”。

词汇系统虽然庞杂，但并非杂乱无章。语义场的建立，将不同词语归入到各个语义场的类别之下，形成大大小小的语义系统。在词汇教学中，教师应该把词放在相应的语义场中，如围绕某个具体的主题，将相关的词语以语义网络的方式集中在一起呈现或讲解，引导学生在语义场中理解、消化、记忆词语，逐步形成和建立词汇的语义认知网络，提高记忆的效果，扩大词汇量。而且，教师尤其要善于利用词语的同义义场和反义义场这两种重要的语义类聚，引导学生通过这两种语义场对词语进行辨析和比较，把握词与词之间的联系和区别，从而提高精准运用词语的能力。

第六节　词义的发展变化

随着社会的发展、交际的需要和人们认识的改变，词义也处在不断的发展和变化之中。词义的发展变化既可以从词义之间如何联系这个角度来进行分析，如本章第四节所分析的多义词各个义项之间的派生关系，也可以将词语原来的意义同它后来发展出来的意义加以对比，看看出现了什么新的变化和结果。这一节就从这个角度来说明词义的发展变化问题。

一般来说，词义的发展和变化有以下几种类型：

一、词义的扩大

词义的扩大指的是词义演变后所概括的范围比原来的大或适用的对象比原来的多。例如：

① 河：专指黄河→一切河流

② 齿：门牙→牙齿

③ 好：女子貌美→泛指一切美好的性质

例①的“河”在古代专指黄河，如“秋水时至，百川灌河”(《庄子·秋水》)；在现代汉语中泛指一切河流。“河”由专称变成通称，从指特定、单一的事物发展到指一般的事物，词义扩大了。例②的“齿”原指门牙，如“唇亡齿寒”(《左传·僖公五年》）；后来泛指牙齿，从表示成员的部分扩大到表整体。例③的“好”原指女子相貌好看，不涉及品德方面，如“秦氏有好女”（汉乐府《陌上桑》）；现在的“好”泛指一切美好的性质，对人、事、物都可以修饰或限制，由词义范围的扩大进而带来了适用范围的扩大。

二、词义的缩小

词义的缩小指词义演变后所概括反映的内容范围比原来的小。例如：

① 丈夫：成年男子→配偶中的男性一方

② 坐：坐下；犯（罪）；因为→坐下

③ 报复：报答恩怨→打击批评自己或损害自己利益的人

例①的“丈夫”在古代一般指成年男子，如“古者丈夫不耕，草木之实足食也”（《韩非子·五蠹》）；现在一般指配偶中的男性一方，所指范围缩小了。例②的“坐”在古代除了表“坐下”这个动作外，还有“触犯（某种罪刑）”的意思，如“王曰：‘何坐？’曰：‘坐盗。’”（《晏子春秋·内篇》），还有“因为”的意思，如“耕者忘其犁，锄者忘其锄。来归相怨怒，但坐观罗敷”（汉乐府《陌上桑》）；现在的“坐”一般表“坐下”义，今义比古义缩小了。例③的“报复”原来既可以指报恩的情况，如“悉召见故人，与饮食；诸尝有恩者，皆报复焉”（《汉书·朱买臣传》），也可以指报之以怨的情况，如“睚眦之怨，无不报复”（《三国志·法正传》）；到了现代汉语，报恩的意义消失，缩小为打击、报之以怨的意思。

三、词义的转移

词义的转移指原来的词义表示某类现象，后来改变为表示另一类现象。例如：

① 兵：兵器→士兵、战士或军人

② 蚕食：蚕吃桑叶→像蚕吃桑叶那样一点儿一点儿地吃掉，比喻逐步侵占

③ 走：跑；逃跑→人或鸟兽的脚交互向前移动

④ 俊秀：才智出众的人→清秀美丽

例①的“兵”本指兵器，如“斩木为兵，揭竿为旗”（贾谊《过秦论》）；现代汉语除了少数成语如“短兵相接”还保留着兵器这个意思，独立成词时一般指士兵、战士或军人。“兵”从表兵器到持有兵器的人，词义发生了引申式转移。例②的“蚕食”

本指蚕吃桑叶；后来指像蚕吃桑叶那样地逐步侵占，词义发生了比喻式转移。例③的“走”原来是跑或逃跑的意思，如“弃兵曳甲而走”(《孟子·梁惠王上》)；现在一般指走路，所表动作的特征发生了转移。例④的“俊秀”原本指才智出众的人，是个名词，如“招延俊秀，聘求名士”(《三国志·吴志·吴主传》)；现在指容貌清秀美丽，是个形容词。词义的转移带来了词性的转变。

除了上面举出的几种常见情况，词义演变还包括其他一些方面的变化。比如，词义轻重的变化，如“饿”原本指严重的饥饿甚至达到饿死的程度，如“饿其体肤，空乏其身”(《孟子·告子下》)；现代汉语中的“饿”跟“饱”相对，指一般的肚子饿，词义所表程度减弱了。感情色彩的变化，如“爪牙”在古代指武将、猛士，是个褒义词；现代汉语中指帮凶、走狗，成为了贬义词，等等，这里就不一一说明了。如果我们对词义的发展和演变有一个大致的了解，那么在学习现代汉语词汇时，一定能更精准地把握词义，掌握词语的用法。

【思考与练习四】

一、填空。

1. 词义中跟概念相关的核心意义是________，还有一个附加在概念义之上的________。
2. 词的色彩义的类别很多，主要包括________、________和________等。
3. 词的感情色彩指________________________。根据感情色彩的不同，词可以分为________、________和________。
4. 根据词的表达内容中所体现出来的某种倾向或情调，一般将语体分为________和________。
5. 对词义所作的分项说明被称为________。
6. 单义词是指________的词，多义词指____________________的词。
7. 从词义发展的角度来分析，可以区分出________和________。从词义使用频率的角度来分析，可以区分出________和________。
8. 根据派生方式的不同，词语的派生义可以分为________和________。
9. “曙光”的本义是“清晨的阳光”，通过________的方式派生出“已经在望的美好的前景”这个意义。
10. 在“你别打扰他，他正算账呢”中的“算账”使用的是________义，“这回算你赢，下次我再跟你算账”中的“算账”使用的是________义。

11. 从词的义项数量和关系角度出发，“水很浅、他的功底浅、浅颜色”这三种用法中的“浅”是________个________词。

12.“包含”和“包涵”语音相同，意义________同，是________词。“一朵花、花钱”这两种用法的“花”语音相同，意义________同，是________词。

二、按所表达的感情色彩，给下面的词分类。

孝顺　丑陋　小人　善良　上任　好学　懒惰　事情

结果　歹毒　忠心　悲观　热心　土气　独立　幼稚

光明磊落　源源不绝　对答如流　装腔作势

三五成群　冰雪聪明　出类拔萃　不耻下问

按部就班　惊涛骇浪　不学无术　诡计多端

三、下面这几组词语，在理性义上较相近，但感情色彩不同。请分析它们之间的区别。

成果—结果—后果　勇敢—大胆—狂妄　就义—处死—毙命

鼓舞—鼓动—煽动　理想—想法—臆想　教诲—教育—教唆

谨慎—慎重—拘谨　保护—庇护—袒护　牺牲—死亡—完蛋

高瞻远瞩—好高骛远　深思熟虑—蓄谋已久　神机妙算—诡计多端

四、下面这几组词语，在理性义上较相近，但语体色彩不同。请分析它们之间的区别。

吃饭—进餐　抄袭—剽窃　吓唬—恐吓　抠门儿—吝啬

老套—窠臼　可以—准予　脑袋—头部　嚷嚷—吵闹

剃头—理发　握手—执手　帮—帮忙　买—购买

差点儿—几乎　纳闷儿—困惑　压根儿—根本　七老八十—耄耋之年

老公—丈夫—先生　盐巴—盐—食盐

一对儿—两口子—夫妻—夫妇—伴侣—伉俪

五、选择。

（1）“看花看得眼睛都花了”中，前后两个“花”分别用的是多义词“花”的（　　）

A. 基本义、引申义　　B. 基本义、比喻义

C. 引申义、基本义　　D. 引申义、比喻义

（2）“旅客出口处”和“原油出口处”中的两个“出口”是（　）

A. 同音词　　　　B. 多义词

（3）下列句中画线的词用了该词的哪种意义？分类正确的一组是（　　）

① 老奶奶背了个大包袱走路直喘气。

② 这个年轻人在演艺圈很红。

③ 这是火急的事，不能再等了。

④ 牛肉煮烂了，你多吃点儿。

⑤ 前事不忘，后事之师。

⑥ 大会前要充分酝酿。

A. ①④/②⑤/③⑥　　　　B. ①③/②④/⑤⑥

C. ①⑥/②⑤/③④　　　　D. ①④/②③/⑤⑥

六、请你从“生”所出现的语境中概括出它的义项，并指出哪个是本义、哪些是派生义，以及派生义的类型。

① 这西瓜是生的。（　　）

② 生吃瓜果要洗干净。（　　）

③ 生石膏的用途很广。（　　）

④ 初来乍到，人生地不熟的。（　　）

⑤ 做事不要生搬硬套。（　　）

⑥ 手碰得生疼。（　　）

七、在下列画线的词的众多义项中，判断出哪个是本义，并简要说明理由。

花：① 种子植物的有性繁殖器官：掐了一朵花

② 可供观赏的植物：买了一盆花

③ 花纹：这被面的花太密

④ 颜色或种类错杂的：这件衣服太花了

说：① 用话来表达意思：说了几句笑话

② 解释：一说就明白

③ 言论；主张：有此一说

④ 责备；批评：说了他一顿

⑤ 说合；介绍：她最近说了个婆家

⑥ 意思上指：你这是说谁呢

新：① 刚出现的或刚经验到的：新的工作岗位
② 性质上改变得更好的：新文艺
③ 没有用过的：这套衣服是全新的
④ 新的人或事物：这是刚摘下的荔枝，尝尝新吧
⑤ 新近；刚：我是新来的

八、指出下列句子中画线的词用的是 ① 本义、② 引申义还是 ③ 比喻义。

（1）a. 我已经碰了多次钉子了。（　　）
b. 你快去拿几颗钉子来。（　　）
（2）a. 这儿的气候非常干燥，一年下不了几次雨。（　　）
b. 你们这样能成什么气候？！（　　）
（3）a. 我不喜欢喝太浓的茶。（　　）
b. 海水是浓绿的，像碧玉；霞是艳红的，像胭脂。（　　）
c. 他对语言学产生了很浓的兴趣。（　　）
（4）a. 你来迟了一步，车刚走。（　　）
b. 亲戚越走越亲。（　　）
c. 这话在你嘴里怎么走味儿了？（　　）
（5）a. 他以前跟渔民学过观察气象。（　　）
b. 祖国到处展现出一派新气象。（　　）
（6）a. 这是他平生第一次看见海。（　　）
b. 人海茫茫，去哪里找这个人啊？（　　）
（7）a. 台风就要来了，船只都驶进了避风港。（　　）
b. 家是我们温暖的避风港。（　　）

九、分析下列各组中画线词的意义，判断哪些是多义词，哪些是同音词，并指出在词典里该怎么立条目。

（1）a. 黄连虽苦但能治病。
b. 生活是苦了一点儿，可是人有盼头。
c. 这些年全仗着她养家糊口，可真苦了她。
（2）a. 他是著名的书法大家。
b. 大家安静点儿，现在开会了。

（3）a. 考试的时候要遵守纪律，不能抄袭。

b. 我军从背后抄袭了敌人。

（4）a. 今晚有一个会。

b. 他教了我半天，我总算会了。

c. 上个星期没有会着他。

d. 他明天会来吗？

（5）a. 用这块料做桌子挺合适。

b. 当运动员？他可不是这块料。

c. 给这头牲口多喂点儿料。

d. 没料到这件事情会来得如此突然。

（6）a. 桌上有张白纸。

b. 今天又白跑一趟，什么也没办成。

c. 我白了他一眼。

d. 你把字念白了。

e. 这文章写得半文半白，不今不古，滑稽可笑。

（7）a. 他双手把着方向盘，全神贯注地开车。

b. 你给孩子把一下尿，别尿湿裤子。

c. 他手上拿着一把刀。

d. 请你把这本书放在书架上。

（8）a. 新生事物在刚出现时，并不是十全十美的。

b. 经过抢救，她再一次获得了新生。

c. 中文系今年招了一百余名新生。

（9）a. 他的脸上长满了疙瘩。

b. 墙脚的面粉受潮结成了疙瘩。

c. 这次谈话解开了他们俩心里的疙瘩。

十、下面是一家公司用口语语体发布的招聘信息，请将这一信息改写成正式的招聘启事，要求内容准确，层次清晰，表达得体。

帅哥靓女，你大学本科毕业不？办公软件使用熟练不？英语交流顺溜不？有没有驾照？会不会粤语？快来看哦，这儿招人啦！中日韩三国合资公司，需要行政秘书 3 名，机不可失，时不再来哦。要是有意，可以电话 168168，5 月 25 号面试，团结大厦 908，不见不散哦。

十一、请对下面几组词的语义场和义素进行分析。

（1）椅子—凳子—沙发

（2）走—跑—跳—奔

（3）神奇—奇妙—奇怪

十二、请分析下列几组词语所属的语义场，并指出同一个词语在不同语义场中意思上的差别。

（1）a. 叔叔—伯伯—舅舅　　b. 叔叔—阿姨—大妈

（2）a. 日—月—星辰　　b. 日—月—年　　c. 日—夜

十三、请参考相关文献，分析下面几个词的词义发展情况。

江　　池　　脚　　诗　　牺牲　　步　　行李　　响

第五章 同义词和反义词

词义之间的联系多种多样，除了上一章所讲的同一个词所具有的多义现象外，还有不同的词之间存在的同义关系和反义关系以及由此形成的词义聚合。本章要介绍的同义词和反义词，正是这样一些在意义上具有相同或相近、相反或相对特点的词义聚合。

第一节　同义词

一、同义词的内涵和类型

同义词是指意义相同或相近的一组词。这里的意义相同或相近，通常指的是词的理性义相同或相近。例如下面的一组词都跟“看”有关系：

盯：轮到她射击，大家的眼睛都盯住了靶心。

瞄：你瞄准了才能开枪。

注视：这个过程不能有任何差错，每个人都注视着他的一举一动。

注目：他走到哪里都是众人注目的焦点。

审视：他到现场审视了一番，也没发现什么破绽。

凝视：她凝视着墙上的《蒙娜丽莎》，猜测着微笑中的秘密。

凝望：大多数的时间里它们只能远远地相互凝望。

端详：我端详了好半天，也没认出照片上的人是谁。

这些词的意思基本相同，都表示“集中注意力仔细看”，但是在具体的细节上有着或大或小、或隐或显的差别。它们构成了同义关系。

根据语义上的相同或相近，同义词可以分为等义词和近义词两类。

（一）等义词

等义词指理性义完全相同的一组词。这是严格意义上的同义词，也可称作**绝对同义词**。例如：

手臂—胳膊　　星期—礼拜　　土豆—马铃薯　　杜鹃—映山红

离别—别离　　相互—互相　　演讲—讲演　　仿制—仿造

等义词在理性义上是相同的，即它们所反映的客观事物或现象是相同的，在使用时通常可以换用。不过，等义词在色彩义和用法上还是有细微差别的。如“手臂—胳膊、星期—礼拜、土豆—马铃薯”等在语体色彩上有差别；“离别”和“别离”含有相同的语素但顺序不同，其中“离别”的使用面更广、更常用一些；而“相互—互相”则是在“表示彼此同样对待的关系”这一义项上构成等义关系，如“互相/相互尊重”，但“相互”还可以表示“两相对待的”，如“相互关系”，此时就不能换成“互相关系”。还有的等义词在来源、时代、地域色彩等方面或者在使用范围、用法、理据上有所不同。因此，真正完全相同无别的等义词基本上是不存在的。从语言使用的经济性原则来看，如果两个词在表达功能上完全没有差别，其中一个很可能会被淘汰。那些没有被淘汰而并存的两个所谓的等义词，一定会有细微的差异，正是这些差异决定了它们存在的价值。

（二）近义词

近义词指理性义基本相同但是有些细微差别的一组词。这是较宽泛意义上的同义词，也可称作**相对同义词**。当我们提到同义词时一般就是指近义词。例如：

舟—船　　灾害—灾难　　气魄—气势　　刹那—瞬间

叫—喊　　思考—考虑　　散步—漫步　　枯萎—干枯

寒—冷　　美好—美妙　　宽敞—宽阔　　温和—温顺

马上—赶紧—赶快—连忙—立即—立刻—立马—快速—迅速—即刻

也许—可能—大概—大约—大致—估计—好像—似乎—或者—或许—恐怕

汉语中的同义词数量繁多，丰富多样，这就如同满园的鲜花，五彩纷呈，香气各异。我们在使用时要对它们进行精心的选择。在同义词中，选用哪个词语，这要看具体的语言环境。例如，在“看—盯—瞟—瞥—瞪—窥—望”这一组同义词中，一般地看，用“看”，集中视力注意看用“盯”，斜眼看用“瞟”，很快地看一下用“瞥”，生气地睁大眼睛看用“瞪”，从小孔或缝隙中偷偷地看用“窥”，向远处看用“望”。这些同义词为确切地表达不同情境下的细微差异提供了选择的基础。

二、同义词的辨析

同义词绝大部分都是意义相近而有细微差别的，具有“大同小异”或“同中有异”的特点。大同易辨，小异难分。我们常说的“用词不当”，往往就是由于没有分辨清楚同义词而造成的。要想准确地反映所指对象的个体特征，精准、细致地表达出具体内容和思想感情，我们需要掌握尽可能多的同义词，也必须学会辨析同义词之间的细微差别。

辨析同义词，一般可以从理性义、色彩义和用法这三个方面着手。

（一）从理性义上辨析

有些同义词在理性义上有差异，主要体现在以下几个方面。

1. 语义侧重点不同

有相当一部分同义词，如“安定—稳定、保持—维持、爱惜—爱护”等，都含有共同的语素，这便是“同”的基础。它们的差别在于构成成分中那个不同的语素，而不同的语素往往体现出各词语义侧重点的不同。此时，语素的异同给辨析同义词提供了方便，只要在同中求异，抓住不同点和侧重点，大致就可以将它们区别清楚了。

例如，“才华—才能—才干—才智”的共同意义是人所表现出来的优异的认知能力和创造能力（即“才”），但它们的语义侧重点有不同，而这些不同正是由各个词中的不同语素“华、能、干、智”来展示的：“才华”中的“华”的语素义为“光彩华丽”，因此“才华”指“表现于外的才能”，侧重于人在文学艺术方面的能力和特长，如“李白是个才华横溢的诗人”；“才能”中的“能”表示“能力”，因此“才能”指的是“知识和能力”，侧重于人对知识、能力、技巧、技能的掌握情况，如“一个人有没有才能，要经过客观实践的检验才能知晓”；“才干”中的“干”义为“做（事）”，由此“才干”侧重指“办事的能力”，如“他很有才干，业务能力极强”；“才智”中的“智”表“智慧”，因此“才智”侧重指“富有智慧、思维敏捷”，如“我们要充分发挥每个人的聪明才智”。其他类似的同义词如：

完成—完毕　　颤动—颤抖　　管理—治理　　合作—协作

简朴—简单　　荒芜—荒凉　　整齐—整洁　　柔美—优美

辩论—辩驳—辩白—辩解

悲伤—悲痛—悲哀—悲愁—悲苦—悲凉—悲凄—悲酸

2. 语义轻重不同

有些同义词所表示的概念基本相同，但在语义的轻重程度上有差别。例如“请求—恳求—哀求”这一组同义词，虽然它们都跟“提出愿望和条件，希望得到满足”这一理性义有关系，但是语义的轻重程度不太一样。“请求”是一般地说明要求，如“他请求去西藏工作”；“恳求”表示恳切地希望或请求，如“小明恳求爸爸带他去北京”；而“哀求”则是苦苦地请求，希望得到满足的程度最深，如“她眼泪汪汪地百般哀求他留下来”。其他类似的同义词如：

通告—警告　　收藏—珍藏　　妨碍—妨害　　着迷—痴迷

后悔—悔恨　　寒冷—严寒　　炎热—酷热　　漂亮—惊艳

相信—信任—信赖　　很—非常—极度　　不快—苦闷—抑郁

生气—发火—恼火—恼怒—发怒—气愤—愤怒—盛怒—震怒

3. 语义范围不同

有些同义词所指对象的范围不太一样。例如“局面—场面”都是表示在一定时间和环境中的状态，但二者的语义范围和使用范围都有差别。“局面”指一个时期内事情的状态，着眼于全局，所指范围大，一般用于政治、经济、军事、生产等方面的形势或规模，如“政治上的稳定局面有利于促进经济上的发展”。“场面”一般是指在一定时间、场合下构成的情景，着眼于局部，所指范围小，一般用于戏剧、电影等影视文学作品或生活中的某个场景，如“这个热火朝天、生机勃勃的场面感染了我”。其他类似的同义词如：

近来—近期　　年龄—年纪　　天气—气候　　战斗—战争

边境—边疆　　食粮—粮食　　饥荒—灾荒　　情义—情意

家眷—家属—亲属—家族

4. 个体与集体的区别

有些同义词所指的事物相同，但有的词指的是个别的、具体的事物，而有的词指的是集体的、概括的事物。比如，“车—车辆”都是指同一种事物“有轮子的陆上运输工具”，但“车”指具体的某种车或某辆车，如“火车、他的车”；而“车辆”是各种车的总称，如“路上行人车辆川流不息，一派繁忙的景象”。其他类似的同义词如：

书—书本　　船—船只　　马—马匹　　花—花朵

诗—诗篇　　纸—纸张　　土—土方　　枪—枪支

在这些同义词中，表示个体的词一般都是单音节的，而表示集体、总称的词大多是由名词语素和量词语素组成的补充式双音节复合词，如“书—书本、船—船只”等。

（二）从色彩义上辨析

除了理性义，辨析词义还可以从色彩义方面入手。具体说来，主要有以下几个方面的不同：

1. 感情色彩不同

有些同义词基本意思相同，但词语所反映出来的说话人对所指对象的感情态度和评价不同，有的词是褒义的，有的词是贬义的，还有的词是中性的。例如“创造—杜撰”都有“想出或构建出以前没有的东西”之义，但是“创造”表示“想出新方法、建立新理论、做出新的成绩或东西”，是褒义的，而“杜撰”表示“没有根据地编造、虚构”，是贬义的。其他类似的同义词如：

顽强—顽固　　机智—狡猾　　赞美—奉承　　谨慎—拘谨

结果—成果　　鼓动—鼓励　　决断—果断　　教育—教诲

允许—纵容　　修饰—粉饰　　同意—附和　　论辩—诡辩

上面第一行是同义词中的褒义词与贬义词的对立，第二行是中性词与褒义词的对立，第三行是中性词与贬义词的对立。在具体的语境中需要选用合适的词语，否则容易适得其反。

2. 语体色彩不同

有些同义词所指事物或现象相同，有的词用在口语里，有的词用在书面语中，有的口语和书面语中都通用。例如“昨儿个—昨天—昨日”中，“昨儿个”只用在口语里，“昨日”用在书面语里，而“昨天”则口语和书面语中都能用。其他类似的同义词如：

招儿—措施　　头儿—领导　　媳妇儿—夫人　　小孩儿—儿童

脸—面庞　　老百姓—人民　　到来—莅临　　吃饭—用餐

害怕—畏惧　　拿手—擅长　　吵架—口角　　保存—惠存

上面第一行是口语和书面语的对立，第二、三行是通用语和书面语的对立。

除了感情色彩和语体色彩的差异，同义词在其他色彩上也有差别。有些同义词在形象色彩上有差异，如“掂量—考虑”都有“思索问题，以便做出决定”的意思，但“掂量”让人脑海里浮现出用手托着东西上下抖动来估量轻重这样一幅画面，而“考虑”却没有这样的形象感。同样，“鄙弃—唾弃”都有“看不起；厌恶”的意思，但“唾弃”有用吐唾沫来表示鄙视的形象色彩，而“鄙弃”则不具备这种形象感。其他类似的同义词如“江山—国家、玫瑰红—紫红、挂钩—联系、云集—聚集、雀跃—高兴、炒鱿鱼—解雇、露马脚—暴露”等，每组的前一个词都具有较强的形象色彩。

有的同义词在是否具有外来色彩上有分别，如“摩登—现代、拜拜—再见、盘尼西林—青霉素、麦克风—话筒、马达—发动机”等，每组的前一个词都是外来语，具有外来色彩，后一个词是相应的汉语意译形式，只有一般色彩。

还有的同义词在委婉色彩上有分别，如“太平间—停尸房、长眠—死、拾荒—捡破烂、负增长—亏损、富态—肥胖、耳背—耳聋”等，每组中的前一个词用较为含蓄的方式表达出禁忌、避讳、特定场合不便说出或需礼貌求雅的概念，具有委婉色彩，后一个词则没有这种色彩。

同义词还有其他色彩义上的差别，如方言色彩、雅俗色彩等，这些都需要细细加以辨别。

（三）从用法上辨析

伴随着理性义和色彩义方面的差异，同义词在用法上往往也具有不同的特点。可以说，同义词在用法上的差异实际上是其内在差异的外在表现。具体来看，可以从以下几个方面入手：

1. 搭配对象不同

由于同义词在语义上所具有的细微差异和不同侧重，它们所搭配的对象也会有所区别。如“担负—担任”，都有“承担、担当”之义，但是“担负”一般跟“责任、工作、费用”相搭配，如“担负重任、所需费用由甲方担负”等；而“担任”一般跟“职务、工作”搭配，如“担任组长、担任运输工作”等。其他类似的同义词如：

发挥（作用、水平、威力、特长、积极性）—发扬（作风、传统、精神、民主）

交换（礼物、场地、信息、条件）—交流（思想、经验、文化）

竖立（旗杆之类的具体事物）—树立（榜样、典型、风尚，多为抽象事物）

严密（结构、规章、制度）—周密（计划、调查、安排）

顽固（思想、立场、病症）—固执（性情、态度）

宽阔（道路、心胸、思路）—辽阔（大地、草原、海洋）—壮阔（波澜、声势、规模）

这些同义词的搭配对象各不相同，不能混用。

2. 语法功能不同

除了在搭配上的具体差异以外，有的同义词在语法功能上也有不同的表现。所谓词的语法功能，主要是指一个词所能出现的语法环境（即在句子中出现的位置）和充当句子成分的能力。在句子里面，词与词之间都有一定的组合关系，按照关系的不同，可以把句子分为不同的组成成分。现代汉语里的句子成分主要有六种，即主语、谓语、宾语、定语、状语和补语。不同的词充当句子成分的能力是不一样的。依据词与词之间的组合能力和充当句子成分的不同情况，我们可以对词进行语法分类。其中，跟同义词辨析相关的常常是名词、动词、形容词以及副词、连词、介词等。如“天空、桌子”这样的词，一般是做句子的主语或宾语，是名词；“走路、睡觉”这样的词，一般做句子的谓语，是动词；“漂亮、神奇”这样的词，一般做定语，是形容词；“很、稍微”这样的词做句子的状语，是副词；“和、因为”这样的词，起连接作用，是连词；而“在、向”这样的词，起的是介引作用，是介词，等等。关于词类和句子成分的内容，参见本系列之一的《汉语基本知识（语法篇）》（施春宏著，北京语言大学出版社，2011 年出版）中的相关介绍。

有些同义词虽然意义相近，但所出现的语法环境不同，具有不同的分布情况，充当句子成分的能力也不一样。例如：

① 智慧（名词，做主语、宾语）—聪明（形容词，做定语、谓语，受“很”修饰）

人民的智慧是无穷的　　这个提问充满了智慧　＊智慧的孩子＊他很智慧

＊人民的聪明是无穷的　＊这个提问充满了聪明　　聪明的孩子　他很聪明

② 尽兴（动词，做谓语、状语）—尽情（副词，只能做状语）

玩了一天还没尽兴　　尽兴地唱着、跳着

＊玩了一天还没尽情　　尽情地唱着、跳着

③ 重要（形容词，做定语、谓语，受“很”修饰）—首要（属性词，做定语）

重要问题　　这个问题非常重要　　很重要

首要问题　＊这个问题非常首要　＊很首要

以上分析了同义词辨析的多个方面。实际上，同义词之间的差别是错综复杂的，交织着多种因素。在说明每一种情况时，也只是对其中比较突出的、较为明显的方面进行分析，但同义词辨析并不代表只有这种分析，而是应该综合多方面的因素来考虑。如“流传—留传”都有传下来的意思，但是“流传”指的是“传下来或传播开”，而“留传”则是指“遗留下来给后代”，二者的语义侧重点不同。不仅如此，二者在搭配对象上也有差异。“流传”搭配的对象是“故事、传说、事迹、消息”等，而“留传”搭配的对象一般是具体的物品，如“田地、房产、秘方”等。又如“诞辰—寿辰—生日”这组同义词，都有“每年满周岁的那一天”的意思，但三者的语体色彩不同，其中“诞辰”和“寿辰”具有书面语体色彩，显得庄重，而“生日”具有通用语体色彩。不仅如此，三者所适用的对象也很不相同。“诞辰”多用于所尊敬的人，如“纪念鲁迅诞辰一百周年”；“寿辰”一般用于老年人，如“爷爷的八十寿辰”；而“生日”适用对象比较广，也没有这些特殊的意义，一般人过生日都可以用“生日”。这也说明，同义词的差别是由多种因素共同形成的，我们在进行辨析时需要多角度进行。

三、同义词的辨析方法

以上从不同的角度和方面阐述了同义词辨析的主要内容。汉语的同义词非常多，同义词教学又是汉语作为第二语言的词汇教学中的一大重点和难点，中高级阶段更是如此。同义词辨析应该从何入手？怎样进行辨析？都有什么样的辨析方法和技巧？这些是汉语教师和母语为非汉语的学习者都需要了解和掌握的。对于教师而言，只有从宏观上抓住辨析同义词的“脉”，明确应该怎样进行同义词辨析，才能根据学生的实际偏误给予有针对性的指导；对于学习者而言，要做到正确使用同义词，一个切实有效的途径就是掌握同义词的辨析方法，这样才会真正从源头上避免同义词的使用偏误。

简要地说，同义词的辨析可以概括成“三步走”：一是搜集用例，归纳用法；二是互相替换，彰显异同；三是详加比较，指明差异。下面以“年龄—年纪—岁数”这组同义词为例，来展示具体的辨析步骤。

首先要搜集用例，归纳用法，即尽可能多地把这三个词所出现的具体环境和典型用例都找出来，并初步归纳三者的用法。例如：

年龄：～段｜入学～｜退休～｜根据年轮可以计算树木的～。

年纪：一把～｜她小小～就挑起了家庭的重担。

岁数：妈妈是上了～的人。｜他今年多大～了？

找出这三个词的典型用例以后，我们发现三者是同中有异、大同小异，这三个词之间拥有共同的语义成分，都含有“年岁”这个义素，但是搭配的对象和具体语境并不太一样。

接下来就可以用替换法来彰显三者之间的共同点和不同点了。如果在一定的语境中能够被替换，这便是“同”之所在；如果不能够被替换，那正是“异”之所别，此时就需要进一步分析不能替换的原因。例如：

① 年龄段	入学年龄	退休年龄	树木的年龄
*年纪段	*入学年纪	*退休年纪	*树木的年纪
*岁数段	*入学岁数	*退休岁数	*树木的岁数
② 一把年纪	小小年纪	上了年纪	多大年纪
*一把年龄	*小小年龄	*上了年龄	*多大年龄
一把岁数	*小小岁数	上了岁数	多大岁数

从上面的替换中可以很清楚地看到，三者之间并不能随意进行替换。能用"年龄"的地方，基本不能替换成"年纪"和"岁数"；同样，能用"年纪"和"岁数"的地方也不能用"年龄"来替换。但是，"年纪"和"岁数"在"一把～｜上了～｜多大～"中能互相替换。

基于替换分析得到的相同点和不同点，我们就可以从理性义、色彩义和用法等方面来比较和归纳该组同义词的差异了。首先可以将这三个词逐一进行对比，分析出它们之间的最小差异，然后从中归纳出区别性语义特征来。这跟义素分析法在本质上是相同的。比如，在理性义方面，"年龄"的语义范围比"年纪"和"岁数"要宽，它既可以用于人，也可以用于动植物或其他事物，如"树木的年龄、地球的年龄"等，而"年纪"和"岁数"只能用于指人的年龄；即便都是指人的年龄，"年龄、年纪、岁数"也不太一样。"年龄"侧重指"已经存在的年数，并依此划分出某个阶段"之义，具有阶段性特征，因此可以说"年龄段、入学年龄、退休年龄"，而"年纪"和"岁数"就没有这样的意思。"年纪"和"岁数"的区别在于，"岁数"一般适用于年岁较大的老人，如可以说"一把岁数、这把岁数（他都这把岁数了，还这么天真）、上了岁数"而不能说"小小岁数"，"年纪"则没有这种限制，"一把年纪、上了年纪"指的是年岁大，"小小年纪"则指年龄小。在色彩义上，"年纪"和"岁数"带有口语语体色彩，而"年龄"带有书面语体色彩，如不能说"一把年龄、小小年龄、上了年龄、多大年龄"等。综合上面分析的各种情况，我们可以用义素分析的描写方式将三者区别如下：

年龄——[+年岁+人+动植物或其他事物+阶段性+书面语]

年纪——[+年岁+人-动植物或其他事物-阶段性+口语]

岁数——[+年岁+人-动植物或其他事物-阶段性+年岁较大+口语]

除了上面"三步走"的辨析步骤，有时在碰到语义很接近、不太好分辨的情况时，还可以通过同义词所对应的反义词辅助找出它们之间的差异。如"虚假—虚伪"这对同义词都是形容词，都能跟"很、非常"这样的程度副词搭配，一下子不太好判断二者的差别。此时可以通过它们相对应的反义词来判断。如“虚假”的反义词是“真实”，其语义侧重于“假”，指的是情况与实际不相符合，多用在事物的内容、证据、情况等方面。例如：

③ 我们不要轻易相信那些虚假广告。

而“虚伪”的反义词是“真诚”或“诚实”，其语义侧重于“伪”，指的是不诚实、不实在，多用于言语、行为、态度、品质等有关人的言行表现。例如：

④ 他太虚伪了，笑里藏刀。

当然，我们还可以从其他方面或角度来找出同义词更为细致的一些差别。这里主要就辨析同义词的主要步骤和分析思路做出说明。虽然并不是每组同义词都在理性义、色彩义和用法上存在着差异，但是我们要尽可能全面地去考察，这样得出来的结论才比较可靠。

四、同义词的表达作用

从语言表达上看，语言运用的需求产生了大量的同义词。只要精心选用、恰当布局，就能充分表达思想感情，使表达生动活泼、丰富多彩。

恰当地选用同义词，能使语言表达精细、准确。例如：

① 远望天山，美丽多姿……那富于色彩的连绵不绝的山峦，像孔雀开屏，艳丽迷人。……就在雪的群峰的环绕中，一片奇丽的千里牧场展现在你的眼前。墨绿的原始丛林和鲜艳的野花，给这辽阔的千里牧场镶上了双重富丽的花边。

这段话里选用了四个形容美的同义词——“美丽、艳丽、奇丽、富丽”，但是它们又有细微差别：“美丽”用在文章的开头，概括写天山景物之美；“艳丽”形容孔雀开屏时鲜艳明亮的色彩，再用这个比喻来形容连绵不断的山峦，突出它的色彩感；“奇丽”描写千里牧场，突出它在雪峰环绕中带给人意想不到的美；“富丽”则是强调原始森林和野花镶嵌的宏伟和堂皇。因此，这几个词各有各的侧重点，并不能随意互换，它们贴切地描写了不同景物的美，表意准确细致。

在表达相同的概念、描写近似的行为状态时，选用恰当的同义词可以避免重复、单调，使语言生动活泼，多姿多彩，富于变化。例如：

② 秋像一位满含羞涩的少女，害羞地笑着，腼腆地走下台去。

例②中的“羞涩、害羞、腼腆”是表示“难为情；不好意思”的一组同义词，如果只用其中一个，会使语言显得重复、呆板和单调。而这样一搭配，既在音节上避免了重复单调，使句子富于变化，又在语义上体现了它们之间的细微差别。

另外，现实生活中，对于某些表义负面或某些场合需要避讳的词语，常使用一些同义词来代替它。如把“死”说成“去世、逝世、永别、长眠、归西、老（了）、走（了）”等。又如把“受伤”说成“挂花、挂彩”，把“厕所”说成“卫生间、洗手间、盥洗室”，把“老龄”说成“乐龄”，等等。这些同义词的选择委婉、含蓄，满足了交际的需要。

五、易混淆词

在汉语作为第二语言的词汇学习中，还有一类现象跟同义词密切相关但又不完全相同。母语为非汉语的学习者由于缺乏汉语语感或受其母语词汇的影响，常常混淆具有某种联系的汉语词语的关系和用法，这就出现了易混淆词问题。例如：

①* 我在绍兴访问了名胜古迹，其中印象最深的还是鲁迅纪念馆。（应为“参观”）

②* 我不但对汉语有更深的认识，而且还培养出一种良好的嗜好，这使我对中国文化有了更深刻的了解。（应为“爱好”）

③* 我身高 1.63 米，体重 48 公斤，长头发，没带眼镜，有双眼皮，脸比较白。（应为“戴”）

④* 我去市场的时候，用汉语问了黄爪的价格。（应为“瓜”）

易混淆词和同义词既有重合的地方，也有不重合的地方。有的易混淆词本身就是同义词，如例①中的“访问—参观”、例②中的“嗜好—爱好”；而有的易混淆词并不是同义词，如例③中的“带—戴”是由语音相同引起的音同混淆，例④中的“爪—瓜”是因字形相似引起的形近混淆，它们都不属于同义词的范围。可见，易混淆词是学习者在习得过程中较难分辨的词语。

关于易混淆词及其教学的具体内容，我们将在第九章进行系统说明。

第二节　反义词

除了同义的关系，客观世界还存在着大量矛盾、对立的现象，反义词就是这种矛盾、对立现象在人们头脑中的反映。

一、反义词的内涵和类型

反义词是指意义相反或相对的一组词。意义相反的反义词如：

有—无　　是—非　　存—亡　　白天—黑夜　　出席—缺席

多—少　　高—矮　　迟—早　　前进—后退　　喜欢—讨厌

意义相对的反义词如：

春—秋　　彼—此　　买—卖　　教—学　　凹—凸

父亲—母亲　　权利—义务　　上级—下级　　上传—下载

意义相反的反义词之间存在矛盾关系，要么互相排斥、非此即彼，如“有—无、白天—黑夜”等，要么在意义上处于两个极端，中间还有过渡状态，如“多—少、前进—后退”等。意义相对的反义词之间并不是矛盾关系，而是对立依存关系，也就是说，两个词所表示的事物、行为或状态互相对立，相互共存。如有“买”才有“卖”，有“教”才有“学”，等等。

值得注意的是，并不是所有的具有反义关系的词都能构成反义词。构成反义词还需要考虑以下三个方面的因素：

首先，反义词必须属于相同的语义场。也就是说，只有表示同类事物或概念的两个词才能构成反义词。如“多—少”都是表数量，“黑—白”都是表颜色，“喜欢—讨厌”都是表心理，“诚实—虚伪”都是表人的品质。因此，反义词是就同一语义场内相互矛盾或对立的关系而言的。那些不属于同一个语义场的词，不能构成反义词，如“远”和“慢”就不构成反义词，“远”表示的是距离，而“慢”表示的是速度，二者所属的语义场不一样。

其次，反义词一般要求在色彩义或用法等方面也保持一致。如“买—卖”“购—销”分别构成反义关系，“买”和“销”虽然在意义上也相反，但并不是反义词，因为二者在语体色彩上有差异。“买”是通用语体色彩词，跟“买”对举出现的是“卖”，如“买卖公平、现买现卖”等；而“销”是书面语词，跟“销”对举出现的是“购”，如“统购统销”等。

另外，在用法上，反义词词性也须一致。如“朋友（名词）—敌对（动词）”、“末端（名词）—领先（动词）”虽然都含有相反的意思，但由于表达的是不同性质的概念，因此也不能看作是反义词。

根据反义关系所表现出的矛盾、对立的特点和性质，反义词可以分为绝对反义词和相对反义词。

（一）绝对反义词

绝对反义词指的是构成反义关系的两个词在意义上互相排斥，是一种非此即彼的关系。在这种反义关系中，两个词之间不存在着中间状态，中间不能加入其他项，也不能在程度上切分。例如：

死—活　　开—关　　分—合　　真—假　　对—错

正面—反面　　运动—静止　　存在—消亡　　残缺—完整

以上各例前后两个词之间是非此即彼的关系，肯定一方就必然否定另一方；否定一方也必然肯定另一方。比如，肯定了“死”，就否定了“活”，不存在一个人既死又活、既没死又没活的情况。同样，肯定了“开”，就否定了“关”，也不存在一个东西既开又关、既没开又没关的情况。其余例子也是如此。汉语里有“活死人、半死不活、不死不活”之类的表达，这只是一种修辞性的说法，实际反映的还是人活着的状态。

（二）相对反义词

相对反义词指的是构成反义关系的两个词在意义上处于两个极端，两者之间还存在中间状态。在这种反义关系中，肯定一方就否定了另一方，但是否定一方不能必然肯定另一方，还存在其他状态或情况。例如：

冷—热　　粗—细　　轻—重　　苦—甜　　美—丑

扩大—缩小　　重视—轻视　　飞快—缓慢　　高兴—伤心

以上各例前后两个词语义相反，在同一个标准下，肯定了“冷”就必然否定“热”，肯定了“热”也就否定了“冷”。但是否定了“冷”，不一定就肯定是“热”，否定了“热”，也不一定就肯定是“冷”，还有“不冷不热”的中间状态。其余例子同样如此。因此，这样的两个反义词处在同一个意义类别的两个极点，所以又可以称为极性反义词或两极反义词。

二、反义词的对应关系

构成同义或反义关系的词，实际上都是针对词的某个具体的义项而言的。不同的词，在义项的多少上有差异。而对于那些存在着多个义项的多义词来说，不同的义项有可能存在着相应的反义词，情况就比较复杂。反义词的对应关系大致可以分为以下几种类型：

（一）单义词与单义词构成反义关系

汉语中有一些意义单纯的单义词，对应着一个同样意义单纯的反义词，两个词在风格、音节、用法上保持一致，构成了一一对应的反义关系。例如：

凹—凸　　褒义—贬义　　益处—害处　　闭卷—开卷

乐观—悲观　　温厚—刁悍　　陈旧—簇新　　怯弱—勇敢

（二）单义词与多义词的某个义项构成反义关系

有些单义词跟多义词的某个义项构成反义关系。例如：

【哭】① 因痛苦悲哀或感情激动而流泪，有时还发出声音：～喊 | ～闹 | 放声大～。

【笑】① 露出愉快的表情，发出欢喜的声音：微～ | ～容 | 哈哈大～。

② 讥笑：耻～ / ～他不懂事。

“哭”是单义词，而“笑”是多义词，“哭”的义项只跟“笑”的第一个义项构成反义关系，在其他义项上不构成反义关系。

有些词都是多义词，具有两个或两个以上的义项，但只在某个或某些义项上构成反义关系。例如：

【真】① 真实：这幅宋代的水墨画是～的。

② 的确；实在：时间过得～快。

③ 清楚确实：黑板上的字你看得～吗？

④ 人的肖像；事物的形象：写～ | 传～。

【假】① 虚伪的；不真实的；伪造的；人造的：～话 | ～证件。

② 假定：～设。

③ 假如：～使。

④ 借用：～人之手。

“真”和“假”都是多义词，但只有“真”的义项 ① 和“假”的义项 ① 才构成反义关系，其他义项则没有这种关系。又如：

【成功】① 获得预期的结果：试验～了。

② 事情的结果令人满意：大会开得很～。

【失败】① 在斗争或竞赛中被对方打败：非正义的战争注定是要～的。

② 工作没有达到预定的目的：～是成功之母。

③ 事情的结果令人不满意：这次活动组织得太～了。

“成功”和“失败”都是多义词，但只有“成功”的义项①②和“失败”的义项②③构成反义关系。“失败”的义项①的反义词是“胜利”而不是“成功”。

（三）一个词与多个词构成反义关系

这是指多义词的几个不同义项分别与不同的词构成反义关系。例如：

【瘦】①（人体）脂肪少；肉少：他近来～了。——反义词是“胖”

②（食用的肉）脂肪少：这块肉太～。——反义词是“肥”

【粗糙】①（质料）不精细；不光滑：皮肤～。——反义词是“光滑”

②（工作等）草率；不细致：这套衣服的做工很～。——反义词是“细致”

“瘦”和“粗糙”的两个义项分别对应着不同的反义词，与什么样的词构成反义关系，是由词义限定的范围和侧重点所决定的。

上面这几种反义词的对应类型说明的主要是一对一和一对多的情况，实际还有很多更为复杂的情况。如果构成反义关系的双方同时拥有若干同义词，那么这两个同义词集合之间就可能存在着相应的反义关系，每一个词都可以与对方任何一个词构成反义关系，这样就形成了一个纵横交错的局面。如“含糊—模糊—含混”构成同义关系，而“明白—明确—清楚”也构成同义关系。这两组同义词之间又构成了反义关系，它们构成下面这样的多对多的交叉反义关系：

当然，还有其他类型的反义关系。不过，在具体的上下文中，语境可以帮助我们选择合适的与之匹配的反义词，这时，一对多或者多对多的复杂关系将会确定为简单的一一对应的关系。例如：

① 他说得很含糊，我不明白他是什么意思。——反义词是“明白”

② 言辞含混，令人费解。——反义词是“明确”

③ 这张纸上的字迹很模糊，看不出是什么字来。——反义词是“清楚”

虽然有多种选择的可能性，但在具体的语境下并不会出现混乱的情况。

三、反义词的不对称性

在现实生活中，我们常常会看到很多“对称”和“不对称”的现象。所谓“对称”，是指所关涉的双方存在着一一对应的关系，如“白天—黑夜、高—矮、男—女”，人有左手右手，戴的眼镜、穿的鞋子等都是对称的。所谓“不对称”，是指所关涉的双方不是一一对应的关系。如人的两只手，从生理角度来看是对称的，但对于某个人而言，日常生活中使用右手可能要比左手多一些，或者相反。正如现实生活中充满着对称与不对称的现象一样，语言中也有很多类似的现象。比如，我们称男性老师或师傅的妻子为“师母”，可是却找不到一个词来对应女性老师的丈夫。又比如，我们说“母亲河”，一般不说“父亲河”；有“犬子”，却不存在“犬女”与之对应，等等。

反义词是词汇系统中比较复杂的一类，对称性是它的显著特征，如“大—小、多—少、轻—重、深—浅、明亮—昏暗”等，然而在实际的运用中，它也表现出很多不对称的特征来。

（一）意义的不对称

有的词找不到反义词与之对应，如同样表示颜色，“黑—白”是对举出现的反义词，但“绿、黄、蓝”能跟什么对举构成反义关系就很难说清楚。又如像“血淋淋、黑不溜秋”这样的词也找不到跟它们十分匹配的反义词。还有的词能找到反义词，但不能无条件类推，如“内—外、内行—外行”是反义词，“内人—外人”就不构成反义关系，因为“内人”是丈夫在别人面前对自己妻子的谦称，而“外人”指的是没有亲友关系的人。又如“上—下、左—右”都是反义词，但汉语中只有“左撇子”，没有“右撇子”，只有“上宾、上溯、上瘾”，而没有“下宾、下溯、下瘾”。

（二）用法的不对称

除了缺失和不能类推的情况外，处于反义关系的词语在进入到具体的语言环境中时，也会有一些差异，这导致了反义词在用法上的不对称。有些反义词在跟其他词语尤其是含有否定意义的词搭配使用时呈现出不对称的特征。比如，像“最、十分、太、很、有点儿”等表示程度的词加上表否定的“不”以后，它们只能跟反义词中表示积极意义的一方搭配，而不能跟表示消极意义的一方搭配。例如：

最不认真　　十分不认真　　太不认真　　很不认真　　有点儿不认真

*最不马虎　*十分不马虎　*太不马虎　*很不马虎　*有点儿不马虎

汉语中的“不够”，也只能跟反义词中表示积极意义的一方搭配，而不能跟表示消极意义的一方搭配。例如：

不够认真　　不够漂亮　　不够诚实　　不够勤奋　　不够聪明

＊不够马虎　＊不够丑陋　＊不够虚伪　＊不够懒惰　＊不够愚蠢

这大概是因为反义词中表示积极意义的一方常常是人们内心所希望的，我们在说“你太不认真了”时，是希望“你”要认真，在达不到“认真”时会说“不够认真”。而表消极意义的一方一般是人们所不希望的，因此不能说“太不马虎、不够马虎”等。

（三）不对称的句法倾向性

反义词不仅在词语搭配上有不对称的用法，在一些特定的句法格式中，也会呈现出某种不对称的适应性和倾向性。比如，对于表示计量的形容词，如“高、矮、长、短、大、小”等，在没有预设的情况下，人们会选择量大的一方来进行提问。例如：

①A：他有多高？

B：很高啊，有一米八五呢。| 很矮呢，还不到一米六。

当问“他有多高”时，说话者是不知道他是高还是矮的，因此既可以回答成“很高啊，有一米八五呢”，也可以回答成“很矮呢，还不到一米六”，此时“高”涵盖了“矮”的情况。对比下面这样的情况：

②A：他有多矮？

B：很矮呢，还不到一米六。|＊很高啊，有一米八五呢。

当问“他有多矮”时，说话者在提问之前是已经知道了他很矮这样的情况，才会进一步问有多矮，也只能回答成“很矮呢，还不到一米六”这一种了。

正因为如此，反义词中表示量大的一方可以加上表示度量的“度”组成词语，并且在语义上涵盖了它们的反面，反之则不然。例如：

高度　　长度　　深度　　宽度　　厚度　　密度　　浓度

＊矮度　＊短度　＊浅度　＊窄度　＊薄度　＊稀度　＊淡度

汉语里有“音长、波长”却没有“音短、波短”也是这样的道理。

其实，这种不对称的句法倾向性在所有语言中都很普遍。英语表示计量的形容词如“tall—short、big—small、wide—narrow、far—near、deep—shallow、thick—thin、quick—slow、old—young”等和表示评价的形容词如“good—bad、beautiful—ugly、easy—difficult、rich—poor、clever—stupid”等，量大或程度义高的一方在语义上也可以涵盖它们的反面，在特定句子里呈现出不对称的用法。比如，一般会问“How tall is the girl?（这个女孩有多高？）”，此时“tall”涵盖了“short”的情况，而不会直接问“How short is the girl?”，除非是已经知道这个女孩很矮，才会进一步问有多矮。又如，一般有“The well is 10 meters deep.（这口井10米深）”而没有“The well is 10 meters shallow.”这样的表达。

无论是在传统的语文教育还是在汉语作为第二语言的教学中，反义词的教学一直是个热点。反义词在使用时存在着种种不平衡、不对称的情况，而这些情况又比较复杂，受到多方面因素的影响，如果不注意的话，很容易在反义词的使用上出现一些偏误。比如留学生就很容易在对称心理的作用下类推出不存在、不恰当的反义词来。对称的世界是美妙的，而世界的丰富多彩又常在于不那么完全对称。因此，只有充分意识到反义词内部的规律性和复杂性，才能更好地掌握它。

四、反义词的表达作用

汉语的反义词非常丰富，恰当地使用反义词，在鲜明的对比中能突出事物或现象的差别，增强语言的表现力，收到良好的表达效果。大致说来，反义词的表达作用有以下三个方面：

一是反义词能把两种不同的事物或同一事物的两个方面放在一起进行比较和对照，能使对照物形成鲜明的反差，从而更加深刻地表现事物的本质，给人以深刻的印象。例如：

① 世界上最快而又最慢，最长而又最短，最平凡而又最珍贵，最容易被忽视而又最令人后悔的就是时间。

② 这种花洞的房子，外浅内深，前高后矮，冬暖夏凉。

例①中的“快”和“慢”、“长”和“短”、“平凡”和“珍贵”构成了反义关系，在对比中深刻地揭示了时间的属性，既含蓄又耐人寻味，取得了很好的修辞效果。例②中，作者利用反义词“外”和“内”、“浅”和“深”、“前”和“后”、“高”和“矮”的照应和配合，精炼地描绘出了房子的形态状貌，又利用“冬”和“夏”、“暖”和“凉”的对比，准确地说明了这种房子的特点。

二是反义词的连用能增强气势，渲染情感。例如：

③ 花开，花落，草长，草枯。二哥的生与死，或者就与大自然的生杀一样吧。然而我、老父亲、母亲这几年来对二哥刻骨的怀思，铭心的悼惜，又岂是自然可以安慰的吗？

例③中的“开”和“落”、“长（zhǎng）”和“枯”、“生”和“死”、“生”和“杀”，也都是反义词，在对比中突出了对“二哥”深深的思念。

三是反义词还可以通过对举的形式构成言简意赅的成语、富有哲理的警策语句或熟语。例如：

东奔西跑　横冲直撞　古往今来　进退维谷　老少咸宜

生于忧患，死于安乐　成事不足，败事有余　明枪易躲，暗箭难防

在这些表达中，构成反义关系的双方对称地呈现，在音节上整齐匀称，节律感强，内容也凝练集中，具有很强的概括力。

【思考与练习五】

一、填空。

1. 同义词指________________。根据语义上的相同或相近，同义词可以分为______和______两类。
2. 辨析同义词主要可以从______、______和______等方面来进行。
3. “美丽—漂亮—好看”这组同义词的区别主要在于______不同；“安宁—安静—安定”这组同义词的区别主要在于______不同；“改善—改进”这组同义词的区别主要在于______不同。
4. 反义词指________________。根据反义关系的特点和性质，反义词又可以分为______和______。“伟大—渺小”是一对______反义词，“生—死”则是______反义词。
5. “他送我一朵新鲜的玫瑰”和“微博是个新鲜事物”中的“新鲜”所对应的反义词分别是______和______。
6. “这张桌子有四尺长、半尺宽”不能说成“这张桌子有四尺短、半尺窄”，是因为反义词表达的______。

二、请辨析下面的几组同义词，说明它们之间的差异。

（1）陡峭—峻峭　保障—保证　秩序—次序　安全—安宁—平安

（2）化验—检验　局势—形势　建立—树立　事情—事件—事故

（3）后悔—悔恨　称道—称奇　忽视—无视　迅速—神速　放弃—抛弃

（4）迎合—迎接—欢迎　把持—操纵—控制　巨大—宏大—庞大

（5）本事—本领　天空—苍穹　做饭—烹饪　夫人—妻子—老婆

（6）感谢—谢谢　　消耗—消费　　再—又—还　　遵照—依照—按照

三、选择括号中合适的词语填空，并简要说明理由。

（1）我现在没时间，有事（A 以后；B 后来）再说吧。

（2）都是老朋友，（A 何苦；B 何必）客气呢?

（3）这个塔（A 毕竟；B 究竟）有多高，谁也没有测量过。

（4）她怀着（A 沉重；B 繁重）的心情告别了妈妈。

（5）大家都（A 夸张；B 夸奖；C 夸耀）小明是个乐于助人的好孩子，但是他从来不（A 夸张；B 夸奖；C 夸耀）自己。

（6）黄山的迎客松很（A 奇怪；B 奇特），特别引人注目。

（7）爸爸出差好多天了，我（A 希望；B 愿望；C 盼望）他快点儿回来。

（8）这种新药对心脏病的治疗（A 后果；B 效果；C 结果）很好。

（9）粮食是个宝，人人都要（A 爱护；B 爱惜；C 珍惜）。

（10）会场上响起了（A 猛烈；B 激烈；C 热烈）的掌声。

（11）他被评为“优秀学生”，同学们都为他感到（A 高兴；B 快活；C 愉快）。

（12）他对同学很（A 专心；B 耐心；C 关心；D 热心），谁有困难，都尽力去帮助。

四、请先指出画线部分的词语能不能跟括号内的词语互换，如果不能，请说明原因。

（1）欢迎你以后常常来母校看看。（往往）

（2）情况很复杂，你的想法未免过于简单了。（难免）

（3）看到这次冠军非自己莫属，王平不免有些飘飘然。（难免）

（4）他这次考试不及格决不偶然，因为他平时就不用功。（偶尔）

（5）他对于这个问题最有发言权。（关于）

（6）你喜欢喝茶还是喝咖啡？（或者）

（7）你待会儿再来吧，人家正忙着呢。（我）

（8）他用感激的目光望着这些中国朋友。（感谢）

（9）小王走得很匆忙，连照相机也忘了带去了。（急忙）

（10）大家请安娜找王老师汇报，说明我们对这件事的看法。（谈话）

（11）不可能一下子把所有问题都解决好。（一切）

（12）天色逐渐地昏暗起来。（逐步）

（13）他从来不贪小便宜。（历来）

（14）今天我终于认清了你自私的面目。（面貌）

（15）如果一个家庭一个月节约一吨水的话，那么全国几亿个家庭一年可以节约多少吨水呢？（几）

（16）经过周密的论证，我坚定地认为他的结论是正确的。（以为）

（17）她能打字，一分钟能打九十来个字。（会）

五、改正下面的错句，并按照造成错误的原因将它们归类。

（1）他一直抱怨自己没把这件事情办好。

（2）小明学习勤恳刻苦，所以成绩很好。

（3）他做事很冷静，武断。

（4）在这次比赛中，他取得了优异的成就。

（5）我们都附和他的想法。

（6）爷爷很顽强，总是不肯接受家人的意见。

（7）爸爸给我买了四本书籍。

（8）刘老师很爱戴学生。

（9）她光吃不运动，最近肥了不少。

（10）在小组讨论会上，大家的发言很猛烈。

（11）改革开放以后，人们的生活越来越富强。

（12）他每天早上都去操场练习身体。

（13）我今天收到一封信件。

（14）周静学习很努力，老师经常夸耀他。

（15）我会连续努力，争取在比赛中取得好成绩。

（16）（某同学在商店）老板，请给我拿一袋氯化钠。

（17）（某人给朋友回信）今天真的很高兴收到了你的来函。

（18）陕西剪纸粗犷朴实，同江南一带细致工整的风格相比，真是半斤八两。

（19）上完这节课我们有二十分钟的自由活动时期。

六、在括号里列出跟下面各组同义词习惯或经常搭配的词语。

（1）持续（　　）—继续（　　）

（2）废除（　　）—解除（　　）——破除（　　）

（3）猛烈（　　）—强烈（　　）—激烈（　　）—剧烈（　　）

七、写出下列词语的近义词和反义词。

	近义词	反义词
战争	（　　）	（　　）
个性	（　　）	（　　）
暴露	（　　）	（　　）
增加	（　　）	（　　）
光明	（　　）	（　　）
温和	（　　）	（　　）
特别	（　　）	（　　）
稍微	（　　）	（　　）

八、写出下列画线词语的反义词。

（1）这道数学题看起来很简单，其实计算过程却很（　　）。

（2）带走的是荒凉，留下的是（　　）。

（3）虚伪的（　　），比魔鬼更可怕。

（4）生活上不要追求奢华，要尽量（　　）。

（5）遇到火警别慌张，要（　　），赶紧打电话报警。

（6）在辽阔的草原上，我感到了自己的渺小，大自然多（　　）啊！

（7）王老师总是用浅显的话把（　　）的道理说清楚。

（8）勤奋是点燃智慧的火花，（　　）是埋葬天才的坟墓。

（9）雾散了，远处模糊的景物变得（　　）了。

（10）一个人坚强还是（　　），诚实还是（　　），文明还是（　　），文雅还是（　　），温柔还是（　　），猥琐还是（　　），严谨还是（　　），慷慨还是（　　），这一切是旁人不大好管、不便多管的，是任何政策、法律难以规定的。

九、在括号里写出下列各句画线词语的反义词。

（1）骄傲使人退步。（　　）

我们为香港和澳门的回归感到骄傲。（　　）

（2）她身子十分单薄。（　　）

这篇文章的内容很单薄。（　　）

（3）因为一些琐碎的事情，他和邻居的关系比较紧张。（ ）

过两天就要考试了，学生们正在紧张地复习。（ ）

（4）我已经说得很明白了。（ ）

他是个明白人，不用多说就知道。（ ）

（5）妈妈给她买了一件新衣服。（ ）

今年他换了一个新的工作单位。（ ）

（6）他是个好人。（ ）

这把刀很好用。（ ）

他从小体质就好，后来成为了运动员。（ ）

十、举例说明同义词和反义词在语言表达中的作用。

第六章
词汇教学的原则和方法

前面各章介绍了现代汉语普通话词汇系统的基础知识。在汉语作为第二语言的教学中，词汇教学贯穿始终，学习者的词汇水平高低也是衡量其汉语水平高低的重要方面。如何让学生在一定的教学时间内认识、理解和记忆足够多的词语，并最终能准确、熟练地运用所学词语进行得体交际，是词汇教学最为关注的问题。

要达到上述目标，我们除了要掌握汉语词汇的基本知识之外，还必须从学习者的角度出发，了解他们在汉语词汇学习中的特点和难点，以此为依托，有针对性地制定和实施行之有效的策略和方法。基于这样的考虑，接下来的几章便主要针对母语为非汉语的学习者最容易出现偏误、出现的偏误既普遍又顽固、特征非常鲜明的几类特殊词汇现象做出说明，并在此基础上介绍具体的教学策略和方法，以实现教学内容的可操作性。具体说来，本章总述汉语词汇教学的基本原则和方法，第七章到第十一章分别对复合词、离合词、易混淆词、语块和文化词等汉语特殊词汇现象的习得表现和教学策略做出说明。

汉语作为第二语言的词汇教学，既有跟其他语言要素（如语音、语法和汉字等）的教学原则相一致的地方，也有自身的特点和规律。在词汇教学过程中，不仅需要遵循适用于一般语言要素教学的基本原则，如"语音篇"已经提到的"针对性、阶段性、由易到难"等原则，更需要根据词汇教学的特点来"量身定做"专属于词汇教学的原则，否则就会影响词汇教学的效率和效果。在基本原则的指导下，词汇教学还需要注意一定的教学方法和技巧。只有讲究教学方法，采用正确的方式途径，才能有效地解决词汇教学中的问题和难题，达到理想的教学效果。

第一节　词汇教学的基本原则

关于词汇教学的基本原则，汉语作为第二语言的教学研究者们从不同的角度和层面提出了不少观点，但理解上存在不小的差异。有的属于教学项目的编排，如“区分频度、词汇量控制、课型差异性”等；有的属于教学内容的选择，如“分类教学、适度扩展”等；有的属于教学进程的规划，如“常用先教、阶段性、层级性”等；有的属于教学策略的处理，如“语素、字、词相结合，结合词的组合关系和聚合关系，在语境、句子中教学”等；有的属于教学方法的使用，如“语素分析教学法”等；还有的从更为宏观的层面来考虑，如“交际性、针对性、系统性、全面性”等。实际上，这些原则对于语音、语法、汉字等要素的教学大都同样适用，且基本都可以归入到“因材施教”这个更高的层面。

原则是观念性的、指导性的，在一定程度上也体现为策略，具有方法性、可操作性。但原则又并非具体词语的教学方法，而是能够对教学方法、操作过程进行观念性指导。从这个角度来说，词汇教学的原则应该具体针对“词汇＋教学”及其关系，即要从母语为非汉语的学习者最容易出现词汇语义和用法偏误的地方入手，要从有利于提高其学习效率且有利于教师课堂讲练的地方入手。具体而言，就是要关注词语的形式、意义、用法和使用语境，同时根据教学的便捷性和可操作性建构一些策略性的教学原则。基于这样的考虑，汉语作为第二语言的词汇教学可以参照下面这样一些基本原则：意义和用法相结合的原则、典型语境驱动的原则、词语辨析的最小差异原则、语际差异的对比参照原则。另外还有教学用语与词汇等级相适应这样一般性的原则。

一、意义和用法相结合的原则

“词”的教学包括词音、词形、词法、词义和词用（词语用法）等方面，这里主要看词义和词用的教学问题。在词汇学习过程中，学习者不仅要了解词语的意义，更重要的是要掌握词语的用法。意义在用法中，离开了用法的词义，学习者很难真正理解，更谈不上使用了。一般所说的“用法”，既包括词语的搭配条件和句法能力，也包括具体的格式表达或句式选择，还包括语境的选择等。这里的“用法”主要指与词语搭配有关的问题，即词语在组合中的适用情况，它既包括形式结构（用于怎样的句法结构），又包括功能作用（起到怎样的交际用途）。词语的使用实际就是词语怎样进入到语法结构中，在语法结构中发挥什么样的功能作用。

在词汇教学过程中，一般都很重视词的意义，而对词的用法关注得并不充分。比如，在教材生词表中除了给出词音和词形，有的还给出了词义，同时呈现出非目的语的对译形式，又常常以近义词来释义，而对具体用法限制涉及很少；即便是语法点注释的内容，对用法的说明往往也不够具体。这样反而容易造成母语为非汉语的学习者词语习得的偏误。因此，在教学中教师要把词语的意义和用法结合起来，尤其要注意通过用法来理解词义。下面结合母语为非汉语的学习者在学习汉语词汇时经常碰到的同时也是汉语教师面对的难题，具体说明意义和用法相结合的原则及其操作。

词语的搭配是组词造句的基础环节，教师在讲解词义时要特别关注其句法组合和语义相配的特殊情况。离开了具体用法的词汇教学，学生要么不会用，要么一用就容易出错。比如，有的老师在教“办法”这个词时，仅告诉学生它的意思是“办事的方法”，与英语的“way, means”相对应。学生好像也明白了“办法”的意义，但同时也造出了下面的句子：

① * 为了达到他们的目的他们会做各种各样的办法。

② a.* 我的目标是汉语说得跟中国人一样好，因此我经常问老师什么样的学习办法是好的。

b.* 第二个是自己能决定自己的工作办法，很自由。

跟“办法”搭配的动词一般是“想／有／没有”而不能是“做”（与英语“make a way”不对等）；“办法”在意义上侧重“办”和“做”的方式，常跟做某事或解决某个具体的问题搭配在一起，如“解决问题的办法、想办法解决问题”等，而不跟“思想、学习、工作、科学”等表抽象意义的名词搭配（这些正好跟“方法”区别开来）。

像“办法”这样的词，能够组合搭配的词语比较多，组合方式也比较自由。而有些词语由于经常共现，形成一些惯常搭配，如“挑起—纠纷／祸端／矛盾、创造—条件／机会”等；还有一些词语的组合搭配确定性较强，也更固定，如“锻炼（身体）、（阳光）明媚、可持续（发展）”等，类似于凝固短语。由于这些凝固程度较高的搭配经常以“组块”的形式出现，我们在教学时就要适当地将其作为一个整体教给学生。第十章“语块及其教学”将对相关现象进行具体说明。

对词汇教学来说，结合句法功能谈用法是基本的路径之一。没有无句法依傍的词汇意义，这也是学习者把握词义的基本切入点。比如，汉语词汇系统中有些词必须借助特殊的结构形式才能表达，如离合词（如“睡觉、帮忙”等）以及常用介词引入关联对象的名词（如“印象、感想”等）、形容词（如“有利、冷淡”等）、动词（如“见面、问好”和“介绍、协商”等）等。这里的用法主要指具有特异性的格式表达，而不是一般的规则性内容。这些词出现偏误的概率很高，不结合用法，就讲不到位，学生很容易用错。例如：

③ a.* 昨天晚上我只睡觉了三个小时。

b.* 我们艰难的时候，她老是帮忙我们。

④ a.* 我印象天津非常深。

b.* 以上是我流行歌曲的一些感想。

⑤ a.* 这个纯净水变成有利人体的饮料，关键在于酿成的过程。

b.* 我小时候却不太喜欢母亲，我总觉得怕她，她很冷淡我。

⑥ a.* 所以不常到外边去，不常见面中国人，还有我的学习进步也不太发展。

b.* 生活既忙碌又紧张，没回家乡问好你们。

离合词跟一般动词相比，最大的不同就是具有可“离”可“合”的特点，其中“离”的形式是学习者最难掌握的。上面的例③应该分别改为“昨天晚上我只睡了三个小时的觉”（或“昨天晚上我只睡了三个小时”）和“我们艰难的时候，她老是帮我们的忙”（或“我们艰难的时候，她老是帮我们”）。而例④～⑥中下加着重号的名词、形容词和动词在使用上都有特殊性，需要用介词来引导其中的对象成分形成框式结构，如“对……的印象、对……有利、跟……见面”等。像这样一些词，光靠说明意义（尤其是用外文对译的方式来说明词义）而不强调其用法的特殊性并不能帮助学习者有效掌握其句法使用的特异性，因此需要将它们的实际用法直接呈现出来。

虚词的教学也一直是难点之一。虚词，既是语法的，也是词汇的，有的偏向于语法，有的偏向于词汇。虚词所表示的意义多为语法意义，不易捉摸，因此对虚词的教学一定要基于用法来了解其意义。关于这一点，我们放到“典型语境驱动的原则”中来说明。

由此可见，词的用法及其使用条件必然牵涉到词的语法功能。也就是说，在词汇教学中，必然渗透着对词语组配条件、语法功能的教学。词汇不同于语法，但词汇教学中容易出现偏误的地方恰恰是语法上有特异性或者难以解释清楚的地方。因此，如何适当、有效地将语法知识渗透进来，是值得我们思考的。

二、典型语境驱动的原则

词汇教学，一方面要让学习者掌握汉语词语的意义，即知道“是什么”，另一方面要帮助他们掌握词语的用法，即知道具体“怎么用”。不过，仅仅知道“是什么”和“怎么用”并不意味着就知道了“在哪儿用”。因此，词汇教学还需要将典型语境（即词语在什么样的场合中使用）这一维度考虑进来，这样才能帮助学习者实现“能懂”的目标，同时达到“会用”的水准。这里的典型语境，既不是语言分析和语言教学中所谓的一般语境，也不是简单地指汉语使用者最常见的语境，而是根据教学对象的认知经验、二语习得的特定阶段和语言教学的生动便捷归纳出来的“教学型”语境。

这里以虚词的教学为例来说明。在词汇系统中，虚词的特异性至为鲜明。虽然跟实词相比，虚词的数量并不多，但它的使用频率很高，用法又十分复杂，因此一直是词汇教学的难中之难。不过，如果我们在教学时能建构出恰当的认知语境，是有利于提高虚词的习得效率的。如“挨”有这样的一种功能：被动用法，用来表达遭受某种动作，具有口语色彩。教学时可以设立跟遭受打骂、批评有关的语境，如家里受父母惩罚、上课时受到老师批评等。这都是初中级学生日常经验所熟知的语境，教学中也便于激发学生的表达愿望。这样，在结合一定的形式结构后，就可以造出类似于下面这样的句子：

① a. 这孩子跟父母撒谎，结果挨了一顿打。

b. 我昨天跟爸爸吵嘴后，挨了妈妈的骂。

虚词有时放在单个句子中是不能准确揭示其意义的，只有在特定语境、具体场景下才能说明白。在虚词教学中常常发生的现象是，老师讲完了某个虚词的意义和用法后，学生看起来很明白，但一用就出错。比如“终于”这个词，意义并不难理解，一般概括为“经过较长过程最后出现某种情况”。但许多学生在使用“终于”时经常会出现偏误。例如：

② a.* 他的生意越来越不好，终于破产了。

b.* 我认得一些同学，学了几年的汉语，考了汉语水平考试，但终于没有通过考试。

上面两个句子的“终于”都用错了，需要换成“最后”或“最终”。看来，学生从“经过较长过程最后出现某种情况”这一笼统的意义说明中还无法确切知道“终于”的使用情境。那么，到底什么情况下可以用“终于”呢？不妨对比一下使用正确的例子：

③ a. 经过他们的努力，实验终于成功了。

b. 他学习很努力，终于考出了好成绩。

有了前半句的具体语境，学生一般就能感受到“终于”的适用范围了：“终于”多用于表达“希望达到的、好的或令人满意的”情况，那些“不希望的、不好的或令人不满意的”情况一般不用“终于”，而要用不受此限制、仅表示时间或次序上排位在后的“最后”或“最终”。如果从典型语境的角度来进一步帮助具体的教学，我们可以给“终于”设定类似于下面这样的语义情景：认真练习、复习而最后取得好效果。例如：

④ a. 这几天我一直在练字，现在终于会写毛笔了。

b. 为了练口语，他天天去市场买菜，终于能说几句汉语了。

这样的句子可以造出很多。典型语境驱动的关键就在于师生在互动中将教学点的形式和功能结合起来。这不仅是语境本身的问题，也是在操练学生的篇章表达。

可见，词汇教学中紧密结合词语所出现的典型语境，可以起到事半功倍的效果。如何选择和提炼适合学习者学习和理解的典型语境，如何将词语的意义、用法和典型语境有机结合起来，如何在课堂上富有成效地通过典型语境来导入、操练，最后使学生达到恰当、自如地使用词语的目的，是值得我们思考和重视的问题。

三、词语辨析的最小差异原则

词语辨析是词语教学和习得的重要部分，也是词汇教学过程中的一个难点。辨析，就是将那些意义相近、句法特征相同、同音或写法相似的容易混淆的词语区分开来，以减少偏误的发生。其中最为常见的就是近义词辨析。

如何辨析同义词，我们在第五章“同义词和反义词”中专门做了说明，如理性义可以从语义的侧重点、轻重、范围等角度切入；色彩义可以从感情色彩、语体色彩等角度切入；用法上则可以从搭配对象、语法功能等方面来揭示，等等。当然，这是整体说明，并不是要求每组词的辨析、每次词语辨析都要包含这些方面。实际上，那些差异点较多的近义词的辨析在教学中如果一次性全都展示，全都讲练，学习者的认知负荷很重，难以产生积极的效果。因此，词语辨析应结合学习者的实际情况和具体教学内容，践行“最小差异原则”。所谓“最小差异”，指的是在词语辨析过程中侧重在具体语境中的区别性特征，一次基本上侧重一个方面，在“一切相同，只差一点”的最小差异对比中进行比较。下面以“不”和“没”的词义辨析为例，具体说明如何实施最小差异原则。

“不”和“没”这对近义词在否定的侧重点、时体要求、搭配对象和用法等方面都有区别。可是，这些差异不会全部都集中在某一次或某一句的表达中。在特定的语句里，它们之间的差异主要在某一个关键点上。比如，在学“没”的时候，学生的作文里出现了这样的偏误句：

①* 我特别烦我父母，每天在我的身边像教孩子一样干涉我，所以我决定没去上课而且老师布置的作业也没做。

从上下文来看，此句中的"去上课、做作业"是作者不想做或者故意不做的事情，带有很强的主观意愿，表达否定时应该用否定主观意愿的"不"而不能用否定动作行为发生的"没"。虽然"不—没"还有很多其他方面的差异，可是在这个特定句子中就只展现了这一点。在教学过程中，教师可以通过正误句子的对比来突显其中的"最小差异"。例如：

② a. 昨天我生病住院了，没去上课，也没做作业。(√)
b. 昨天我生病住院了，不去上课，也不做作业。(×)

在这样具有"最小差异"的语境里进行比较，"没"和"不"的区别一目了然，教师这时再有针对性地对它们的使用要求加以说明，学生应该比较容易掌握二者在这点上的区别。

再看另一个"不"使用不当的例子：

③ * 但是我去年暑假不回日本，因为在这儿过比在日本过费用便宜得多。

"去年暑假"表明是过去的时间，此时表达否定应该用"没"而不用"不"。在这个句子中，"不—没"的最小差异在于对时体的要求不同，"没"多用于否定已经发生的事情，"不"多用于否定现在的或者将来发生的事情。依据"最小差异原则"，不妨将其区别展示如下：

④ a. 但是我去年暑假不回日本，因为在这儿过比在日本过费用便宜得多。(×)
b. 但是我去年暑假没回日本，因为在这儿过比在日本过费用便宜得多。(√)
c. 但是我明年暑假不回日本，因为在这儿过比在日本过费用便宜得多。(√)
d. 但是我明年暑假没回日本，因为在这儿过比在日本过费用便宜得多。(×)

原则上，"不"和"没"之间的复杂差别都是可以像这样依据"最小差异原则"来一项一项地进行辨析的。在辨析的过程中，教师应适当结合不同教学阶段的具体语法点来进行比较。当然，并不是每一组近义词之间的差异都像"不"和"没"那样复杂和多面。很多近义词的区分比较简单，在教学时只要抓住其中最具有区别性特征的方面，呈现"最小差异"的典型例句，有时一两句话就足矣。近义词的讲练不能贪多求全，否则只能是欲速则不达。毕竟词语的学习和掌握是一个逐步深入的动态过程。

值得注意的是，"最小差异原则"是为凸显具体语言特征而提出来的操作原则，并不意味着所有的词义辨析就只能以分散的方式来进行。在合适的阶段和时期，教师可以把近义词集中起来进行讲练。一般来说，初级阶段的近义词辨析采用分散的随机教学方式，到了中高级阶段可以适当进行集中系统教学；学期中采用分散教学方式，在期末的总结复习阶段可以挑选出一些特别的易混词项，通过典型例句集中展示它们的主要差异，归纳出需要特别注意的方面，再让学生反复练习，巩固知识，培养语感。也就是说，教师既要注重每一次细水长流的辨析，也要根据需要展开集中强化的归纳总结，循序渐进地帮助学生构建词语辨析的知识网络。

四、语际差异的对比参照原则

对于母语为非汉语的学习者而言，在词汇学习过程中，还有一个较大的干扰来自于自身母语或所熟悉的外语。有些词在不同语言中由于概念相通或相关，学习者便容易将它们的句法组合、搭配内容等对应起来，造成语际间的负迁移。

语际负迁移在不同语言背景下的学习者身上具有普遍性。教材生词表所展示的与目的语（汉语）对应的外文对译词常常会给学习者带来很大的干扰，尤其是汉语中具有近义关系的一组词对应于学习者母语或某种熟悉的外语中的某一个词时。例如：

①* 我的母亲是老一代人，她想女人到了一定的岁数就一定要结婚。（应为“认为”）

②* 我以为“绿色食品”和农药化学产品都要一起发展起来。（应为“认为”）

③* 老师认为奇怪，调查以后，我们都知道了。（应为“觉得”）

④* 我每天很早上班晚上很晚才下班，工作得实在太辛苦，总觉得自己为何活着，为什么要吃这么多的苦。（应为“思考”）

⑤* 有的人认为吸烟是我的一种权利，没什么理由干涉我的一种生活享受，但是我们不能只思考我自己，应该多想想别人。（应为“考虑”）

⑥* 他一考虑要打水就开始发怒。（应为“想到”，“打水”指“到山下取水”）

“想、以为、认为、觉得、思考、考虑”这些词构成一个易混淆的词群，它们之间的差别比较复杂，学习者如果分辨不出这些细微的差别，使用时就很容易出错。除了义近混淆的因素，上述偏误在很大程度上也受到英语对译词的负迁移影响。汉语的“想、以为、认为、觉得、思考、考虑”大体可以用英语的“think”或“think about”来对应，英语背景或熟悉英语的学习者常常按照“think”或“think about”的词义和用法来使用汉语的这些具有差别的近义词，从而出现了复杂的多对多交叉混用偏误。

与之相关的是，学习者母语中的多义词，所对应的汉语词常常不同，而学习者有时会用同一个词形来对应汉语中不同的词，由此产生负迁移。例如：

⑦ a.* 在一间男校里，男生们最喜欢的就是电脑游戏里的打足球。（应为“踢足球”）

b.* 也有人一边打二胡一边唱歌。（应为“拉二胡”）

c.* 如果长辈喜欢打围棋，那就针对围棋谈话。（应为“下围棋”）

d.* 如果你今天问他对什么有兴趣，他大概要回答“我既喜欢看电影，又喜欢打计算机。”（应为“玩电脑”）

e.* 我父母以前没有学过电脑，他们常常批评整天打网的我，他们担心我因为打网成绩不好……（应为“上网”）

汉语表示“做某种游戏”的“打”在英语中的对译词为“play”，而英语中的“play”不仅可以与“basketball, football, tennis”等表示各种球类的词语搭配，也可以与“piano, violin”等表示乐器的词语搭配，还可以与“chess, computer games”等表示智力或娱乐游戏的词语搭配。当学生知道“打篮球”的英译为“play basketball”时，就将英语“play”的其他搭配也搬到汉语中来，造成了上述偏误。实际上，“打—踢—拉—下—玩—上”在汉语词汇系统中无论在意义上还是词形上都没有什么联系。

不仅意义相近或相关的对译词会带来语际负迁移，在母语为日语和韩国语的汉语学习者中，有些词形相同的词语也容易带来语际偏误。日语和韩国语中存在着不少汉字词，其中有一部分在书写形式上和汉语的词形相同，但意义和用法是不同的。这些同形词之间的差异常为日韩学生所忽视。例如：

⑧* 他日常就很痛苦，他自己想死，要安乐死。（日语背景，应为“平时”）

⑨* 非洲人也是跟我们一样的人间。（韩国语背景，应为“人”）

“日常”在日语和汉语中都跟“平时”这个意义有关，但二者的词性不太一样。汉语中的“日常”是形容词，但日语中的“日常”是名词。韩国语中的“人间”是“人”的意思，而汉语中的“人间”指的是“人类社会、世间”之义，二者在词义上有明显的区别。这些都是受母语中汉字词的影响而带来的语际偏误。

有的语际偏误是日韩学生没有掌握词语在母语和目标语系统中的对应关系而引起的。例如：

⑩ 这两个煙比较的话，副流煙比主流煙更有害。（日语背景，应为“二手烟 / 一手烟”）

⑪ 各地区的代表为一名正代表，不算副代表。（韩国语背景，应为“正式 / 非正式代表”）

汉语里“一手烟—二手烟”对应，而日语里“主流煙—副流煙”对应（“煙”是日语中的字形）。例 ⑩ 中，日语母语者将“主流煙—副流煙”直接挪过来表达汉语“一手烟—二手烟”的意义，在母语向目标语的迁移过程中出现了词形和词义的不同步与错位。例 ⑪ 类此。韩国语里有“代表—副代表”的对应，韩国语母语者由“副”及“正”类推出“正代表”并将之迁移到汉语中来。如何让学习者掌握词语在母语和目标语中的系统对应关系从而避免迁移过程中的不同步，是很值得思考的。

有的语际偏误在不同母语背景的学习者中都普遍存在，而有的语际偏误可能只在单一母语背景或少数母语背景的学习者中存在。比如，下面这样的偏误只在蒙古国学生中存在而一般不会被其他母语的学习者所混淆：

⑫ a.* 我不打算<u>出</u>几个孩子。

b.* 熊猫繁殖能力不强，一般<u>出</u>一两只小熊猫。

以上两例的“出”应为“生”，这种具有特异性的语际偏误是受蒙古语的影响而导致的。

以上各种语际偏误提醒我们，在词汇教学中要贯彻语际差异的对比参照原则，要有针对性地进行语别化教学。所谓语别化，就是针对教学对象的母语特点及通过与目的语的比较来选择和安排教学的语言项目，设计教学过程，选择教学策略。也就是说，教师要关注学习者母语词汇的特点及其与汉语词语的差别，既需要用其他语言的眼光来审视汉语，也需要用汉语的眼光来看其他语言。在词语的差异比较中，教师还应区分出哪些词语偏误是共通性的，哪些是特异性的。对于学生反复出现偏误且具有共通性的那些词语，教师在课堂上应采取集中训练的教学方式；对于某种语言背景下的学生出现特异性偏误的那些词语，教师应该采取有所分别、单个突破的教学方式。

另外，这种语际差异对比研究的成果还应该充分体现在教材中，以增强教材的针对性和实用性。语别化并不是说把汉语教材译成以某种语言为媒介语的教材就可以了，而是要根据语际差异对比研究的成果来综合安排学习点的选择与排序、教学方法与练习方式等各方面内容。教材应呈现出经过对比研究发现的教学重点和难点以及应该精细和简约之处。而且，教材在对汉语词语进行释义时，一定要慎重选择学习者母语中的词语来对译，除了尽可能提供精准的译词，教材还应适当给出典型用例来说明词语在不同语言中用法上的细微差别，这样才能有效避免学习者“先入为主”地用母语词来对译汉语词，由此减少由母语译词带来的负迁移。

五、教学用语与词汇等级相适应的原则

在二语词汇课堂教学中，教师还要特别注意教学用语的选择。不管是生词的释义，课文的讲解还是例词、例句的展示，都应该根据学习者的汉语水平和理解能力来考虑，做到教学用语与词汇等级相适应。具体说来，就是尽量用学生学过的常用词语来解释生词、讲解课文，尽可能避免使用学生没学过的词语尤其是高级词甚至超纲词来解释或举例。

从这一原则出发，主要注意两点。一是释义用语要做到明白易懂。如果用来释义的词语本来就是生词或者过于难懂，超过了学生已有的水平，造成学生无法理解，那么这种释义就是失败的。有的老师在对词语尤其是一些意义较为抽象的词语进行释义时，常常照搬词典、教材或参考书中的释义内容而没有进行必要的再加工，变成直接“用生词解释生词”，给学生带来很大的困扰。比如，一位老师在讲解初级词“标准”时告诉学生它的意思是“衡量事物的准则”。实际上，“衡量”是中级词，“准则”是高级词，学生在初级阶段都没学过，很难明白是什么意思。又比如，有的老师给学生讲解“到底”一词，说“到底”的意思就是“究竟”。学生不明白，问“究竟”是什么意思，老师继续解释说“究竟”就是“追究”，学生越听越糊涂。这三个词是近义词，有相同点也有不同点，且不说这种近义释词的方式会给学生日后的使用带来干扰，光是用“究竟、追究”来解释“到底”就不符合“教学用语与词汇等级相适应的原则”。“到底”是学生先学的初级词，而“究竟、追究”都是学生后学的中级词。其实，只要稍微加工一下，再结合“典型语境驱动的原则”来给出典型例句，就可以比较容易地解决问题。例如：

【到底】追问问题的原因或答案。例如：
这到底是怎么回事呀？我都糊涂了。
你到底去不去北京？要赶紧订机票了。

词典、教材或者参考书中的释义内容只是教学的参考，不能照搬到课堂上，具体教学过程需要根据学生实际进行科学的“再加工”，并用通俗易懂的词语准确地表述其意义和用法。下面通过比较“词典释义”和经过再加工的“教学释义”来具体展示词汇教学中该如何贯彻“教学用语与词汇等级相适应的原则”。

【借鉴】（高级词）（词典释义）跟别的人或事相对照，以便取长补短或吸取经验教训：以资～。

（教学释义）学习别的人或事情好的方面，避免不好的方面：我们这次借鉴了他的经验，终于成功了。

【别】(初级词)(词典释义）表示禁止或劝阻：～动｜～走｜～急。

（教学释义）①劝别人不要做某件事情（吸烟、喝酒等）：你都咳嗽了，别吸烟了。

②提醒别人注意、小心（上课、开会、过马路等）：今天下午是两点上课，别迟到了。

这里要注意的是，“再加工”不能一味追求简单，要尽量避免在通俗化过程中出现释义不准确的情况。

还有一个不容忽视的方面就是语言学术语的使用。由于词汇教学并不仅仅教给学生词语的意义，更要在意义的基础上教会学生词语的用法，而对用法的说明有时又绕不开一些语言学术语，因此，选用什么样的语言表达和描述方式来说明其用法规则，就成了教师必须要面对的问题。比如，在辨析“进行—举行”时，有的老师是这样解释的：

“进行”常带动词性宾语，表示某种活动的持续；“举行”主要带名词性宾语。

像“动词性宾语、名词性宾语”和“持续”这样的术语对很多非语言学专业的汉语母语者来说都未必了解，更何况是对母语为非汉语的学习者而言呢？其实，“进行—举行”的差异主要体现在搭配对象的不同上，教师只要直观展示二者在具体搭配对象上的差异就可以了。不妨采用下面这样的形式：

	讨论	调查	研究	批评	比赛	晚会	婚礼	画展
进行	√	√	√	√	√	×	×	×
举行	×	×	×	×	√	√	√	√

这样的描述方式既避免了使用专业术语带来的不便，还能展示出这两个词典型搭配的具体情况，学生理解和记忆起来都要容易得多。我们认为术语使用的基本原则是“必要的不躲，不必要的不用”，不因术语的使用而给学习者带来新的负担。

以上我们就汉语作为第二语言的词汇教学中既关系全局又独具汉语特点的现象提出了相应的指导原则和实施策略，这些原则虽然无法解决汉语词汇教学过程中出现的所有问题，但却是针对教师在教学过程中最难处理和最容易忽视的方面、学生在词汇学习中最容易出现偏误的地方来考虑的。它们试图将“交际性、针对性、系统性、层级性”等宏观原则真正落实到位，同时也具有很强的可操作性和实践性。

第二节　词汇教学的常用方法

在词汇教学基本原则的指导下，我们在教学过程中还需要运用各种方法帮助学生理解词义、掌握词语的用法，为他们能正确、得体地用汉语进行交际打好基础。在具体的教学活动中，有两个环节最为关键：一是释义，二是操练。词语释义和操练的方法灵活多样，可以因课型而异，因词语而异，因学生而异。以下介绍几种常用的词语释义和操练的方法：

一、词语释义的方法

词语释义指的是给学生解释词语的意思或用法。词语释义在各类课型中都很重要，在教学中的各个环节也都有可能出现。比较常见的释义方法有以下几种：

（一）直观法

直观法就是利用实物、图片、手势、动作等形象化的方法来直接解释词语的意思。

比如在解释“杯子”时，可以举起茶杯；在教“树、桌子”时可以指着教室外的树、教室里的课桌；要解释“干果”这个词，可以展示一张干果的图片，等等。在对一些基本动词进行释义时，也可以采用肢体语言或动作等直观方式来帮助学生理解，如“微笑”，教师可以自己示范或者让学生微笑；对于“打、抱、托、端、握、提、举、拿、捏”等跟手有关的动词，教师可以做示范动作，将这些词与实际的动作联系起来，这不仅可以引导学生分辨清楚各个词之间的差别，还可以活跃课堂气氛，增强课堂教学效果。

直观法的优点是形象直观，简单易懂，一目了然，它可以帮助学生直接、快速地掌握词语的意思，从而提高学习的积极性。不过，直观法适用于那些在生活中常见且又能方便展示的词语。如果学习者所学的是生活中不太常用且很难用图片来表现的词语（如“霜、电”等），或者是那些词义比较抽象或虚空、无物可托的词语（如“精神、虽然”等），直观法就难以施展用武之地。

（二）翻译法

翻译法指的是通过学生的母语或其他熟知的某种媒介语来解释词语的方法。

在学生词汇量较少的初级阶段或者当所要解释的词义非常抽象时，适当使用翻译法比较方便直接，可以节省时间，也可避免绕圈子。如“观点、环境、政治”可以直接翻译为“viewpoint, environment, politics”。实际上，目前大部分教材都采用了这种方法来呈现生词。

不过，一种语言的词语跟另一种语言的词语并不是完全对应的，无论在词的理性义上还是在色彩义、词语搭配、交际场合、文化内涵等各方面，都可能存在差异。因此，最好的翻译也只能是一种“近似”翻译，单纯或过多地依赖翻译法都容易给教与学留下隐患。

教师和学生都不能迷信所谓的“等价词”，实际上两种语言之间的词语常常是不等价的，因此在使用翻译法时要慎之又慎。如汉语的“伯伯、叔叔、舅舅”等词语，译成英语就只用一个“uncle”来表示，像这样的词在翻译时就需要体现出区别特征。又如汉语的“认识”和“知道”意思并不一样，但翻译成英语都是“know”；“我认识他”和“我知道他”这两个句子的意思不一样，但在英语里都可以译成“I know him”。另外，“I know it”只能译成“我知道这件事”而不能说成“我认识这件事”，等等。再如，不少教师将汉语的“见面”直接译成英语的“meet”，随之而来的一个问题便是学生们很容易造出像“我今天下午见面他”这样的偏误句来，因为英语里的“meet”可以直接带宾语，如“I met him yesterday”，但汉语的“见面”后面不能直接带宾语，如果所见对象要出现，需要通过介词引导置于“见面”的前面，如“我今天下午跟他见面了”。

可见，翻译法其实是一把双刃剑。我们在用翻译法进行释义的同时还应该配以具体的例句、用法等说明，还要与学习者的母语或媒介语进行比较和区分。另外，随着学生语言水平的不断提高，也应该逐渐减少翻译法的使用。

（三）语素法

语素法指的就是通过对合成词中语素的讲解使学生获得整词词义的方法。这种教学法跟第七章介绍的“复合词理据分析教学法”本质上相通。

由于汉语的词以复合词为主，由两个或两个以上不同的词根语素组合而成（其中以两个词根语素构成的双音节词最为常见），语素义和词义之间大多有比较直接的关联。即便是派生词，词根和词缀（汉语纯粹虚化的词缀很少，大部分词缀和类词缀都有一定的实义）的语义跟整个词语在意义上也常有比较明显的联系。因此，通过语素来解释词义在一定程度上是可行的。

具体说来，当教师教一个新词时，应当引导学生对新词中已经学过的语素进行回顾，并根据已学语素的意义来推测出新词的含义。如在学习"家人"这个词时，教师可以引导学生先回顾"家"和"人"这两个已经学过的、意思也很好理解的语素，再把这两个语素合起来，"家人"的词义就不难理解了。又如学生学过了"商店"这个词，知道"商店"是"卖东西的地方"，再学习"蛋糕店、面包店、服装店、食品店、小吃店"时，教师就可以提醒学生通过对"店"这一语素义的回顾猜出整个词的意思来。

需要注意的是，语素法是通过语素意义来帮助理解词义（实际是用来提示理解词义的线索），主要不是用来说明词语的使用。即便有时词义基本等于语素义，词语的用法和语素成词后的用法也未必相同。如"读"和"阅读"，我们可以说"读书、读报"和"阅读书报"，但不能说"阅读书、阅读报"，这是因为汉语词语搭配时还受到音节的限制。虽然恰当的语素法在一定程度上可以有效扩大学生的词汇量，但很多合成词的词义并不等于语素义的简单相加。比如，"开关"含义并非"开"和"关"这两个语素义的直接相加，即并不是指打开和关闭这两个动作，而是由动作整体引申为实施该动作的工具——"电器或流体管道上接通、截断或控制流量的一种设备装置"，此时它是个名词。又如，"笔墨"也不能直接理解为"笔"和"墨水"这两种书写工具和材料，而是用工具、材料来指代文字或诗文书画等成品。理解词义，实际要基于词义的引申路径和理解时的认知策略，其中有整体的提取、概括、转化（转喻）等，此时特别需要控制好语素教学的范围和限度。

（四）例句释义法

例句释义法指的是在解释词义时给出相应的例句，展示词语搭配及其使用环境等具体信息。这种释义法在辨别多义词或近义词时相当有效。

比如，要辨别"日子"这个多义词，可以通过下面的例句来展示：

① a. 这些日子你去哪儿了？我找了你好几天了。

b. 你们俩选个好日子结婚吧。

c. 在他的带领下，我们的日子过得越来越好了。

"日子"在以上三个例句中的意义都不同：a 句的意思为"时间（指天数）"，b 句为"日期"，而 c 句则指"生活"。将"日子"放在这些不同的例句（语境）中来讲解，清楚地展现出了各个不同义项之间的区别和用法。

又比如，要辨别“成果—结果—后果”这三个近义词，也可以给学生举出例子：

②a. 这项研究成果能改善空气的质量。

b. 此次评选结果已经揭晓。

c. 他的病如果不及时治疗，后果很严重。

有了这些例子，学生就能明白三者的区别，“成果”是褒义词，“结果”是中性词，而“后果”是贬义词。

（五）典型语境释义法

典型语境释义法指的是通过设定典型的、特定的语言环境，让学生从中去体会和理解词义的方法。

上面的例句释义法其实就是典型语境释义法的微观展现。不过，跟例句释义法相比，典型语境释义法更强调具体词语所出现的典型语言环境，一般根据学生日常生活中熟悉的“教学型”语境来设定用词场景。

比如，教“凑合”一词时可以设置以下若干语境：

③a. 十二点才下课，你喜欢吃的菜食堂都已经卖完了，但你又不想去别的地方吃，怎么办？

——我凑合着吃吧。

b. 你最喜欢看足球比赛，打开电视发现今天的电视信号不太好，你又不想去朋友家看，怎么办？

——我凑合着看吧。

有了这样的语境设定，学生就比较容易把握“凑合”的“将就”之义，也能较快掌握这个词的用法了。

又比如，在介绍“到底”这个生词时，可以设定下面这个语境：

④（玛丽和田芳一起去买衣服。）

玛丽：这件黄的很漂亮，那件红的也很漂亮。

田芳：这件也漂亮，那件也漂亮，你到底想买哪一件？

类似这样的场景在生活中经常能遇到，设立典型语境既可使学生一下子就明白“到底”的意义，又可使学生清楚“到底”的实际用法。

设定典型语境不仅对意义抽象、不太好直观展示的实词有很好的释义效果，对意义虚空、难以把握的虚词更是必不可少的。在虚词的教学过程中，我们要注意虚词运用的语义背景，即告诉学生某个虚词能在什么样的情况或上下文中出现，或者不能在什么样的情况或上下文中出现。而某个虚词适宜于什么场合或什么样的上下文中使用，不适宜于什么场合或什么样的上下文中使用，大多数时候都是需要通过设置语境信息将其中隐性的逻辑或语义关系彰显出来的。

无论用哪种方法来进行词语释义，都要求简单明了，浅显易懂。解释词义不是最终目的，重要的是帮助学生理解词义，掌握用法。而且，每一种释义方法都不是万能的，我们在汉语词汇教学时，应该充分考虑词语的特点，综合利用多种方法。

二、词语操练的方法

语言不是“教”会的，而是“练”会的。教，使人懂；练，使人会。必要的输入和有效的操练是掌握语言项目用法的基本步骤，如此才能达到熟能生巧、运用自如的目标。广义的“练”，包括在实际交际中的使用和课堂教学中的操练，这里主要说明课堂教学中的操练。下面介绍一些常见的词语操练方法：

（一）认读法

认读法指的是从字形和语音上让学生形成初步的视觉和听觉印象的方法。

在学新课文时，一般来说老师会带着学生先认读课文中的生词。在认读过程中，可以设置多种形式，如教师领读、集体齐读、个别点读等。除此之外，教师还可以通过这个环节纠正发音，减少学生出现洋腔洋调的频率。

认读生词可以帮助学生形成对词语的语音、字形的直观了解，这是词语教学的第一步，也是最起码的要求。如果连词语认读都有困难，基本词义也不了解，那就没有达到词语学习和积累的第一步，也就谈不上对词语的进一步运用。

（二）问答法

问答法指的是通过教师提问、学生回答这样一问一答的形式来讲解词义和用法的操练方法。

问答的内容一般落实在词语的搭配和使用上。如“哪儿”这个词可以通过下面的问答法来操练：

师：“哪儿”是什么意思？（在学生预习过的前提下）

生1：“哪儿”是问在什么地方的意思。

师：图书馆在哪儿？

生₂：（图书馆）在学校的西边。

师：食堂在哪儿？

生₃：（食堂）在图书馆的前边。

师：哪儿有邮局？

生₄：学校的后边（有邮局）。

……

这样，学生不仅对“哪儿”一词的意义和用法有了比较深的印象，而且还能体会到该如何应对询问处所的回答（即“什么东西在什么地方”）。

在学生预习情况较好、所讲词语又比较容易时，问答法是一种比较自然的操练方法。它的特点是可以引导学生一起思考、归纳，使课堂教学交际化，有利于培养学生的表达能力。当然，教师用问答法时也要注意，所问的问题必须是贴近学生日常生活的，问题也需要经过精心设计，目的是要让学生在回答问题时不知不觉就用上刚学过的生词。

（三）选词填空法

选词填空法是让学生根据具体的语言环境和词语使用的要求来选择恰当的词语填空。

这种操练方法主要针对一些比较容易混淆的词语，尤其是近义词。具体操作是：教师课前将练习题写在黑板上或PPT上，在练习时请学生看着黑板或PPT做口头回答，回答时说出或念出整个句子。例如：

a. 明天下午，我看电影________看球赛。

A. 和　　B. 还是　　C. 或者　　D. 要么

b. 他身体不好，________感冒。

A. 往往　　B. 常常

c. 我________他不认识路，所以去车站接他。

A. 怕　　B. 恐怕　　C. 恐惧

选词填空的目的是检查学生能否将一个词与另一些词区分开，这种区别可能是意义上的，也可能是用法上的，还可能是其他方面的。从表面上看，似乎只是填入合适的词，实际是要在对供选的几个词做出辨析的基础上根据语境来选择，因此综合了对比、分析、判断的过程。

（四）扩展法

扩展法是把词扩展成短语或者把短语扩展成句子的操练方法。

比如，在教名词时，可以与相应的数量词或其他词语一起搭配扩展为短语。例如：

① 书——一本书　　苹果—两个苹果　　饺子——一盘饺子

意思——一点儿意思—小意思

教动词时，可以与搭配的宾语一起扩展为短语。例如：

② 看：看书—看图片—看电视—看电影

做：做饭—做作业—做运动—做朋友

教介词或介词性结构时也可以扩展。例如：

③ 在：在昨天—在学校—在方法上—在大家的帮助下

从__到__：从小到大—从塞北到江南—从狂喜到悲哀—从绚烂到苍白

在近义词教学时，也可以对近义词进行适当扩展，实质是展示它们在搭配上的不同。例如：

④ a. 成绩：学习成绩—考试成绩—优良成绩

成就：艺术成就—科学成就—伟大成就

b. 到达：到达山顶—到达机场—到达北京

达到：达到目的—达到要求—达到水平

扩展法在离合词（如“洗澡、睡觉”等）的教学中尤其有用。例如：

⑤ 洗澡：洗了澡 / 洗冷水澡 / 洗了两小时的澡 / 洗没洗澡 / 洗澡洗得很快

睡觉：睡了觉 / 睡懒觉 / 睡了半天的觉 / 睡没睡觉 / 睡觉睡得很香

通过这样的扩展，学生对离合词的特殊之处就有了深刻的印象，在使用时就会多注意到它们与普通动词的区别。

扩展法是展现词语搭配特点及其用法的常用方法。由于汉语的词没有形态的变化，短语和句子的构造规则又常常一致，因此，将词扩展成短语，短语再扩展成句子，不仅可以使学生很好地了解词语的构造方式和用法，而且能够在需要的时候快速造句，进行交际。

（五）造句法

造句法是词汇教学中最常用的基本方法之一。学生如果能够准确地用某个词语造句，说明已经掌握了这个词的意义和用法。常用的造句法主要有以下两种：

一是模仿造句，也就是学生用指定的词语模仿教师所给的例句进行造句。由于提供了模仿的例句，学生比较容易答对。比如，在教“极了”这个固定用语时，先给出例句，再让学生用指定的词语进行模仿：

① 例句：今天的天气好极了，万里无云！

（1）一朵朵白色的浪花拍打着金黄的沙滩，海边的景色美________。

（2）这部电影好看________，画面优美，情节动人。

（3）小明唱歌好听________，我一连听了十几遍。

实际上，模仿造句就是一种替换练习，这种方法适合于操练那些意义和用法都比较难掌握的新词，但也容易造成机械模仿，因而不能准确反映学生是否真的掌握了该词语。

二是提示法，即教师提出问题或给出情境，让学生用指定的词语做出回答或完成句子。这种方法相当于给出了一定的语境，侧重让学生在语境中体会词义和用法。例如：

② 你什么时候回国？（打算）

你来北京半年了，北京怎么样？（觉得）

这座房子旁边是马路，车很多，__________。（太）

去年他 65 公斤，今年 55 公斤，__________。（越来越）

我很喜欢这件衣服，__________，就买了下来。（再说）

操场上有很多人，__________。（有的……，有的……）

（出示图片：很多人在操场上锻炼身体）

提示法能有效地练习教师所给定的词语，而且也使学生有一定的独立思考的余地，适合于中高级阶段的学生。

由于遣词造句是一项比较复杂的思维活动，需要学生有一定的综合能力。对于不同阶段、不同水平的学生，要根据其接受能力以及所教词语的难易程度来选择适当的造句方法。而且，上新课与上复习课也不太一样：在复习课上，学生已经基本掌握了词义及其用法，练习造句一般困难不大；在上新课时，则可以多提供模仿造句的练习。教师应给出明确的提示，以便学生按照教师的思路说话，不用花过多的时间来确定要说的内容。

以上简要介绍了汉语作为第二语言词汇教学过程中经常使用的几种释义和操练方法。词语教学的方法还有很多，如比较法、联想法、故事法等。教师在词汇教学过程中往往是将多种方法搭配起来使用，至于具体使用哪种或哪几种方法，还需要根据不同的课型、词语的特点、学生的学习特点及汉语水平等多方面的因素来考虑。可以看出，无论是对词语进行释义还是操练，都不是一件容易的事，可以说它对教师的教学水平、能力、思维和经验等方面都提出了全面的要求与挑战。教师应该对词语释义和操练给予足够的重视，同时也应努力在教学实践中进一步探索，创造更多、更好、更有效的方法与技巧。

【思考与练习六】

一、填空。

1. 词汇教学的基本原则如果从"词汇＋教学"及其关系的角度来考虑，主要包括____________、____________、____________、____________、____________等原则。

2. 从教学角度考虑，典型语境指的是____________________。
   将典型语境这一维度考虑进来的目的是____________________。

3. 在具体的词汇教学活动中，________和________环节最为关键。

4. 词语释义的方法主要有__________、__________、__________、__________和__________等。

5. 词语操练的方法主要有__________、__________、__________、__________和__________等。

二、先分析下面三组偏误句出错的原因，总结出它们在用法上的特点，并运用"意义和用法相结合的原则"说一说该怎么教这样的词。

1. a.* 我印象天津非常深。（印象）
   b.* 我常常告诉他们，这里是军事作战区域，不可以责任你们的安全。（责任）
2. a.* 所以不常到外边去，不常见面中国人，还有我的学习进步也不太发展。（见面）
   b.* 生活既忙碌又紧张，没回家乡问好你们。（问好）
3. a.* 这个纯净水变成有利人体的饮料，关键在于酿成的过程。（有利）
   b.* 我小时候却不太喜欢母亲，我总觉得怕她，她很冷淡我。（冷淡）

三、下面选取了留学生学习汉语时出现的一些偏误用例，请你运用"最小差异原则"指出它们的辨析点，并说明它们之间的区别。

1. 满足—满意
   a.* 妈妈对我这次的考试成绩很满足。
   b.* 我爱听、爱唱，没有机会就哼哼几句也觉得满意了。

2. 知道—了解—理解

a.* 大部分的人早晚都要结婚，那么男生应该知道女生，女生应该知道男生。

b.* 我了解你说的那个人，昨天我们见面了。

c.* 所以我的行为我的爸爸根本不能了解。

d.* 从那里我理解了中国人的习惯、文化。

3. 太—很

a.* 爸爸，我太健康，你放心吧。

b.* 你的房间很乱了，赶紧收拾一下吧。

4. 参观—访问

a.* 记者参观了这位著名的作家。

b.* 我在绍兴访问了名胜古迹，其中印象最深的还是鲁迅纪念馆。

四、下面是不同母语背景的学生出现的一些偏误。请先指出偏误之处，分析偏误的原因，最后说一说该如何教学。

1. 英语背景：

a.* 吃饭的时候，我想吃汤。

b.* 他有兴趣汉语。

c.* 她妈妈激动地提建议他们骑地铁，所以他们买东西以后，骑了地铁回家。

d.* 答案很容易。

e.* 我觉得人们应该自己做自己会做到的事情。

2. 日语背景：

a.* 我在车站送行他。

b.* 他不想经验这件事。

五、思考。

1. “并—又”都可以加强否定语气，但二者并不能随意替换。例如：

a. ——我还以为你是美国人。

——我并不是美国人。

——* 我又不是美国人。

b. ——你带把伞吧。

——天气预报又没说下雨，带伞干吗？

——* 天气预报并没说下雨，带伞干吗？

请分析“并”和“又”之间的区别，指出二者在典型语境里的差异。

2. 刘老师是中级班的老师，她在教“果然”一词时，将其解释为“事实跟所说或所料的相符”。学生在造句时，出现了下面这样的表达：

a.* 他今天没有上课，果然，下午看见他去医院了。

b.* 男朋友两个月没给她写信了，果然昨天就收到了。

刘老师也很苦恼，不知道该怎么教“果然”，请你帮帮她，说明“果然”的典型语境和教学策略。

3. “何况”在教材里的释义为“更进一层”，用法是“作为连词连接两个句子”。有的老师直接将教材的阐释拿来教给学生，结果学生的作文里出现了下面这样的句子：

a.* 汉语对我来说是一门外语，何况是最难学的一门。

b.* 我第一次到外国留学，何况在北京又没有亲人，没有好友，我心里又孤单又难受。

请你分析上述句子产生偏误的原因，并指出“何况”的典型语境和教学策略。

六、你是一名国际汉语教师，要把下面这些词语教给学生，括号内已经提供了相应的词典释义，能不能直接用到课堂上呢？如果不能，说一说你会怎么教给学生。

（1）地震（由地球内部的变动引起的地壳的震动）

（2）纳闷儿（疑惑不解）

（3）不妨（没有什么妨碍，可以这么做）

（4）露营（军队在房舍外宿营）

（5）共勉（共同努力；共同勉励）

第七章 复合词的词义理据及其教学

词是由语素构成的，词义和构成它的语素义之间具有密切的联系。单纯词由一个语素构成（如“天、仿佛、叮咛、茉莉、潺潺、哎哟、雪茄”等），对于单纯词来说，词的意义就是语素的意义，词义和语素义是一致的。合成词的情况就复杂得多。合成词由两个或两个以上的语素构成，合成词的词义与语素义的关系不像单纯词那样简单一致。由于合成词中的复合词是由两个或两个以上的词根语素构成的，能比较充分地展现词义与语素义之间的关系，这一章就以复合词为例来说明词义和语素义的关系。

分析词义和语素义的关系，实际上就是说明词义的理据问题。学习者在词汇习得中如果能利用好词义的理据来掌握词语，在理解词义、扩大词汇量等方面将会有很大的突破。因此，本章还将进一步介绍与复合词理据相关的一种词义教学方法——复合词理据分析教学法。

第一节　词义和语素义的关系

一、词义的透明度

从词义透明度的角度入手，可以比较清楚地说明词义和语素义的关系及其类型。**词义的透明度**指的是从构成词的语素的字面义及其组合关系推导出整体词义的难易程度。

有些词的词义可以比较直接地从其构成语素的字面义推导出来。比如，“美貌”一词的词义“美丽的容貌”就很容易从“美”（美丽；好看）和“貌”（相貌；容貌）这两个语素及其意义的组合中推导出来。只要理解了“美”和“貌”的意思，就很容易理解和把握整个词的意义，词义的透明度很高。

有些词的词义虽然无法像“美貌”那样直接从语素的字面义中推导出来，但语素义对词义具有一定程度的指示作用。比如，“手足”的语素字面义是“手”和“脚”，然而它的词义却不是指这两样事物，而是用来比喻“弟兄”(如“情同手足、手足之情”)。不过，人身上“手”和“足”之间相互依存、相互配合的亲近关系可以指示或帮助人们理解和推导出这个比喻义，因此词义的透明度也还比较高。

而有些词的词义却不太容易从其构成语素的字面义中推导出来。比如，“滥觞”泛指“事物的起源”，这个词义很难从“滥”(泛滥)和“觞”(酒杯)这两个语素义推导出来。它是从“江河发源之处水都很小，只能浮起酒杯”这一本义引申出“起源”之义的。此时，词义和语素义的关系比较隐晦，词义的透明度就比较低，需要人们综合更多的背景知识才能理解。

需要说明的是，这里所说的词义透明度跟构词理据并不完全相同。词义透明度主要是就词义和语素义之间的关系而言的，是从现代汉语共时平面来考虑语言系统内部的依据问题。而构词理据所包含的范围则要广泛得多。它既可以从共时平面来看，也可以从词语由古到今的历时平面来考虑，而且往往依托于构词之初的理据。这些理据有时未必是语言本身的问题。比如，汉语中有些词语出自历史典故，要想知道词义必须先了解典故。如“问鼎”一词源自这样一个典故：春秋时，楚子(楚庄王)北伐，陈兵于洛水，向周王朝示威。周派使者慰劳，“楚子问鼎之大小轻重”(《左传·宣公三年》)。楚子询问周王朝的传国之宝九鼎的大小和轻重，有夺取周王朝天下的意思。后来就用“问鼎”指图谋夺取政权，现在多借指在比赛或竞争中夺取第一名。

二、词义和语素义的关系类型

词义的透明与否在程度上存在差异。根据这种差异，大致可以将词义和语素义的关系分为完全透明、比较透明、比较隐晦和完全隐晦四种类型。

(一)完全透明型

完全透明型指的是由语素字面义加上一定的结构关系就基本可以直接推导出词义的类型。例如：

联合：道路　朋友　灭亡　制造　美丽　悲哀
偏正：鲜花　美梦　飞奔　狂喜　雪白　笔直
主谓：地震　耳鸣　头疼　心慌　命大　事变
述宾：立春　爱国　换季　题词　打针　走路
述补：提高　推翻　扩大　说明　削平　压倒

上面的这些例子实际上还可以细分为两种情形。一种是在近义（包括同义）联合词中，其中一个语素义就可以体现词义内容。如"道路"的"道"指"道路"，"路"还是指"道路"，这两个语素义的任何一个都可以体现整个词义的内容。当然，当两个相同或相近的语素结合在一起时，还会有语素义之间的整合和归并，从而使词的意义趋于单一和明确。如"波"表示"波浪"，"涛"表示"大的波浪"，当这两个语素组合在一起构成"波涛"这个词时，由于"涛"的信息含量要大于"波"，"波涛"取"涛"义，表示"大的波浪"。

还有一种情形更为普遍，就是语素义各自反映词义的一个方面，组合在一起后共同体现词义，如上面的偏正、主谓、述宾、述补类示例。此时，词义是对语素义之间逻辑或事理关系的直接表达。如"地震"的词义"地壳震动"就是由"地"的语素义和"震"的语素义通过主谓关系组合在一起而形成的。

对于完全透明型的词语来说，学习者只要掌握了语素的意思，再结合语素之间的结构关系，就能大体推导出词义来。这也从另一个方面说明掌握词语构造方式的重要性：不仅有助于加深对词语结构的理解，而且也有助于更好地理解词义及其用法。

（二）比较透明型

比较透明型指的是语素的字面义不能直接推导出词义但仍可以提示词义的类型。根据提示方式的不同，比较透明型可以细分为直接提示和间接提示两种情况。

1. 直接提示

直接提示指的是构词语素组合之义可以提示词义，但词义比语素组合义更为概括和抽象。例如：

① 陶瓷：陶器和瓷器的合称。
钟表：钟和表的总称。
老小：老人和小孩儿，泛指家属或从老人到小孩儿所有的人。
茶饭：茶和饭，泛指饮食。

"陶瓷、钟表"类词的词义是语素所代表的事物的合称或总称，整体词义更为概括，这是将语素义融合成一个更大的概念整体。"老小、茶饭"类词的词义则是语素义的上位概念，语素所代表的事物是这个上位概念的典型成员。如"老、小"是家属中的典型成员，"茶、饭"是饮食中的典型成员。

直接提示的另一种情形是词义可以从语素义中提取或勾勒出来。例如：

② 出家：离开家庭，到庙宇里去做僧尼或道士。

养病：因患病而休养。

谢幕：答谢……于闭幕之时。

救火：在失火现场进行灭火和救护工作。

上面例子释义中的加点部分表明的是词义和语素义之间的对应关系，而下画浪线部分表示的则是语素义之外的词义所包含的内容。如“出家”的两个语素义分别表示“离开”“家庭”，但它的词义却不止这些内容，还包括“到庙宇里去做僧尼或道士”的含义。“养病”的词义也没有完全跟语素义对应，而是用“养”和“病”这两个具有代表性的语素概括了事件的全貌——因患病而休养。“养”和“病”在语义上各自代表了事件中的组成部分，而在形式上顺应了述宾式这样的构词规则，最后整合出词义。

在直接提示类中，词义的内涵超过了其构成语素的信息含量，从语素义推导出词义虽然不如完全透明型那么直观和方便，但人们凭着生活经验和语言常识，还是可以通过语素义的指引推导或联想出词义来，词义的透明度仍然比较高。

2. 间接提示

间接提示指的是构词语素通过引申来指示词义。根据引申方式的不同，间接提示又分为两种情况：

一种是语素义通过比喻的方式来提示词义，即本书在第四章介绍词义的派生类型时所说的比喻义的情况。例如：

① 唇齿：比喻互相接近而且有共同利害的两方面。

秋波：比喻美女的眼睛或眼神。

摆平：放平，比喻公平处理或使各方面平衡。

“唇齿”的语素字面义是“嘴唇”和“牙齿”，然而它的词义却并不是指这两样事物，而是通过“嘴唇”和“牙齿”之间相互依存的关系来比喻生成“互相接近而且有共同利害的两方面”这一词义。“秋波”也同样如此，其语素的字面义指“秋水之波”，通过“秋水之波”的神韵比喻生成“美女的眼睛或眼神”这一词义。“摆平”则是通过语素的字面义“摆放平整”来比喻生成“公平处理或使各方面平衡”这一词义。

还有一种情况是借代。例如：

② 铁窗：安上铁栅栏的窗户，借指监牢。

红颜：指貌美的女子。

裁缝（cái·feng）：以做衣服为职业的人。

"铁窗"的语素义之和是"安上铁栅栏的窗户"，显示了监牢的某种特征，因此就用这种特征来借指监牢。"红颜"不是指"红的颜色"或"红色的颜面"，而是通过化妆后女子的面部特征来借代貌美的女子。"裁缝"则是用"剪裁缝制（衣服）"的动作来代指从事这一职业的人。

间接提示类的词语，虽然构成语素以引申的方式间接指示词义，但语素义与词义之间的联系仍然是比较清晰的，词义的透明度也还比较高。

（三）比较隐晦型

比较隐晦型指的是部分构词语素的字面义难以提示词义的类型。根据隐晦方式的不同，具体有以下两种情形。

一种是词义只相当于其中的一个语素义，另一个语素义在该词中已经虚化或消失。例如：

① 国家　窗户　忘记　睡觉　干净

这类词是联合式中的偏义复词。上面用着重号标记的语素在词义中已经失落了原义。如"国家"只保留了"国"这个语素的含义，"家"在形式上保留，但其含义在词义中已经消失了。"窗户"则只有"窗"这个语素的含义，"户"的含义已经消失。

第二种是有的构词语素不太常见，或虽为常见语素但意义比较生僻、模糊，或已经发生了变化。这时候，语素的字面义较难提示词义。例如：

② 惊蛰　寒暄　洞察　捣蛋　斯文　勉强

"惊蛰"的"蛰"表示"蛰伏（动物冬眠，潜伏起来不食不动）"，"寒暄"的"暄"义为"（太阳）温暖"，像这样的语素及其意义比较生僻。"洞察"的"洞"、"捣蛋"的"蛋"、"斯文"的"斯"虽然是常见语素，但它们在词语中的意义和用法都不太常见，其中"蛋"和"斯"的意义还很模糊，很难明确指出其意义。"勉强"的"勉"原来表示"努力、尽力"，"勉强"义为"尽力而为"，如"或安而行之，或利而行之，或勉强而行之"，从语素的字面义很容易推导出词义来。但是后来"勉强"演变为"能力不足而强为之"的意思。这样一来，"勉"原有的比较透明的字面义在词义中就不再透明而变得隐晦了。

（四）完全隐晦型

完全隐晦型指的是所有构词语素的字面义都不能提示词义，语素义跟词义看不出存在什么关系的类型。造成完全隐晦的原因也是多方面的，如词义的辗转引申、出自典故、词义的发展变化等。例如：

东西（dōng·xi）：泛指各种具体的或抽象的事物。

推敲：斟酌字句，反复琢磨。

牺牲：为了正义的目的舍弃自己的生命。

物色：按照一定的标准寻找和挑选（需要的人或东西）。

有些词的词义经过了辗转引申，就可能导致词义的完全隐晦。比如，“东西”的构成语素“东”和“西”在现代汉语中很常见，表示方向的语素义也属于常用意义，但由于词义的辗转引申，人们现在很难将表示方向的“东”和“西”与表示事物的“东西”联系起来，这使得“东西”一词的构词理据丧失，词义完全隐晦。

有些词来自典故，要想知道词义必须先了解典故。比如，“推敲”中的两个语素“推”和“敲”分别表示两个动作，跟它的整体词义相距甚远。这个词来自唐代诗人贾岛的一个典故。贾岛骑着驴作诗，得到“鸟宿池边树，僧敲月下门”两句，第二句的“敲”字又想改用“推”字，犹豫不决，就用手做推、敲的动作，无意中冲撞了大诗人韩愈的车骑。他向韩愈说明原委，韩愈认为用“敲”字比较好。后来就用“推敲”来指写文章时斟酌字句，反复琢磨。如果不了解这个典故，纯粹从语素义上分析是较难得知“推敲”的整体词义的。

有些词及其意义经历了发展变化的过程，在现代汉语的语义系统中，人们很难从语素的字面义上获得词义的线索，这也可能导致词义的完全隐晦。比如，“牺牲”中的“牺”原来指“做祭品用的毛色纯一的牲畜”，“牲”则指“古代祭祀用的牛、羊、猪等”，“牺牲”一词原本用来特指做祭祀用的牲畜，语素的字面义和词义之间的关系还是很透明的。这其实也在某种程度上为人们理解“牺牲”的今义“为了正义的目的舍弃自己的生命”提供了一定的理据。只是在现代汉语的语义系统中，这两个语素义的语义内容已经彻底消失了，所以理解起来难度比较大。“物色”跟“牺牲”类似，“物色”中的“物”本来特指一种毛色斑驳的牛，后来表示颜色相似的帛；“色”与“物”义近，也指某种丝织品，因此“物色”一词最初的意思是指绢帛之类的丝织品，从语素的字面义也可以直接推导出词义来。但是，经过不断的演变，“物色”在现代汉语中表示“按照一定的标准寻找和挑选（需要的人或东西）”，此时“物”与“色”的字面义难以再提示词义，词义完全隐晦。

综合上面的分析，可以发现在现代汉语的合成词尤其是复合词中，词义和语素义之间的关系是复杂多样的。语素从不同的方面，用不同的方式，在不同程度上表示或提示了词义。可以说，大部分复合词的词义都是有来由、有理据的。

第二节　复合词理据分析教学法

一、复合词理据分析教学法的内涵

词义和语素义之间的关系实际上就是词义的理据性问题。从词义的理据性出发，在词汇教学过程中可以综合运用复合词理据分析教学法。所谓**复合词理据分析教学法**，指的是通过掌握构成语素字面义及其构词理据和规律推导出复合词词义，掌握新词的教学方法。

复合词理据分析教学法可以帮助学习者有效推导出词义。大部分词语的语素义和词义都具有直接或间接的联系，它们的构造理据也比较清晰；而母语为非汉语的第二语言学习者（尤其是成年学习者）对词语的结构规则普遍具备一定的认知意识和推导能力。如果掌握一定数量的汉语语素及其意义、语素构词的结构方式规律，在碰到没有学过的复合词时，就有可能通过语素义推导出词义来，这就在很大程度上减轻了学习和理解新词的困难，从而取得事半功倍的效果。

不仅如此，复合词理据分析教学法还能帮助学习者有效学习新词。有许多单音节语素本身就能独立成词，不少语素的构词能力还很强，而一个构词能力很强的语素往往能跟其他语素一起构成一个意义相关的词群。如“开”这个语素跟其他语素组合后可以构成多个词语，如“开编、开笔、开播、开春、开工、开航、开火、开讲、开局、开赛、开拍、开演、开业、开映、开展、开征”等，虽然开始的内容各不相同，但都跟“开”的核心语义“开始（某项活动）”有密切联系。因此，对于学习者来说，即便没有学过“开编”这个词，如果掌握了“开”的语素义及“编”的意思，是很有可能推导出“开编”的词义即“开始编写或编辑”来的。掌握了这部分常用语素，学习者就可以迅速扩大词汇量。

二、复合词理据分析教学法的运用

（一）不同类型复合词的理据分析教学

从词义跟语素义的关系来看，不同类型的复合词，其词义透明度并不一样。抓住不同类型复合词的特点来进行教学，才具有针对性。

对于完全透明型的复合词，由于语素义和词义有着较为直接或直观的联系，学生推测起来并不难，最适合运用复合词理据分析法来进行教学。如“尘垢→灰尘和污垢、博览→广泛阅读、颁奖→颁发奖状或奖品等、进入→进到……里”等。在教这类复合词时，不妨在预习生词的环节将它们作为任务布置给学生，由学生直接释词，让学生自己通过语素义来推导词义。

对于比较透明的直接提示型复合词，可以先由学生释词，然后教师再提醒学生注意那些语素义之外的隐含内容，由语素义加隐含义再整合出词语的整体语义。如“两难”这个词里，语素的字面义是“两种困难”，而这“两种”可以进一步抽象成“这样或那样”，“两难”即“这样或那样都有困难”。其他如“鼻酸→鼻子发酸（指悲伤心酸）、可取→可以取得（可以采纳接受、值得学习或赞许）”等。有时也可先通过句子语境让学生对词义和隐含内容形成一定的认识，再通过对常用语素义的介绍强化词义记忆的效果。比如“挑食”一词，先向学生展示例句“这孩子太挑食，只吃肉，不吃菜，这样下去对身体不好”，引导学生注意到“挑食”不只是“挑选食物”，而是指“挑选自己爱吃的食物吃”，再分别讲解“挑”和“食”的含义。

对于比较透明的间接提示型复合词，教师应帮助学生掌握从语素义到词义的引申或比喻的途径，有些还应该结合语境来点明它们所蕴含的特殊文化内涵，尤其是感情色彩、语体色彩等。如要教“头目”一词，可以先让学生说出“头”和“目”的意思，即“头部和眼睛”，再引导他们注意到“头部和眼睛”是一个人身上最重要、最突出的部位，由此引申出“某些集团中为首的人”这个含义。然后，还要进一步给学生展示关于“头目”的例句，如“他这个人狡猾得很，很快巴结上了当地的小头目”。这样才能让学生明白“头目”一词跟“领导”是不一样的，它是个贬义词，在使用时需要注意这种感情色彩。

对于比较隐晦型和完全隐晦型的复合词，由于词义与语素义没有什么联系，构词理据不明晰，有的甚至完全不可推导，一般来说应尽量避免使用理据分析法来讲授和教学，而应该采用整体教学的方法，即对词不做语素的拆分，而是将它们作为一个整体教给学生。如“高汤→煮肉或鸡鸭等的清汤，也指一般的清汤”“物色→按照一定的标准寻找和挑选（需要的人或东西）”等。当然，对于那些有历史来源的词语，教师还需将其中的典故揭示出来，以便于学生理解。如“二百五”是讥笑“做事莽撞，有些傻气的人”，那人们为什么称这样的人是“二百五”呢？原来古代一封银子是五百两，半封银子就是二百五十两，而“半封”和“半疯”谐音，因此称人为“二百五”就是取笑他人“半疯”。这样的说明一方面能引起学生的兴趣，加深印象，另一方面也能帮助学生理解和记忆词语。实际上，从历史来源的角度来看，它们的词义也还是有些理据的。

当然，在区别对待不同类型复合词的教学过程中，也要注意将理据分析法的“分”和整体教学法的“合”有机结合起来。在透明型复合词的语素猜词过程中适当穿插一些不透明型的猜测，让学习者形成一种认识：大部分词语是可以分解学习的，而一部分词语必须整体学习才行。随着学习者汉语水平的提高，接触语素的增多，猜词、组词能力的增强，区别学习、区别对待的能力就会逐步提高了。

（二）不同阶段的复合词理据分析教学

由于词汇学习贯穿学习者学习过程的始终，复合词理据分析教学法也可以贯彻到整个词汇教学的初级、中级、高级等各个阶段。以下就各个阶段的教学目标和具体环节做出说明。[①]

在初级阶段，教师应该帮助学习者习得一些常用的语素，培养初步的语素意识和语素构词意识。比如，在生词教学环节就可以有意识地将语素作为教学单位来进行教学。先帮助学生把一些常用的、构词能力强的语素从词语中分解出来，训练他们离析语素的能力，然后以一定的义项为单位与其他语素进行组合，扩展成词或者短语，从而在巩固所学词语的同时扩大新词的学习范围。例如：

① 商店

└ 卖东西的地方：书店、饭店、药店、水果店、咖啡店……

② 公园

└ 大家都可以用的：公路、公厕、公交、公用电话……

经过一段时间的学习之后，教师还可以结合课文中的生词，以语素为线索，整理所学过的词语，采取直观图示的方式，将它们联系起来，方便学生记忆。例如：

③ 电～：电话、电脑、电灯、电视、电影、电台……

～场：商场、机场、操场、广场、会场、球场……

学生通过图片很容易明白上面这些词的意思，甚至有时还能够发现成组词语在形式和意义上的共性。

当然，不仅复合词，派生词中的词缀也可以作为语素适当地加以扩展，如讲清楚了“式”的意义，就可以扩展出“中式、西式、老式、新式，法式面包、美式快餐、中式英语”，等等。学生在这样的展示中耳濡目染，逐步积累，在朦胧的感受中潜移默化地体会词的构成、词义和语素义的关系，建立初步的语素意识之后能举一反三，

① 关于语素教学法的设想与实施，这里主要参考的是吕文华《对外汉语教学语法讲义》（北京大学出版社，2014 年）中的第 1 讲“关于语素的教学”。

触类旁通，不用孤立地去死记硬背生词，从而较为便捷地记忆和运用词语，提高学习效率。学习者离析语素的能力越强，掌握的语素及其意义越丰富，猜词、组词的成功率就越高，对汉语的感悟能力也就越强。

不过，在具体操作时，还应该根据学习者的汉语水平和具体情况控制好拆分和扩展的范围和限度。如语素“车”的构词能力是相当强的，根据学生的接受能力和对语素的掌握程度，有一些词语可以在适当时机纳入由“车”这个语素构成的词语群里来，如“客车、货车、摩托车、救护车、消防车、警车”等，而“车床、车削、车辙”等就不宜扩展进来，因为“车床、车削”这样的专业术语不常用，而“车辙”中的“辙”很可能是学生没学过的。

在中级阶段，主要是让学生熟悉语素构词的结构规律。复合式构词法是汉语中最主要的构词方式。完全透明型的词语，由语素之间的结构关系加上语素义就能直观、透明地推导出词义来。比较透明型则需要在结构关系的基础上做进一步的概括或引申。这两种类型的词语，其词义大体都能通过结构关系体现出来。不同的结构关系，在很大程度上决定着词义的推导结果。比如，“眼尖”是“眼力尖（形容视觉敏锐）”，而“笔尖”就不是“笔很尖”的意思，而是“笔的写字的尖端部分”，这是因为前者是主谓式复合词，而后者是偏正式复合词。又比如，同样是“成人”，当它的内部结构是述宾关系时，表示“人发育成熟”；当它的内部结构是偏正关系时，则表示“成年的人”。结构关系是影响词义理解的重要因素，学习者如果能熟悉汉语语素的构词能力和构词位置、复合词的结构方式和构造规律等，在此基础上从语素义推导词义就容易得多了。

当然，教师在教授复合词的构成方式时，应充分考虑学生的实际情况，用学生能理解的、看得懂的方法来教学。比如，学生在学习短语和造句的过程中，已经比较熟悉短语的结构规则，而复合词的构词方式和短语的结构规则基本一致，那么我们就可以类比短语的结构方式来学习复合词构词法，这样学生更容易接受。同时，在教学过程中尽量用学生熟悉的字母来展示其中的结构关系，如用“S”表示主语（subject）、“P”表示谓语（predicate），那么主谓式复合词就可以表示为“S—P”，同时举出例子，如“年轻、头疼、地震、月亮”等。

在高级阶段，可以帮助学生通过理据分析法提高辨析同义词的能力。在遇到含有相同语素的一组词时，可以通过分析相异语素的含义，进而找到同义词之间的细微差别。比如“暴发”和“爆发”都是动词，都含有“突然发生”的意思，但“暴发”中“暴”的语素义是“突然而且猛烈”，强调突然性。而“爆发”中“爆”的语素义是

“猛然破裂或迸出”，侧重爆炸性。因此，“暴发”多用于山洪、大水或疾病等具体事物的突然发生，也可指突然得财或得势（多含贬义）。而“爆发”则多用于革命、战争、运动等重大事变或力量、情绪等抽象事物，它们像火山岩浆四处迸出那样爆炸式地突然发生。了解这两个语素之间的差别之后，学生也就不难掌握由它们构成的一系列相关词语的意思了，如“暴风、暴雷、暴病、暴怒、暴跌、暴走”“爆表、爆红、爆裂、爆破、爆胎、爆炸”等。

高级阶段运用复合词理据分析法有时还需注意文化因素的影响。比如，对于高级阶段的学习者来说，要给他们解释“小名、学名、笔名”这三个词语并不困难，但却很难满足学生在这个阶段对于文化的需求。此时可以借助理据分析法适当地引入汉语里关于名字的文化知识，如可先介绍“姓、氏、名、字、号”等语素的含义，再利用这些语素组成“小名、学名、笔名、绰号、外号、谥（shì）号”等词语，帮助学生了解它们的词义和感情色彩等，另外还可以适当介绍一下中国“避讳”的习俗，即这些词语在什么交际场合或语用条件下使用。这样的教学不仅可以满足学生的好奇心，引起他们的兴趣，也可以使词汇教学顺利推进，不断深入。

当然，复合词理据分析教学法在词汇和词义教学中并非无所不能，它的运用范围有一定的条件和限度。这主要是因为汉语复合词的构成方式多种多样，构成语素及其意义也相当复杂，不易猜测，有时难以确定。有的语素既有现代义，又有历史义，如“走马观花”的“走”是“跑”的意思，而“走路”的“走”是“行走”的意思。有的语素既有本义，又有引申义或比喻义，如“深度”的“深”指从上到下的距离大，这是本义，而“深奥”的“深”表示“不容易懂”，“深秋、深夜”的“深”指“距离开始的时间久”，“深情厚谊”的“深”指感情或关系上的密切，这些都是派生义。而从语素义的义项个数来看，很多语素都在两项以上，具有多义性，此时语素义的确定必须借助其出现的环境。比如，“方”在“东方、方形、方面、平方、秘方、方言、大方、方便、来日方长”等词语中的意义都不相同。这些因素无疑都增加了学习者猜词的难度。教师应综合词语的具体特点、学生的接受能力等各方面的实际因素，充分发挥复合词理据分析教学法的长处，避开它的短处，灵活机动地来讲解和操练词语，以达到理想的教学效果。

【思考与练习七】

一、填空。

1. 词义的透明度指的是________________________________。

2.根据词义透明的程度差异，大致可以将词义和语素义的关系分为__________、__________、__________和__________四种类型。

3. 从词义和语素义的关系来说，“离别”是________型，“黑板”是________型，“肝胆”是________型，“白领”是________型，“人物”是________型，“红娘”是________型。

4. 复合词理据分析教学法指的是________________________________。运用这种教学法不仅可以帮助学生________________，还可以帮助学生________________。

二、从词义透明度的角度出发，判断下列各词语所属的类型。

畏惧　黑心　苍蝇　干戈　安危　保健

骨肉　浅见　备战　反目　壮观　布衣

冷落　饭桶　心烦　风雨　马虎　博览

扩大　尘垢　喉舌　麻利　地震　消息

三、请分析下面词语的构词理据，并说明如何进行教学。

江山　浪潮　口舌　丝竹　撑腰　同窗

四、在对母语为非汉语的学习者进行汉语词汇教学时，常常采用复合词理据分析教学法。如教会了学生“树”的基本义，就可以通过该语素来猜测由它与其他语素组合而成的词义，如“树干、树叶、树枝、树根”等，从而训练学生的猜词能力，扩大词汇量。不过，也有人指出，语素教学法并不是处处都管用，如光知道“眉”和“目”的语素义，并不能得出“眉目（méimù）”一词的含义为“借指容貌”，更无法猜出该词的另一个义项“指文章、文字的纲要；条理”。对于那些词义与其语素义看不出什么关系的词，如“地步、大方、工夫”等，复合词理据分析教学法基本不奏效。你认为这种说法有道理吗？请谈一谈你的看法，并说明该如何教学。

第八章
离合词及其教学

在汉语词汇系统中，有些类型的词语比较特殊，母语非汉语的学习者在学习和使用过程中很容易出现偏误，而且这种偏误往往具有跨语言的普遍性，因而也就一直是词汇教学的重点和难点。这些普遍的偏误不仅发生在学习者的初级阶段，有的还顽固地存留到中、高级阶段。为了更有针对性地开展汉语词汇教学，我们需要清楚这些特殊词语的特点并对相应的教学策略有所了解。下面几章便以汉语中几类具有代表性的特殊词语类别（离合词、易混淆词、语块、文化词）为代表，对它们的特点和学习者在习得这些词语时出现的偏误情况及原因做出说明，并在此基础上提出相应的教学策略。

在汉语词汇系统中，离合词由于具有可离可合的特点，一直是汉语作为第二语言教学的重点和难点，也是不同母语背景的汉语学习者在习得过程中普遍出现偏误的一类特殊词语。鉴于离合词在汉语教学中的复杂性和特殊地位，本章对它们的内涵和类型、偏误表现做出较为系统的说明，并提出相应的教学策略。

第一节　离合词的内涵和类型

一、离合词的内涵

在第一章第四节辨析词和短语时，已经提到过一种介于词和短语之间的特殊词语。这类词语既可以整体当一个词来使用，也可以在中间插入其他成分。由于具有可合可离、亦词亦语的特点，我们就把这种意义上具有整体性，但在结构上又可以拆开或扩展的词统称作**离合词**。以“洗澡”为例：

① a. 我刚到家，还没洗澡呢。（合用）

b. 他昨天洗了澡，今天就不洗了。（插入“了”）

c. 他一放下行李就奔进卫生间洗起澡来。（插入“起来”）

d. 天气特别热，他洗了半天澡才出来。（插入数量短语）

e. 他每天晚上睡前洗一次澡，第二天早上起床后还要洗一次。（插入数量短语）

f. 洗什么澡啊？还有十分钟就要出发了。（插入“什么”）

g. 他这人很特别，夏天洗热水澡，冬天洗冷水澡。（插入修饰成分）

例 ① 的“洗澡”合在一起时是一个词，如 a 句；分离时可以插入各种成分，是短语，如 b—g 句。

有时这类特殊词语中后面的成分还可以移动位置。例如：

② 你这人，刚打完篮球，澡都不洗，怎么就躺床上啦？

二、离合词的类型

离合词既可以从结构的角度来进行分类，也可以根据离析程度的不同来进行分类。

（一）根据结构分类

从词语的内部结构上看，离合词主要包括以下三种类型：

一是述宾式。前一个语素表示动作或行为，后一个语素表示动作行为的对象。例如：

理发　点头　鼓掌　跳舞　请假　毕业　看病　发言
见面　吃醋　生气　鞠躬　丢脸　出丑　道歉　造谣

这类词的扩展方式是多种多样的。如“理～发”，中间可以插入表示动作行为进展阶段的体标记（“着、了、过”）、数量短语（“一次”）、虚指成分（“什么”）等。有的还能插入对象成分，如“见了（他）一面、吃（她）的醋、生（这个人）的气”等。需要说明的是，有些词本来不是述宾式，但作为离合词时被类推为述宾式，如“睡觉、游泳、考试”等。

二是述补式。前一个语素表示动作或行为，后一个语素表示由动作行为带来的结果或趋向。例如：

打倒　看见　降低　叫醒　扑灭　揭穿　提高　推翻
上来　下来　上去　下去　回来　回去　出来　出去

这类词的扩展方式很有限，能插入的成分主要是“得 / 不”这样的表示动作行为可能性的成分。如“打得倒—打不倒、看得见—看不见、上得来—上不来”等。

三是主谓式。前一个语素是叙述的主体，后一个语素对它进行陈述。例如：

嘴硬　嘴碎　胆小　性急　心软　脸红　手紧　手巧

这类词的扩展方式也比较少，主要是在两个语素之间插入“很、太、非常、有点儿”之类的表示程度的词，如“嘴很硬、胆太小、手非常巧、心有点儿软”等。

广义的离合词包括上面三类，但人们常常做狭义理解，只将述宾式这一类看作离合词。在上面三种类型中，述宾式数量最多，约占总数的 97% 以上，而且“离”的形式复杂多样。因此本章也做狭义理解，下面所说的离合词，都是指述宾式这一类。

（二）根据离析程度分类

离合词的扩展方式和离析程度是有区别的。而离析程度的不同在很大程度上又影响着离合词教学时应采取的方法和策略。因此，从离析程度出发对离合词进行分类有着重要的实践意义。

我们将学习者所需要掌握的最常用的、最基本的一些离析形式归纳成下面五个方面：

（1）可插入体标记“着、了、过”或趋向动词“起（来）”等（如“洗了澡、洗起澡来”）；

（2）可插入数量短语、形容词短语、指代成分等（如“聊了半个小时的天儿、帮很大的忙、上这个当”）；

（3）可插入虚指成分“什么”（如“睡什么觉”）；

（4）可插入对象成分（如“生他的气”）、致使成分（如“吃了他的亏”）；

（5）后面成分提前（如“这心操起来没完没了”）。

如果一个离合词满足上述五个方面的扩展情况，那么它的离析程度就很高，其用法偏于“语”（短语）；如果只能满足其中的某一个或两个方面，那么它的离析程度就比较低，其用法偏于“词”；其他情况居中。能满足的方面越少，离析程度就越低，“词”的特征就越鲜明。根据这样的思路，我们将离合词分为离析程度高的离合词、离析程度居中的离合词和离析程度低的离合词三类。下面分别举例说明：

1. 离析程度高的离合词

帮忙　见面　伤心　生气　辞职　上当　送礼　操心

吃亏　告状　捧场　沾光　投票　救命　算账　出丑

这类离合词能扩展出上述五种离析形式。如“帮忙”可以扩展成“帮了 / 过忙、帮了好几天的 / 很大的 / 这个忙、帮什么忙、帮他的忙、这个忙我帮不了”。对于离析程度高、扩展方式多样的这类离合词，教学时要凸显其分离使用的特征。

2. 离析程度居中的离合词

结婚	睡觉	考试	毕业	上班	搬家	拜年	插嘴
扫兴	请假	投稿	跳槽	招标	受骗	叫好	中奖

这类离合词能扩展出上面的三到四种离析形式。如“结婚”可以扩展成“结了 / 过婚、结了两次 / 这个婚、结什么婚、这婚我不结了”四种形式；“扫兴”可以扩展成“扫了兴、扫了他的兴、扫什么兴”三种形式。这类离合词数量最多。由于其扩展方式较为多样，教学时也要凸显其分离使用的特征。

3. 离析程度低的离合词

告别	讨厌	爱国	闭幕	感恩	多心	养老	动身
害怕	介意	出台	过分	提醒	落后	保暖	挑战

这类离合词仅能扩展出上面的一到两种离析形式。如“告别”只能扩展成“告了别、告什么别”两种，“讨厌”也只有“讨什么厌、讨他的厌”这两种；而像“害怕、介意”这样的离合词只有“害什么怕、介什么意”这一种扩展形式，离析程度非常低。对于这类离合词来说，开始教学时不妨当作词来处理。

值得注意的是，虚指成分“什么”的离析能力特别强，几乎能插在所有的离合词中间。而这种用法在其他词语中也很普遍，如“发什么呆、逞什么能、后什么悔、当什么真、管什么用”等，表示没有必要做某事，同时也表达了说话人不满、否定的主观态度。

第二节　离合词学习中的偏误表现

由于具有可合可离的特殊性，离合词一直是汉语学习者学习的难点。有的学习者在碰到离合词时可能会采取回避策略，但是大部分的离合词都与日常交际息息相关，很多时候是无法避开的。虽然不同母语背景、不同学习阶段的学习者在离合词的使用上都容易出现偏误，不过偏误表现并非杂乱无章，而是呈现出一定的共通性和规律性。

离合词区别于普通词语的最突出特点就是可合可离、亦词亦语，其中尤其需要把握“离”和“语”的特征。所谓“离”和“语”的特征，就是中间可以插入多种成分，这正是学习者觉得学习困难的地方。他们往往不知道在什么时候、什么地方、插入什么样的成分、成分的位置该如何安排，因此出现了各种偏误。具体说来，离合词学习中常见的偏误有以下几种类型：

一、该“离”不“离”

该“离”不“离”指的是在应该将离合词拆开并插入成分时没有拆开，而是将相关成分直接放在了离合词的后面。例如：

① a.* 玛丽发烧着也来上课。（应为“发着烧”）

b.* 我们吵架了以后就不说话。（应为“吵了架”）

c.* 他结婚过。（应为“结过婚”）

② a.* 昨天晚上我们聊天儿了半个小时。（应为“聊了半个小时[的]天儿”）

b * 我和他握手了两次。（应为“握了两次手”）

③ a.* 昨天我见面他了。（应为“见了他的面”）

b.* 中国老师热情地帮忙我，后来我的留学生活好多了。（应为“给我帮忙”或“帮我[的]忙”）

④ a.* 你们为什么抓他？他犯罪什么了？（应为“犯什么罪”）

b.* 他受气那么大，还能笑得出来。（应为“受那么大的气”）

像“着、了、过”这样的反映动作进程的体标记、“半个小时、两次”这样的数量短语、对象“他、我”和“什么、那个、这点儿”之类的成分，都需要插在离合词之间，有的还需要加上“的”字。由此可见，离合词的使用本质上跟述宾短语很接近。上述这些插入成分都要紧跟在第一个成分的后面（即插到离合词分离的两部分之间），这是使用时需要特别注意的地方。

以上都是由于学习者没有意识到离合词的特殊性，将它们当成普通动词来使用，由此导致了偏误。

二、不该“离”而“离”

有的学习者在了解了一定的离合词用法以后，有时会把这些用法类推到其他普通动词上去，出现不该“离”而“离”的偏误。这是离析规则过度泛化的体现。例如：

①* 现在的小孩儿特别爱玩电脑，如果他们痴了迷，就会影响学习。（应为“痴迷了”或“着了迷”）

②* 我很感谢他帮我的助。（应为“帮助我”）

“痴迷”和“帮助”都不是离合词，不应该分开使用。“帮助”的上述偏误很有可能是受了“帮忙”的影响。

还有的离合词扩展形式有限，也不能用一般的离析形式来类推。例如：

③* 我对她的印象很不好，所以她来我家，我并不关她的心。（应为“关心她”）

“关心”是离析程度很低的离合词，中间只能插入“什么”形成“关什么心”。它并不像一般的离合词那样能将对象成分插入两个语素之间，而应该直接把对象成分放在它的后面，如“关心她”。像“关心”这样的词虽然是离合词，但跟一般的及物动词用法相同。

三、离析形式不当

有时学习者也意识到离合词之间要插入成分，但由于插入的成分比较多样，他们并不清楚该怎么安排这些插入成分，这时也容易出现偏误。例如：

①* 昨天他感冒了，他发起来烧。（应为“他发起烧来”）

②* 我今天跑了步两小时。（应为“跑了两小时［的］步”）

例①的“起来”插在“发烧”之间，这表明作者在一定程度上是知道“发烧”的离析用法的。不过当离合词中间插入“起来”这样的复合趋向动词时，只能将第一个成分“起”插入其中，“来”要放到离合词之后，如“他发起烧来”。例②的“跑步”中间插入了“了”，也说明学习者已经意识到它是个离合词，但对另一个插入成分——表示时量的“两小时”却没有安排好合适的位置。离合词具有述宾短语的特征，而述宾短语的宾语后面不能再加别的成分，如果要出现这些成分，就必须放到宾语之前，如“跑了两小时（的）步”，或者采取重复动词的形式，如“跑步跑了两小时”。

四、其他形式的偏误

除了以上偏误外，离合词习得中还经常出现一些其他形式的偏误。主要有以下两种情况：

（一）重叠形式的偏误

不少学习者按照普通动词的重叠规则来对离合词进行重叠使用。例如：

a.* 我们到操场散步散步好吗？（应为“散散步”）

b.* 我们握手了握手。（应为“握了握手”）

c.* 他对我点点一头就走了。（应为“点一点头”或“点点头”）

离合词的重叠形式与普通动词不同。一般来说，普通单音节动词 A 的重叠形式是 AA，如“看看、走走”等；双音节动词 AB 的重叠形式是 ABAB，如“考虑考虑、商量商量”等。而大多数离合词 AB 的重叠形式只能重复其中的动词性语素，不能连名词性语素一起重复，即重叠形式为 AAB，如“理发”的重叠形式为“理理发”。如果要加上“了”或者“一”等成分，也要加在动词性语素之后，即“A 了 AB、A 一 AB”，如“理了理发、理一理发”。因此，上例中 a 句的“散步散步”应为“散散步”；b 句的“握手了握手”应为“握了握手”；c 句的“点点一头”应为“点一点头”或“点点头”。这正是述宾式短语重叠方式的特点。

（二）倒装形式的偏误

有时为了表达某种信息（如话题）的需要，会把离合词中后面的成分提到前面，如“他很累，澡也没洗就睡觉去了”。学习者使用这种表达虽然不多，但一用就容易出错。例如：

a.* 我们唱歌也唱歌了，跳舞也跳舞了，该离开了。（应为“歌也唱了，舞也跳了”）

b.* 它连下蛋也不下，两个月越来越胖。（应为“蛋也不下”）

上例中 a 句没有对离合词进行拆分就将整体作为话题；b 句倒是将离合词拆开了，但拆得并不准确，没有将后面的成分单独拆分出来放在前面。对于这样的特殊表达，学习者应该熟悉并且牢记一些固定的表达形式。

不管是离合词的重叠形式还是倒装形式，其实都体现了鲜明的短语特征。也就是说，如果按照一般述宾短语的使用规则来理解和使用上面的各种离合词在分离使用时的表达形式，那么很多偏误是可以避免的。就此而言，离合词本质上更像“语”，而不是“词”。如果我们在教学时更多地强调离合词的短语特征，将离合词当作短语来使用，也许学生更容易掌握它们的相关用法。

值得注意的是，虽然以上这些偏误都是学习者用错的例子，但偏误的层次、出错的水平是不一样的。其中，该“离”不“离”的偏误是学习者在最初接触离合词时容易出现的偏误，这时他们还没有意识到离合词和一般动词在使用上的区别；不该“离”而“离”和离析形式不当的偏误类型都是学习者掌握了一定的汉语语法规则并初步了解离合词的用法之后才会出现的偏误，他们要么将这些用法过度类推到了其他一般动词上去，要么对复杂成分在离合词之间该如何安排位置还没有准确把握；而像离合词的重叠、倒装形式，更是要求学习者具有较高的综合运用水平。我们在离合词的教学中尤其要注意学习者习得离合词时的层次性和阶段性。

第三节　离合词的教学

离合词贯穿于词汇学习的整个阶段。怎么样教离合词，怎么样帮助母语为非汉语的学习者准确地掌握离合词的各种用法，一直是离合词教学的主要目标。下面就对离合词的教学方法与具体策略做出说明。

一、先“离”后“合”，先分散后总结

离合词虽然是词，但其特殊性在于它在使用时更多地具备（述宾）短语的特征。学习者在习得离合词时的偏误也多发生在那些具有短语表现的离析形式方面。这说明我们在进行离合词的展示和教学时应该同时兼顾“离”和“合”两个方面，尤其需要先突出“离”的特征，即重视其与述宾短语相类似的句法表现，再将它当作词来处理，即先“离”后“合”。在具体操练时，一开始就给学生呈现出离合词可以分离的特性。例如：

① 游～泳（V＋O）　to have a swim
睡～觉（V＋O）　to have a sleep
跳～舞（V＋O）　to have a dance

有了这样的呈现，学习者会逐渐认识到离合词的构成不同于一般动词，对它的特殊性也就有了直观认识。在此基础上，等相关语法点出现时，再择机讲练相应的离析形式和扩展用法。例如：

② 游～泳：游了几次泳 / 游了两个小时的泳 / 游起泳来……
睡～觉：睡了觉 / 睡了半天的觉 / 睡了一个舒舒服服的觉 / 睡不着觉 / 睡起觉来……
跳～舞：跳了一个舞 / 跳了半天的舞 / 跳起舞来……

只有充分认识到离合词所具有的短语性质与特征，学习者才能有意识地将它们当作短语那样拆开使用，需要时插入各种成分，从而有效避免各种离析偏误。

当然，虽然“语”的表现突出，但由于离合词一般是双音节的形式，合在一起时就是个词，因此在教学时也要兼顾它们作为词的用法。不过，与复杂的离析形式相比，作为词的合用情况并不难掌握，因为短语连在一起时本身也就是一种合用（如“我吃饭了”中的“吃饭”）。

在实际教学中，离合词的离析形式所涉及的语法点常常跟生词学习不同步。比如“跳舞”是学习者较早就会学到的词语，但“跳了一个舞、跳了半天的舞、跳起舞来、我跟她跳了一个小时的舞”等离析形式则涉及“了”、数量短语、趋向补语、用介词引导对象的框式结构等多个语法点，它们与“跳舞”作为生词出现的时间很不一致，往往要延后很多。离合词这种复杂、特殊的属性使得其教学具有分散性特点。不过，当学习者到了中、高级阶段，习得水平达到了一定的程度并且积累了一定数量的离合词之后，教师要有意识地将已教过的离合词集中起来，对其离析形式做出系统总结、归纳、讲解和演练，即先分散后总结。时间长了，学习者对离合词的印象就会越来越深，慢慢就会形成一定的系统和语感。这样的教学策略，一方面有效保持了教与学的连续性，另一方面也可以帮助学习者较为全面、系统地了解离合词的用法，从而取得良好的教学效果。

二、不同语言的对比与不同离合词的对比相结合

在离合词的习得过程中，学习者既容易受到来自母语的负迁移，也容易将学过的离析规则过度泛化，不恰当地类推到一般动词上去。这就要求我们在教学时要充分运用对比的策略，既要重视汉语与学习者母语之间的对比，也要重视汉语中离合词和一般动词之间，以及不同离合词之间的对比。

离合词是汉语中比较特殊的现象，其他语言很少有类似的语言表达方式。学习者在学习这种特殊的词语时，常常会不自觉地用自己母语中的词语来对应。比如，母语为英语的学习者在习得像“帮忙”这样的离合词时，很容易将它与英语的“help”相对应。其实，“help”和“帮忙”虽然意思差不多，但用法并不相同：“help”可以直接带宾语，如“I helped him”；而“帮忙”并不能直接带宾语，“我帮忙了他”这个句子不合法。要表达相应的意思，只能将“帮忙”的对象插入离合词之间，如“我帮了他的忙”。母语负迁移的情况在学习者的初级阶段尤为明显。因此，我们要加强汉语与学习者母语之间的对比，帮助学习者明确它们之间的差异，克服母语负迁移带来的影响，从而加深对汉语离合词用法的感知。

除了重视汉语和其他语言的对比，我们更要注意汉语内部离合词和一般动词之间的对比。比如“帮忙”和“帮助”意思相近，但前者是离合词，后者是一般动词，用法很不一样。需要特别注意的是那些看着像离合词，但实际是一般动词的情况。例如：(“——”表示并无相应说法)

① 我担心了很久　　　我操了很多的心
我担心他　　　　　* 我操心他
* 我担他的心　　　　我操他的心
——　　　　　　　我操碎了心
——　　　　　　　你就多操（一）操心吧
——　　　　　　　（我的）心都为他操碎了

表面看来，“担心”和“操心”差不多，似乎都是离合词，但其实二者的句法表现大不一样。“担心”后面可以直接带补语或对象成分，而“操心”只能将这些成分插入中间。而且，“操心”还能重叠，甚至可以将“心”单独离析出来，而“担心”却无相应的用法。因此，“操心”是离合词，而“担心”并不宜看作离合词，它跟一般的及物动词相当。

另外需要注意的是，离合词之间也还存在着分用能力和离析程度的不同。离析程度高的离合词基本可以像自由短语那样使用，中间可以插入各种各样的成分，像“生气”就可以扩展成“生了/过气、生了好几天的/很大的/这种气、生他的气、生什么气、这样的气没必要生”等表达。而离析程度低的离合词的扩展用法就很有限，中间只能插入某种特定的成分，如“闭幕、留意”等只能说“闭了/什么幕、留点儿/什么意”，“关心”就只能说“关什么心”。这就说明，离合词的用法很特殊，而落实到每一个具体的离合词上时，特殊之中又显特殊，需要区别对待，以便减少类推泛化带来的偏误。因此，我们在进行离合词的教学时，要让学生意识到，离合词的离析形式和扩展规则并不能随意类推，否则就会出现新的偏误。为此，我们整理了《汉语国际教育用音节汉字词汇等级划分》中的所有离合词，逐一说明了它们不同的离合情况并进行了归类（见本章附录）。

除了以上需要注意的几个方面外，教师还可以适度地教授离合词在使用上的一些特征或出现条件等，这一点对于中、高级阶段的学习者来说特别重要。比如，有个中级水平的学生在“身体锻炼计划书”中是这么写的：

②？（三）坚持锻炼，每天晚上跑一次步。

就单个句子看来，上面的表达并没有什么问题，但汉语母语者读起来总觉得不是那么地道，似乎将数量短语“一次”放在“跑步”后更合适，即“（三）坚持锻炼，每天晚上跑步一次”。

又比如，一个学生在日记中是这么写的：

③* 吃饭以后，我们回宿舍睡觉了一个小时。

这句的“一个小时”应该插在“睡”和“觉”之间，即“我们回宿舍睡了一个小时的觉”。例②最好不用扩展形式，例③却一定要用扩展形式，这是为什么呢？其实，这是由离合词使用的语体要求决定的。离合词的扩展形式一般用于口语语体，例②的“身体锻炼计划书”是比较正式的书面语体，如果用扩展形式就显得不那么郑重（其实，更恰当的表达是“坚持锻炼，每晚必跑”之类，简洁明了）。也就是说，这里的“跑步”并非离合词的离合用法，而是作为一般的动作，后面的“一次”是对这个动作的计量，如同“锻炼一次”。而例③的日记是口语色彩较重的语体，适合用离合词的扩展形式。

由于离合词独特的构词方式，它在使用上具有复杂的表现，所涉及的语法点关涉到语言使用的诸多方面，而这种复杂程度是一般词语所不具备的。在汉语作为第二语言的词汇教学中，我们要根据学习者的学习特点和规律，在教学过程中将“离”和“合”有机结合起来，使学习者能够输出合法、得体的离合词表达，在交际中自觉、自如地使用好离合词。

附录：《汉语国际教育用音节汉字词汇等级划分》中的离合词

为便于大家对具体的离合词在不同等级中的分布情况有个全面的了解，我们这里将中华人民共和国教育部、国家语言文字工作委员会2010年10月19日发布、2011年2月1日开始实施的语言文字规范（GF0015—2010）《汉语国际教育用音节汉字词汇等级划分》（北京语言大学出版社，2010年）中所有标注为离合词的词项整理了出来。

根据第一节“离合词的内涵和类型”中的说明，我们主要从以下五个方面的扩展来判断离合词的离析程度：

1. 可插入体标记“着、了、过”或趋向动词“起（来）”等（如“洗了澡、洗起澡来”）；

2. 可插入数量短语、形容词短语、指代成分等（如“聊了半个小时的天儿、帮很大的忙、上这个当”）；

3. 可插入虚指成分“什么”（如“睡什么觉”）；

4. 可插入对象成分（如“生他的气”）、致使成分（如“吃了他的亏”）；

5. 后面成分提前（如“这心操起来没完没了”）。

根据这样的思路，我们给下面的离合词进行了标注，满足哪一方面就在后面标出序号。比如，“帮忙”满足了五个方面的要求，那么就将它标注为“帮忙（1，2，3，4，5）”；“关心”只能插入虚指成分“什么”（即“关什么心”），满足第3条，那么就将它标注为“关心（3）”。按照离析程度的不同，我们将标注后的离合词分别归入离析程度高的离合词、离析程度居中的离合词和离析程度低的离合词这三种类型，见下表。

一、离析程度高的离合词（能扩展出五种形式的）

（一）国际汉语教育用一级（初级）离合词

帮忙 bāng//máng（1，2，3，4，5）
放假 fàng//jià（1，2，3，4，5）
见面 jiàn//miàn（1，2，3，4，5）
请客 qǐng//kè（1，2，3，4，5）
伤心 shāng//xīn（1，2，3，4，5）
生气 shēng//qì（1，2，3，4，5）
受伤 shòu//shāng（1，2，3，4，5）
握手 wò//shǒu（1，2，3，4，5）

（二）国际汉语教育用二级（中级）离合词

罢工 bà//gōng（1，2，3，4，5）
辞职 cí//zhí（1，2，3，4，5）
点名 diǎn//míng（1，2，3，4，5）
堵车 dǔ//chē（1，2，3，4，5）
救命 jiù//mìng（1，2，3，4，5）
免费 miǎn//fèi（1，2，3，4，5）
上当 shàng//dàng（1，2，3，4，5）
送礼 sòng//lǐ（1，2，3，4，5）

（三）国际汉语教育用三级（高级）离合词

操心 cāo//xīn（1，2，3，4，5）
超车 chāo//chē（1，2，3，4，5）
吃苦 chī//kǔ（1，2，3，4，5）
吃亏 chī//kuī（1，2，3，4，5）
出丑 chū//chǒu（1，2，3，4，5）
丢脸 diū//liǎn（1，2，3，4，5）
丢人 diū//rén（1，2，3，4，5）
发财 fā//cái（1，2，3，4，5）
发火 fā//huǒ（1，2，3，4，5）
费劲 fèi//jìn（1，2，3，4，5）

会面 huì//miàn（1，2，3，4，5）
赔钱 péi//qián（1，2，3，4，5）
捧场 pěng//chǎng（1，2，3，4，5）
受苦 shòu//kǔ（1，2，3，4，5）
顺心 shùn//xīn（1，2，3，4，5）
提名 tí//míng（1，2，3，4，5）
听话 tīng//huà（1，2，3，4，5）
投票 tóu//piào（1，2，3，4，5）
违约 wéi//yuē（1，2，3，4，5）

（四）国际汉语教育用三级（高级）附录离合词

告状 gào//zhuàng（1，2，3，4，5）
接班 jiē//bān（1，2，3，4，5）
免职 miǎn//zhí（1，2，3，4，5）
闹事 nào//shì（1，2，3，4，5）
死心 sǐ//xīn（1，2，3，4，5）
松绑 sōng//bǎng（1，2，3，4，5）
算账 suàn//zhàng（1，2，3，4，5）
泄气 xiè//qì（1，2，3，4，5）
沾光 zhān//guāng（1，2，3，4，5）

二、离析程度居中的离合词（能扩展出三到四种形式的）

（一）国际汉语教育用一级（初级）离合词

报到 bào//dào（1，2，3）
报名 bào//míng（1，2，3，5）
出国 chū//guó（1，2，3，5）
出门 chū//mén（1，2，3，5）
出院 chū//yuàn（1，3，5）
打车 dǎ//chē（1，2，3，5）
打工 dǎ//gōng（1，2，3，5）
读书 dú//shū（1，2，3，5）
发言 fā//yán（1，2，3）
放心 fàng//xīn（1，3，5）
放学 fàng//xué（1，3，5）
干杯 gān//bēi（1，2，3，5）
过年 guò//nián（1，2，3，5）
讲话 jiǎng//huà（1，2，3，5）
结婚 jié//hūn（1，2，3，5）
开车 kāi//chē（1，2，3，5）
开会 kāi//huì（1，2，3，5）
开机 kāi//jī（1，2，3，5）
看病 kàn//bìng（1，2，3，5）
考试 kǎo//shì（1，2，3，5）
离婚 lí//hūn（1，2，3，5）
留学 liú//xué（1，2，3）
排队 pái//duì（1，2，3，5）
排名 pái//míng（1，2，3，5）
请假 qǐng//jià（1，2，3，5）
入门 rù//mén（1，2，3，5）
上班 shàng//bān（1，2，3，5）
上课 shàng//kè（1，2，3，5）
上网 shàng//wǎng（1，2，3，5）
上学 shàng//xué（1，2，3，5）

生病 shēng//bìng（1，2，3，5）
睡觉 shuì//jiào（1，2，3，5）
说话 shuō//huà（1，2，3，5）
谈话 tán//huà（1，2，3，5）
跳舞 tiào//wǔ（1，2，3，5）
停车 tíng//chē（1，2，3，5）
通信 tōng//xìn（1，2，3，5）
洗澡 xǐ//zǎo（1，2，3，5）
下班 xià//bān（1，2，3，5）
下课 xià//kè（1，3，5）
休假 xiū//jià（1，2，3，5）
有名 yǒu//míng（1，3，5）
招手 zhāo//shǒu（1，2，3，5）
着急 zháo//jí（1，2，3）
走路 zǒu//lù（1，2，3，5）

（二）国际汉语教育用二级（中级）离合词

搬家 bān//jiā（1，2，3，5）
办事 bàn//shì（1，2，3，5）
报警 bào//jǐng（1，2，3，5）
毕业 bì//yè（1，3，5）
变形 biàn//xíng（1，2，3，5）
补课 bǔ//kè（1，2，3，5）
吵架 chǎo//jià（1，2，3，5）
炒股 chǎo//gǔ（1，2，3，5）
吃惊 chī//jīng（1，2，3）
充电 chōng//diàn（1，2，3，5）
抽奖 chōu//jiǎng（1，2，3，5）
出差 chū//chāi（1，2，3）
出名 chū//míng（1，2，3，5）
出事 chū//shì（1，2，3，5）
打包 dǎ//bāo（1，2，3，5）
打架 dǎ//jià（1，2，3，5）
打雷 dǎ//léi（1，2，3，5）
打折 dǎ//zhé（1，2，3，5）
打针 dǎ//zhēn（1，2，3，5）
倒车 dǎo//chē（1，2，3，5）
倒车 dào//chē（1，2，3，5）
道歉 dào//qiàn（1，2，3，5）
登山 dēng//shān（1，2，3）
低头 dī//tóu（1，2，3，5）
定位 dìng//wèi（1，2，3，4）
动手 dòng//shǒu（1，2，3）
发电 fā//diàn（1，2，3，5）
发病 fā//bìng（1，2，3，5）
发怒 fā//nù（1，2，3，5）
发烧 fā//shāo（1，2，3，5）
犯规 fàn//guī（1，2，3，5）
犯罪 fàn//zuì（1，2，3，5）
分类 fēn//lèi（1，2，3，5）
分手 fēn//shǒu（1，2，3，5）
鼓掌 gǔ//zhǎng（1，2，3）
汇款 huì//kuǎn（1，2，3，5）
及格 jí//gé（1，2，3）
加班 jiā//bān（1，2，3，5）
减肥 jiǎn//féi（1，2，3，5）
讲课 jiǎng//kè（1，2，3，5）
降价 jiàng//jià（1，2，3，5）
降温 jiàng//wēn（1，2，3，5）

尽力 jìn//lì（1，2，3）
敬礼 jìng//lǐ（1，2，3）
救灾 jiù//zāi（1，2，3，5）
绝望 jué//wàng（1，3，4）
开花 kāi//huā（1，2，3，5）
理发 lǐ//fà（1，2，3，5）
聊天儿 liáo//tiānr（1，2，3，5）
留言 liú//yán（1，2，3，5）
录像 lù//xiàng（1，2，3，5）
纳税 nà//shuì（1，2，3，5）
拍照 pāi//zhào（1，2，3，5）
跑步 pǎo//bù（1，2，3，5）
配套 pèi//tào（1，2，3）
破产 pò//chǎn（1，2，3）
签名 qiān//míng（1，2，3，5）
签约 qiān//yuē（1，2，3，5）
签字 qiān//zì（1，2，3，5）
让座 ràng//zuò（1，2，3，5）
入学 rù//xué（1，2，3）
散步 sàn//bù（1，2，3，5）
上门 shàng//mén（1，2，3，4）
上台 shàng//tái（1，2，3，5）
升级 shēng//jí（1，2，3）
失业 shī//yè（1，2，3）
识字 shí//zì（1，2，3，5）
使劲 shǐ//jìn（1，2，3，5）
受灾 shòu//zāi（1，2，3）
送行 sòng//xíng（1，2，3）
随意 suí//yì（1，3，4）
抬头 tái//tóu（1，2，3，5）
叹气 tàn//qì（1，2，3）
通话 tōng//huà（1，2，3，5）
退票 tuì//piào（1，2，3，5）
违法 wéi//fǎ（1，2，3，5）
违规 wéi//guī（1，2，3，5）
消毒 xiāo//dú（1，2，3）
摇头 yáo//tóu（1，2，3，5）
应急 yìng//jí（1，2，3）
有劲儿 yǒu//jìnr（1，2，3，5）
值班 zhí//bān（1，2，3）
中毒 zhòng//dú（1，2，3，4）
中奖 zhòng//jiǎng（1，2，3，5）
注册 zhù//cè（1，2，3，5）
做客 zuò//kè（1，2，3）
做梦 zuò//mèng（1，2，3，5）

（三）国际汉语教育用三级（高级）离合词

把关 bǎ//guān（1，2，3，5）
拜年 bài//nián（1，2，3，5）
颁奖 bān//jiǎng（1，2，3，5）
报仇 bào//chóu（1，2，3，5）
曝光 bào//guāng（1，3，4）
表态 biǎo//tài（1，2，3）
插嘴 chā//zuǐ（1，2，3）
超标 chāo//biāo（1，2，3，5）
逞能 chěng//néng（1，2，3）
逞强 chěng//qiáng（1，2，3）
抽签 chōu//qiān（1，2，3，5）
出境 chū//jìng（1，2，3）

出局 chū//jú（1，2，3）
出手 chū//shǒu（1，2，3）
出头 chū//tóu（1，2，3，4）
串门儿 chuàn//ménr（1，2，3，4）
打仗 dǎ//zhàng（1，2，3，5）
带路 dài//lù（1，2，3，5）
带头 dài//tóu（1，2，3，5）
怠工 dài//gōng（1，2，3）
捣乱 dǎo//luàn（1，2，3，4）
倒霉 dǎo//méi（1，2，3）
点火 diǎn//huǒ（1，2，3，5）
掉头 diào//tóu（1，2，3，5）
订婚（定婚）dìng//hūn（1，2，3，5）
懂事 dǒng//shì（1，2，3）
动工 dòng//gōng（1，2，3，5）
夺魁 duó//kuí（1，2，3，5）
发愁 fā//chóu（1，2，3，4）
发热 fā//rè（1，2，3）
发誓 fā//shì（1，2，3，5）
分红 fēn//hóng（1，2，3，4）
挂号 guà//hào（1，2，3，5）
拐弯 guǎi//wān（1，2，3，5）
过关 guò//guān（1，2，3，5）
过节 guò//jié（1，2，3，5）
过境 guò//jìng（1，2，3）
过期 guò//qī（1，3，5）
过瘾 guò//yǐn（1，2，3，5）
合影 hé//yǐng（1，2，3）
喝彩 hè//cǎi（1，2，3，4）
化妆 huà//zhuāng（1，2，3，5）
怀孕 huái//yùn（1，2，3）
灰心 huī//xīn（1，2，3）
集邮 jí//yóu（1，2，3）
忌口 jì//kǒu（1，2，3）
减速 jiǎn//sù（1，2，3，5）
叫好 jiào//hǎo（1，2，3，5）
较劲 jiào//jìn（1，2，3，4）
结果 jiē//guǒ（1，2，3，5）
解围 jiě//wéi（1，2，3，4）
就职 jiù//zhí（1，2，3）
就座 jiù//zuò（1，2，3）
举例 jǔ//lì（1，2，3，5）
开场 kāi//chǎng（1，2，3，5）
开工 kāi//gōng（1，2，3，5）
开口 kāi//kǒu（1，2，3，5）
旷课 kuàng//kè（1，2，3，5）
离职 lí//zhí（1，2，3，5）
联网 lián//wǎng（1，2，3，5）
亮相 liàng//xiàng（1，2，3）
留神 liú//shén（1，2，3）
留心 liú//xīn（1，2，3）
留意 liú//yì（1，2，3）
露面 lòu//miàn（1，2，3，5）
落户 luò//hù（1，2，3，5）
冒险 mào//xiǎn（1，2，3，5）
没准儿 méi//zhǔnr（1，2，3，5）
迷路 mí//lù（1，2，3）
命名 mìng//míng（1，2，3）
命题 mìng//tí（1，2，3，5）
纳闷儿 nà//mènr（1，2，3）
念书 niàn//shū（1，2，3，5）
扭头 niǔ//tóu（1，2，3，5）

拍戏 pāi//xì（1，2，3，5）
配音 pèi//yīn（1，2，3，5）
拼命 pīn//mìng（1，2，3，5）
破案 pò//àn（1，2，3，5）
铺路 pū//lù（1，2，3，5）
起草 qǐ//cǎo（1，2，3）
牵头 qiān//tóu（1，2，3，5）
让步 ràng//bù（1，2，3，5）
认错 rèn//cuò（1，2，3，5）
任职 rèn//zhí（1，2，3）
如意 rú//yì（1，3，4）
撒谎 sā//huǎng（1，2，3，5）
扫墓 sǎo//mù（1，2，3，5）
扫兴 sǎo//xìng（1，3，4）
杀毒 shā//dú（1，2，3，5）
上场 shàng//chǎng（1，2，3，5）
上岗 shàng//gǎng（1，2，3，5）
上任 shàng//rèn（1，2，3）
上山 shàng//shān（1，2，3，5）
上瘾 shàng//yǐn（1，2，3）
伸手 shēn//shǒu（1，2，3，5）
省事 shěng//shì（1，2，3，5）
施工 shī//gōng（1，2，3）
受过 shòu//guò（1，2，3）
受害 shòu//hài（1，2，3，4）
受贿 shòu//huì（1，2，3，4）
受骗 shòu//piàn（1，2，3，4）
输血 shū//xuè（1，2，3，5）
输液 shū//yè（1，2，3，5）
说谎 shuō//huǎng（1，2，3，5）
诉苦 sù//kǔ（1，2，3，5）
遂心 suì//xīn（1，2，3，4）
缩水 suō//shuǐ（1，2，3）
探亲 tàn//qīn（1，2，3，5）
探险 tàn//xiǎn（1，2，3）
讨好 tǎo//hǎo（1，2，3，4）
提速 tí//sù（1，2，3）
跳伞 tiào//sǎn（1，2，3）
停业 tíng//yè（1，2，3，5）
通车 tōng//chē（1，2，3，5）
偷懒 tōu//lǎn（1，2，3，5）
退学 tuì//xué（1，2，3）
违章 wéi//zhāng（1，2，3）
吸毒 xī//dú（1，2，3，5）
熄火 xī//huǒ（1，2，3，5）
下岗 xià//gǎng（1，2，3）
下令 xià//lìng（1，2，3，5）
下手 xià//shǒu（1，2，3）
下台 xià//tái（1，2，3，5）
下乡 xià//xiāng（1，2，3）
吓人 xià//rén（1，2，3，5）
像样 xiàng//yàng（1，2，3）
携手 xié//shǒu（1，3，4）
宣誓 xuān//shì（1，2，3）
演戏 yǎn//xì（1，2，3，5）
要命 yào//mìng（1，3，4，5）
用餐 yòng//cān（1，2，3）
用力 yòng//lì（1，2，3，5）
用人 yòng//rén（1，2，3，5）
眨眼 zhǎ//yǎn（1，2，3，5）
招标 zhāo//biāo（1，2，3，5）
着火 zháo//huǒ（1，2，3，5）

助威 zhù//wēi（1，2，3，4）
转身 zhuǎn//shēn（1，2，3）
转弯 zhuǎn//wān（1，2，3，5）
转学 zhuǎn//xué（1，2，3）
作弊 zuò//bì（1，2，3，5）
作客 zuò//kè（1，2，3）

（四）国际汉语教育用三级（高级）附录离合词

碍事 ài//shì（1，3，4）
熬夜 áo//yè（1，2，3）
备课 bèi//kè（1，2，3，5）
避难 bì//nàn（1，2，3）
避暑 bì//shǔ（1，2，3）
猜谜 cāi//mí（1，2，3，5）
采矿 cǎi//kuàng（1，2，3，5）
插手 chā//shǒu（1，2，3）
吵嘴 chǎo//zuǐ（1，2，3）
成家 chéng//jiā（1，2，3，5）
出厂 chū//chǎng（1，2，3，5）
出山 chū//shān（1，2，3，5）
吹牛 chuī//niú（1，2，3，5）
打岔 dǎ//chà（1，2，3，4）
打盹儿 dǎ//dǔnr（1，2，3）
打猎 dǎ//liè（1，2，3）
垫底儿 diàn//dǐr（1，2，3，5）
掉队 diào//duì（1，2，3，5）
夺冠 duó//guàn（1，2，3）
发愣 fā//lèng（1，2，3）
翻番 fān//fān（1，2，3）
犯愁 fàn//chóu（1，2，3，5）
放水 fàng//shuǐ（1，2，3，5）
分赃 fēn//zāng（1，2，3，5）
改版 gǎi//bǎn（1，2，3，5）
搞鬼 gǎo//guǐ（1，2，3，4）
会诊 huì//zhěn（1，2，3）
讲学 jiǎng//xué（1，2，3）
交锋 jiāo//fēng（1，2，3）
叫板 jiào//bǎn（1，2，3，4）
鞠躬 jū//gōng（1，2，3，5）
亏本 kuī//běn（1，2，3，5）
立功 lì//gōng（1，2，3，5）
咧嘴 liě//zuǐ（1，2，3，5）
拍板 pāi//bǎn（1，2，3，5）
求婚 qiú//hūn（1，2，3，5）
取经 qǔ//jīng（1，2，3，5）
失恋 shī//liàn（1，2，3）
受惊 shòu//jīng（1，2，3，4）
摔跤 shuāi//jiāo（1，2，3，5）
说情 shuō//qíng（1，2，3）
送别 sòng//bié（1，2，3）
跳槽 tiào//cáo（1，2，3）
投稿 tóu//gǎo（1，2，3）
透气 tòu//qì（1，2，3，5）
脱身 tuō//shēn（1，2，3）
下海 xià//hǎi（1，2，3）
泄密 xiè//mì（1，2，3，4）
心慌 xīn//huāng（1，2，3）
遇险 yù//xiǎn（1，2，3，5）
遭殃 zāo//yāng（1，2，3，4）
扎根 zhā//gēn（1，2，3，5）

着迷 zháo//mí（1，2，3，4）
争光 zhēng//guāng（1，2，3，4）
争气 zhēng//qì（1，2，3，4）
壮胆 zhuàng//dǎn（1，2，3，4）
追尾 zhuī//wěi（1，2，3）
奏效 zòu//xiào（1，2，3）
作对 zuò//duì（1，2，3）

三、离析程度低的离合词（仅能扩展出一到两种形式的）

（一）国际汉语教育用一级（初级）离合词

出口 chū//kǒu（1，3）
告别 gào//bié（1，3）
关心 guān//xīn（3）
害怕 hài//pà（3）
加工 jiā//gōng（1，3）
加油 jiā//yóu（1，3）
进口 jìn//kǒu（3）
就业 jiù//yè（1，3）
开学 kāi//xué（1，3）
开业 kāi//yè（1，3）
领先 lǐng//xiān（3）
落后 luò//hòu（3）
没事儿 méi//shìr（2，3）
起床 qǐ//chuáng（1，3）
听讲 tīng//jiǎng（3）
招生 zhāo//shēng（1，3）
注意 zhù//yì（2，3）

（二）国际汉语教育用二级（中级）离合词

爱国 ài//guó（3，5）
办公 bàn//gōng（1，3）
保密 bǎo//mì（1，3）
闭幕 bì//mù（1，3）
成交 chéng//jiāo（3）
出场 chū//chǎng（1，3）
出面 chū//miàn（1，3）
出台 chū//tái（3）
出席 chū//xí（1，3）
担心 dān//xīn（3）
登记 dēng//jì（1，3）
分工 fēn//gōng（1，3）
过分 guò//fèn（3）
加热 jiā//rè（1，3）
开幕 kāi//mù（1，3）
理财 lǐ//cái（1，3）
上市 shàng//shì（1，3）
讨厌 tǎo//yàn（3，4）
提醒 tí//xǐng（3）
挑战 tiǎo//zhàn（3）
晚点 wǎn//diǎn（3）
养老 yǎng//lǎo（3，4）
增产 zēng//chǎn（1，3）
走私 zǒu//sī（1，3）

（三）国际汉语教育用三级（高级）离合词

保暖 bǎo//nuǎn（3）
报废 bào//fèi（1，3）
变质 biàn//zhì（1，3）
出道 chū//dào（1，3）
出土 chū//tǔ（1，3）
当面 dāng//miàn（1，3）
到位 dào//wèi（1，3）
登陆 dēng//lù（1，3）
定居 dìng//jū（1，3）
动身 dòng//shēn（1，3）
多心 duō//xīn（2，3）
发酵 fā//jiào（1，3）
感恩 gǎn//ēn（3，4）
管用 guǎn//yòng（3）
过头 guò//tóu（1，3）
过硬 guò//yìng（3）
害羞 hài//xiū（1，3）
还原 huán//yuán（1，3）
建交 jiàn//jiāo（1，3）
接轨 jiē//guǐ（1，3）
介意 jiè//yì（3）
经商 jīng//shāng（1，3）
就医 jiù//yī（1，3）
就诊 jiù//zhěn（1，3）
开张 kāi//zhāng（3）
落地 luò//dì（1，3）
募捐 mù//juān（1，3）
缺席 quē//xí（1，3）
忍心 rěn//xīn（1，3）
入境 rù//jìng（1，3）
丧生 sàng//shēng（3）
上火 shàng//huǒ（1，3）
升学 shēng//xué（1，3）
生效 shēng//xiào（1，3）
失利 shī//lì（1，3）
失眠 shī//mián（1，3）
失明 shī//míng（1，3）
失效 shī//xiào（1，3）
失踪 shī//zōng（1，3）
淘气 táo//qì（1，3）
退役 tuì//yì（1，3）
完蛋 wán//dàn（1，3）
遇难 yù//nàn（1，3）
在意 zài//yì（3）
致辞 zhì//cí（1，3）

（四）国际汉语教育用三级（高级）附录离合词

参军 cān//jūn（1，3）
错位 cuò//wèi（1，3）
复原 fù//yuán（1，3）
搁浅 ge//qiǎn（1，3）
挂失 guà//shī（1，3）
害臊 hài//sào（1，3）
离谱儿 lí//pǔr（1，3）
没辙 méi//zhé（1，3）

脱节 tuō//jié（1，3）　　照办 zhào//bàn（3，4）

心酸 xīn//suān（1，3）　　止步 zhǐ//bù（1，3）

逾期 yú//qī（1，3）

【思考与练习八】

一、指出下面哪些是离合词，哪些不是离合词，并说出判断的理由。

打工	打扫	游泳	游览	洗澡	洗礼
动工	动员	打针	注射	发财	理财
帮忙	帮助	注意	留心	结束	闭幕
办事	办理	汇款	汇报	出行	出门

二、把括号里的词语填入句中合适的位置。

1. 因为小明不洗 A 澡，妈妈很生 B 气 C。（他的）
2. 爸爸让孩子们放 A 假 B 就去旅 C 行 D。（了）
3. 说到伤心 A 处，他叹了 B 一口 C 气 D。（长长的）
4. 我最近才听说 A 他们 B 以前曾经吵 C 架 D。（过）
5. 他没有 A 给 B 别人帮 C 忙 D。（过）
6. 我抬 A 头一看，只见玛丽唱 B 歌 C 走 D 过来了。（着）
7. 我去 A 的时候，他正 B 睡 C 觉 D 呢。（着）
8. 我和他是去年在一个舞会上见 A 面 B，从那以后就一直有联系 C。（的）
9. A 我和她聊 B 了 C 天儿 D。（半个小时的）
10. 阿里游 A 泳 B 就去 C 图书馆 D 了。（完）
11. 爷爷每天 A 都 B 散 C 步 D。（两次）
12. 他 A 毕 B 业就 C 出 D 国了。（了）

三、辨析词语，并选择正确答案填入下面的句子中。

1. 聊天儿、闲谈

　a. 他们（　　）了一会儿，就分头走了。

　b. 他们在里面（　　）了一个小时的（　　），还没出来。

2. 测试、考试

　a. 这周（　　）完（　　），我就可以好好玩一玩了。

　b. 我们每周五都要（　　）汉语听力。

3. 道歉、抱歉

a. 来晚了，很（　　）。

b. 他把花瓶打碎了，赶紧跟女主人（　　）了（　　）。

4. 帮、帮助、帮忙

a. 如果你需要（　　），我可以（　　）你。

b. 谢谢你（　　）我的（　　）。

c. 我可以（　　）你做这件事。

5. 感谢、谢谢、道谢

a. 我很（　　）他，因为他帮了我很大的忙。

b.（　　）您给了我这个机会。

c. 对于这个好意，我再一次向她（　　）了（　　）。

四、选择正确的表达填空。

1. 我们上周哪儿也没去，因为（　　）。

A. 下雨了四五天　　B. 下了四五天的雨

2. 这次口语我（　　）。

A. 考得不太好　　B. 考试得不太好

3.（　　），现在才七点，我们不会迟到的。

A. 你着急什么　　B. 你着什么急

4. 他（　　）就去看电影了。

A. 下了课　　B. 下课了

5. 她一回家就（　　）。

A. 洗起澡来　　B. 洗澡起来

6. 刚吃完饭，我们出去（　　）吧。

A. 走走路　　B. 走路走路

五、以下是母语为非汉语的学习者在使用离合词时出现的偏误。请你指出偏误之处并进行修改。

1. 你开会完了吗?

2. 请代我问好你的父母亲。

3. 她结过婚两次。

4. 我帮忙了一个朋友。

5. 我想教他们日语，帮他们的助。

6. 他生气起来，说话的声音很大。

7. 这件事是我做得不对，我已经道歉过她了。

8. 一想到明天要考试了，我就睡觉不着了。

9. 他离了婚他的妻子。

10. 他一听，吃了大一惊。

六、下面是一位中级水平的美国学生写的一篇小作文，请你看看他对离合词的掌握情况。如果有偏误，请指出来，并提出具体的修改建议。

今天我八点起床了。起床以后我就洗澡了半个小时。我一开门就见面了我的同屋。他好像很生气，所以我就问他："你怎么了？你生气谁呢？是不是昨天你跟谁吵架过啊？"他对我说："如果跟谁吵架过就好了，不用现在这样麻烦。你知道吗，昨天的作业我还没做完，还有我只两个小时睡觉！我非常痛苦。"我跟他说："你着急什么，别担心，有什么事要帮忙你吗？"他问："你可以帮忙我吗？"我说："当然了！"他说："我要放松一下，你能跟我散步散步吗？"我对他说："我吃饭五分钟，吃饭完我就跟你去。"

七、梁老师这学期教的是高级水平的留学生。她发现，大部分留学生已经意识到离合词不同于一般的动词，但仅仅对离合词不能带宾语比较敏感，对于其扩展形式却很少使用。比如，学生很少再犯"我结婚了女朋友"这样的偏误，但他们仍不会使用下面这样的句子形式：

我弟弟是去年结的婚。

我没有钱，结什么婚？

学生会表达成：

*我弟弟是去年结了婚。

？我没有钱，不结婚。

梁老师不知道该怎么样处理这种问题。请你帮梁老师想想办法，该如何帮助学生输出地道的离合词表达。

第九章
易混淆词及其教学

在学习母语词语和第二语言的词语时，我们常常有不同的体会：对于母语中的词语，我们往往“习焉不察”，即便对那些有着细微差异的近义词，如“帮助—帮忙、忽然—突然”等，虽然可能说不清楚它们的差别，但一般不会用错。可是，在学习第二语言的词语时，就需要全面了解和掌握它们的读音、意义、用法等多种信息，并且需要跟意义相近、用法类似、语音相同或相近，甚至写法相似的其他词语区分开来。这其中哪一点掌握得不到位，都有可能出现词语误用的情况。

在词汇学习中，母语为非汉语的学习者由于缺乏汉语语感或受其母语词汇的影响，常常混淆具有某种联系（如义近、音近或形近）的汉语词语的关系和用法，甚至也混淆某些音、形、义相距甚远的词语。本章从母语为非汉语的学习者的角度出发，主要介绍他们在汉语词汇学习中的词语混淆现象，说明词语混淆背后的原因，并提出相应的辨析和教学对策。[①]

第一节　易混淆词的内涵

一、易混淆词的内涵

混淆作为第二语言词汇学习过程中的一种普遍现象，指的是学习者在既学过甲词又学过乙词的情况下，不清楚何时该使用甲词，何时该使用乙词，由此而产生误用的现象。有了这样的认识，易混淆词也就不难理解了。所谓“**易混淆词**”，指的是学习者在理解和使用目标语词语的过程中经常混淆的词语类聚。例如：

① a.*继续了二十年的努力，终于开设了一家日本菜馆，现在生意不错。[②]

① 本章较多地吸收了张博教授及其研究团队关于易混淆词的研究成果，谨此致谢。

② 对本章中的偏误例句，我们只分析其中由易混淆词造成的偏误，句中其他偏误不做处理。

b.* 她的病无药可救了，十分痛苦，那么持续活着有什么用呢？

学习者在该用“持续”的地方用了“继续”，在该用“继续”的地方用了“持续”，混淆了二者的意义和用法，“继续—持续”就是一组易混淆词。

词语习得时，有的误用是某个学习者偶发的现象，或者是由词汇量不足等原因造成的，具有个例性质，这时不宜看作易混淆词偏误，也即易混淆词偏误是众多学习者经常出现的普遍性偏误。例如：

② a.* 我上大学期间对文化和名胜古迹很感兴趣，所以用节假日去别的地方游行。（韩国）

b.* 我从小就听父亲说游行的美好记忆。（日本）

c.* 那时我通过游行公司报名到语言学院。（印度尼西亚）

d.* 每个人来中国的目的不同，有的来游行，有的来谈生意，还有不少外国人来学习。（哈萨克斯坦）

e.* 我很喜欢出去游行。（克罗地亚）

不同语言背景下的学习者在当用“旅行”时普遍误用成“游行”，“旅行—游行”是一组易混淆词。

需要说明的是，一般说易混淆词，不仅包括词语的混淆使用，还包括短语或语素方面出现混用的情况，如“不料（词）—没想到（短语）”的混用、“练（语素，如‘练习’中的‘练’）—炼（语素，如‘修炼’中的‘炼’）”的混用。不过，由于词与词之间的混淆是其中最普遍、最常见的，因此教学中常用“易混淆词”这个说法来概括所有类型。

二、易混淆词和同义词的区别

第五章“同义词和反义词”中介绍了同义词的情况。同义词指意义相同或相近的一组词。那么，易混淆词跟同义词有什么区别呢？

易混淆词和同义词有重合的地方，有不少易混淆词本身就是同义词，如“参观—访问、爱好—兴趣、希望—愿望、觉得—认为—以为、知道—明白—了解—理解”等。

不过，易混淆词和同义词也有不同的地方。一方面，有的易混淆词并不是同义词。易混淆词除了由意义相近引起的混淆，还有其他方面（如语音、汉字）引起的混淆，后者均不属于同义词的范围。例如：

①* 这些都是我的注意而已。

②* 我高高兴兴地付了十元钱，匆忙地住医院跑。

例①该用“主意”而误用成了“注意”，二者语音相近，词义相差很远；例②该用“往”而误用成“住”，二者字形相近，意义没有什么联系。以上混淆用例都不是同义词，但它们也是易混淆词。

另一方面，有的同义词并不存在混淆问题。像“遗址—旧址、期限—时限、张望—瞭望、受伤—挂彩、嘹亮—响亮、谦虚—谦逊、一刹那—霎时间”等同义词，虽然大多数同义词词典里都有收录，但母语为非汉语的学习者很少用到这些词，也就谈不上混淆。

可见，易混淆词和同义词的观察视角不一样：易混淆词是站在二语学习者的角度，针对他们在学习第二语言过程中难以分辨的词语关系而划分出来的词语聚合；而同义词是从词汇系统和词语本身的意义的角度归纳出来的词语聚合。由于站在学习者的角度来看问题，易混淆词的内涵和类型都跟同义词有所不同，这是我们在实际教学中需要注意的。

第二节　易混淆词的偏误表现

学习者在词汇学习时发生混淆，既有可能是由于他们对汉语词语的音、形、义等各方面的信息掌握得还不够到位，也有可能是受自身母语的影响。就混淆的方向而言，易混淆词有双向误用的情况（两个词语之间互相混淆），也有单向误用的情况（一方误用作另一方）。本节为了说明的方便，多选取一些双向误用的易混淆词来进行说明。

一、由词语本身的音、形、义等关系而产生的混淆

（一）音同音近混淆

音同音近混淆指的是学习者将语音相同或相近的词混同使用而造成的混淆。例如：

①友（yǒu）—有（yǒu）

a.* 除了中国朋友我还友很多外国朋友。（应为“有”）

b.* 我在这里有很多外国朋有。（应为“友”）

②只（zhī）—支（zhī）—只（zhǐ）

a.* 无论是男孩还是女孩，我的所有的同班同学休息的时候都出去抽一只烟。（应为“支”）

b.* 特别是如果那些辞职回家支做家事，看孩子，但却被丈夫抛弃的妇女，她们的生活更加可悲，受到很大的伤害。（应为“只 [zhǐ]”）

例①句中的“友（yǒu）—有（yǒu）”是纯粹的音同混淆，二者在意义和用法上没有关联。例②a 句的“只（zhī）”和“支（zhī）”也是音同混淆，但这种混淆与二者都做量词使用相关，语义上也有一定的关联。b 句应用副词“只（zhǐ）”，与误用词“支（zhī）”是音近混淆。之所以出现这样的混用，还与副词“只（zhǐ）”和量词“只（zhī）”同形，而“只（zhī）”又跟“支（zhī）”存在混用的情况相关。学习者在初级阶段，由于水平有限，对词形又不够熟悉，容易受到语音的诱导而产生这类混淆。

纯粹的同音混淆比较少，很多音同易混淆词在意义上比较接近。例如：

③ 权力—权利

a.* 但是有的吸烟者强调吸烟者的权力，却没有考虑非吸烟者的权力。（应为“权利”）

b.* 他们当中，有的也许是为了金钱、权利才结合在一起。（应为“权力”）

“权力—权利”是同音词，也是近义词，即便是汉语母语者，也时有错误发生。两者虽都含有“权”，但语义侧重点并不一样：“权力”语义侧重“力”，指某种强制或支配力量，是向外作用的力量；而“权利”语义侧重“利”，多指人所享受的利益，是有益自身的好处。音同且义近，比单纯的音同更容易给学习者造成干扰。

（二）形近混淆

形近混淆指的是学习者因汉字字形相似产生误读误用而造成的混淆。例如：

① 更—便

a.* 这无形中也让双方便了解。（应为“更”）

b.* 记得在兄弟姐妹当中，我可以说是最容易染病的，不是咳嗽更是伤风感冒，再不然更是一些古里古怪的病痛。（应为“便”）

② 很—跟—得

a.* 如果有客人来中国，我常常很他们一起听流行歌曲。（应为“跟”）

b.* 直到现在我跟感谢你们照顾我，对我爱得很深。（应为“很”）

c.* 但有了这样的措施，我的烟抽很越来越少。（应为“得”）

d.* 好在还来得及，得幸运参加华侨大学集美华文院汉语教育系的专科自学考试。（应为“很”）

“更—便”“很—跟—得”这两组词，在意义上毫无关联，但汉字字形相近，在初级阶段，学习者往往因其书写形式相近而误用。

有些词不仅字形接近，还是同音，初学汉语的人就更容易混淆了。例如：

③ 分辨—分辩

a.* 然而，在成长的过程中应该分辩父母的优点和缺点，并且自己去社会上积累经验，这样做才能成为一个成熟而独立的人。(应为“分辨”)

b.* 别人说他很多坏话，他没有分辨。(应为“分辩”)

“分辨”的意思是辨别，即分清事物的区别、好坏等；而“分辩”表示辩白或辩解，即说明自己没有错。二者意义虽不一样，但音同形近，即便是汉语母语者，有时也容易混淆。

跟音同混淆一样，形近混淆也大多发生在初学者身上。随着他们语音水平和汉字书写能力的提高，这两种混淆会逐渐减少。

（三）义近混淆

义近混淆指的是学习者将意义相近的词语混同使用而造成的混淆。义近混淆是词语混淆中数量最多、最常见的一种类型。例如：

① 尊敬—尊重

a.* 老人应该了解一点，这是年轻人的文化生活，应该要尊敬他们的流行文化。(应为“尊重”)

b.* 尊重的各位领导，我是92年刚刚毕业的大学生，姓×名××。(应为“尊敬”)

“尊敬—尊重”都有“以恭敬的态度对待人”的意思，但“尊敬”在语义上侧重“敬”，即态度的恭敬，多用于下对上、幼对长；“尊重”侧重“重”，即对人或对事的重视。学习者对这两个词的语义侧重不了解而导致了混淆。

② 性命—生命

a.* 这棵树的性命很顽强。(应为“生命”)

b.* 体操运动员的运动性命是很短的，所以，要为他们的将来考虑。(应为“生命”)

“性命”和“生命”的语义范围不同。“性命”只能指人和动物的生命，但“生命”既可以指人，也可以指动植物，还可以指其他事物，且具有比喻义，因此远远大于“性命”所指的范围。学习者对这两个词的语义范围不甚了解而导致了混淆。

③ 忍不住—受不了

a.* 我心里很着急，受不了哭起来了。（应为“忍不住”）

b.* 我最忍不住的事就是一个人待在没有声音的房间里。（应为“受不了”）

“忍不住”和“受不了”在意义上很接近，都表示“不能忍受”的意思。如果后面不接成分，二者可以互换，如“最后，他们再也忍不住/受不了了”。但如果有后接成分，二者的搭配条件是不一样的。“忍不住”后面一般跟动词或动词性结构，如“忍不住大叫了几声”；“受不了”之后一般接名词或名词性结构，如“我受不了这儿干燥的气候”。a 句的“哭起来了”是动词性结构，应该用“忍不住”；b 句中的“事”（即指“一个人待在没有声音的房间里”）是名词性结构，应该用“受不了”。学习者对搭配条件不了解而导致了混淆。

④ 出生—诞生

a.* 这天，两千多年以前一个很重要的人叫“耶稣”出生了。（应为“诞生”）

b.* 而且，刚刚诞生的人，好像白色的纸一样，任何思想、个性都没有。（应为“出生”）

“出生—诞生”都有“（人）生出来”的意思，但二者的指称对象和语体色彩不同。“诞生”一般用来尊称重要人物的出生或新生事物的出现，具有书面语色彩，而“出生”则没有这种色彩。学习者没有区别语体色彩而导致了混淆。

可见，义近易混淆词虽然在意义上很接近，但在语义侧重、范围大小、搭配、附加色彩等方面有着细微的差别。这些细微之处很难为母语为非汉语的学习者所感知和体会，混淆的可能性很大，辨析的难度也很大。实际上，任何人在学习母语之外的第二语言时，在经过能读、会写的初级阶段之后，很大一部分精力都是花在区分意义相近的那些词上的。

需要注意的是，如果两个词在音、形、义上相近的因素越多，如存在同音近形、同音近义、近形近义等各种交叉的情况，这时需要分辨的地方就越复杂，混淆的概率也就越大。

二、由母语负迁移而产生的混淆

由母语负迁移而产生的混淆主要包括对译混淆、同形混淆、方言词混淆这三种情况。

（一）对译混淆

对译混淆指的是学习者受母语的影响，将母语中的某个词与汉语中的某个（或几个）词对应起来而产生的混淆。例如：

love：爱情—爱—爱心—关爱—恩情—感情

a.* 其实，我小时候很少表现对父母的爱情，而且很内向，行动很消极。（应为“爱”）

b.* 我希望世界上的人都有这样的爱情。（应为“爱心”）

c.* 我认为孩子还是需要父亲的爱情。（应为“关爱 / 爱”）

d.* 为了报答你们对我的爱情，我一定会坚持不懈地认真学习。（应为“恩情”）

e.* 鲁迅先生的作品的特点是对中国和中国人民的深深的爱情以及特别优秀的文学技法。（应为“感情”）

“爱情—爱—爱心—关爱—恩情—感情”等词语虽然都跟“爱”有关，但它们在“爱”的具体含义和指称对象上并不一样，学习者如果对它们之间的差别掌握不到位，就有可能引起义近混淆。不过，这也有可能是由于对译不当而引起的混淆：汉语的“爱情”跟英语的 love 对应，而 love 是个含义非常丰富的词语，只要表示“爱”的感情，都能用 love 来表达。因此，汉语“爱情—爱—爱心—关爱—恩情—感情”都可以用 love 来对译。学习者了解了“爱情”为 love 之后，就将 love 的含义和用法照搬到汉语中来，那些需要区分具体含义和特定对象的词（“爱—爱心—关爱—恩情—感情”等），都用“爱情”来表达，由此出现混淆。对译混淆是由学习者母语和目的语的词汇语义系统不对称造成的，这种混淆在不同母语背景的学习者身上都具有普遍性。

（二）同形混淆

同形混淆指的是日、韩等语言背景下的学习者将其母语中的汉字词与汉语同形的词语对应起来而产生的混淆。同形混淆其实也是对译混淆的一种，只不过它是由词形而引发的。根据意义是否有联系，同形混淆又可以分为下面两种情况：

一是同形近义混淆。例如：

① 整理

a.* 除了学习汉语以外，每个月写留学情况报告、考 HSK、写毕业论文，要做的事情真不少。对我来说，每个周末、假期是整理这些事情的时间。（韩国语背景，应为“处理”）

b.* 这个问题还没有整理，所以我不能下班。（韩国语背景，应为“处理”）

韩国语的“整理”除了跟汉语共有义项“使有条理有秩序”外，还有诸如“解决问题、切实整改、不再保持或断绝与他人之间的关系”等意思。韩国语背景的学生将其母语“整理”的用法套用在汉语上，由此产生上述混淆。

二是同形异义混淆。例如：

② 看病

a.* 妈妈一直好好看病我了。（日语背景，应为“照顾”或“看护”）

b.* 这个意味着她要工作，做家务，看病。（日语背景，应为“照顾家庭”）

“看病”在日语里是“护理、看护、照顾家庭”之义，而在汉语中则是“医生给患者诊断、治疗”或者“患者找医生诊断、治疗”的意思。日语背景的学生将其母语的“看病”用在汉语表达上，混淆了二者在词义上的区别。

以上两种类型的混淆情况在学习难度上是不一样的。同形近义混淆更难辨别，而同形异义混淆一般在学习者第一次遇到时容易受母语的干扰，一旦了解到二者的区别，是比较容易区分开来的。

（三）方言词混淆

有一些来自东南亚国家的华裔学习者受其祖辈汉语方言的影响，容易混淆方言词与普通话词语之间的区别。例如：

① 寻

a.* 男女之间相识的方式，真的是千奇百怪，有的是青梅竹马的朋友，有的是通过亲戚朋友介绍，有的则是在工作时日久生情，有的更是明目张胆地登广告寻对象。（新加坡学生，应为“找”）

b.* 或者可能你是独生子，若真的把父母撇下，自己搬出去另外寻房子，这未免是不尽做儿女的责任。（印度尼西亚学生，应为“找”）

② 食

a.* 就像每个城市人一样，每天早上起床梳洗后，食一顿又快又简单的早餐，工作就由这一刻开始了。（马来西亚学生，应为“吃”）

b.* 话说第一个和尚，开始时，他非常勤劳，每天为了自己食水，从高山上到山底下挑。（新加坡学生，应为“喝”）

学习者在当用“找”时用了“寻”，当用“吃”或“喝”时用了“食”，这是受其客家方言背景或粤方言背景的影响而导致的混淆。普通话虽然也有意义相近的“寻、食”，但不能独立使用，必须跟其他语素组合成词（如“寻找、食物”），或者跟其他词组合成一个双音节韵律词来使用（如“遍寻文献、多食粗粮”，此时具有非常正式、庄典的色彩）。

在易混淆词的主要类型中，就混淆的普遍性而言，有一些混淆是不同母语背景的学习者都容易出现的，如义近混淆、对译混淆等；有的则是某特定母语背景的学习者才会出现的，如同形混淆、方言词混淆等。就混淆的顽固程度而言，有的混淆涉及面广，属于纠正过后还会常犯的化石化混淆，如义近混淆、对译混淆、同形混淆等，而有的混淆随着学习者语言水平的提高会逐渐消失，如音同混淆、形近混淆等。我们在对易混淆词进行辨析时需要分清楚具体的混淆原因，这样才能在教学中对症下药。

第三节　易混淆词的教学

在词汇学习中，学习者发生混淆的情况是复杂多样的。来自汉语本身的音、形、义等各层面的因素和来自母语的干扰都有可能给他们带来困扰，成为他们掌握汉语词语的主要障碍。易混淆词的问题，实际都是在混淆之处的辨析问题。要帮助学习者分辨所混词语在意义、搭配及用法等方面的差异，就需要针对词语混淆的实际情况提供诊疗式的辨析。任何一种良药都没有普治百病的效果，同样，任何一种辨析方法也不可能具有普遍适应各种混淆情况的作用。因此“诊疗式”辨析的关键在于“对症下药”，针对性是根本原则。从辨析的具体步骤来看，要做到有针对性的诊疗式辨析，首先要搞清楚易混淆词在什么地方出现了混淆，找到词语混淆的真正成因，即“明症寻因”，由此入手，才能根据症状和成因来“对症下药”。而从学习者个体的角度出发，在辨析时还需要结合其目标语知识的纵向发展以及与母语知识的横向比较来因“材”施辨和因“语”施辨。下面就围绕这两个大的方面来说明：

一、明症寻因，对症下药

一个人生了病去看医生时，医生主要根据他表现出来的相关症状来观察和分析症候，以便能准确地把握病情，推断病因，做出合理的诊断，开出针对症候的药方来。易混淆词的辨析也正如这诊疗过程一样，首先要根据词语混淆的具体表现来判断误用的性质和特点，在对混用实例进行分析归纳的基础上做出有效的定性分析，进而合理地推断混淆的原因，从而找出针对混淆“症候”的那味药。因此，易混淆词的辨析实际上是在偏误驱动下的诊疗式分析过程。

具体而言，主要通过下面几个步骤和程序来实施辨析。

首先要尽量全面地搜集词语混淆的用例，掌握混淆情况，以便充分了解混淆症候。这时往往可以借助常用的中介语语料库来搜集语料。比如，要辨析“了解—理解”这一对易混淆词，可以先从北京语言大学“HSK 动态作文语料库”中了解母语为非汉语的学习者使用这两个词的具体情况（本书中的大多数偏误语料即来自这个中介语语料库）。我们发现，“了解”出现偏误的总句数是 102 句，其中该用“理解”而误用成“了解”的就有 80 句，占偏误总数的 78.43%。例如：

① a.* 我那时非常生气，不能了解她那古老的想法。（应为“理解”）

b.* 看了这篇文章后，觉得妻子想自杀的心情也能了解。（应为“理解”）

c.* 我可以了解他们的行为，因为从山底下抬水上来是很累的事情。（应为“理解”）

“理解”出现偏误的总句数是 53 句，其中该用“了解”而误用成“理解”的就有 34 句，占偏误总数的 64.15%。例如：

② a.* 通过旅游我们可以理解中国，也可以提高自己的汉语水平。（应为“了解”）

b.* 我刚开始理解日本的公司的情况时，就认识了他，他就是对我影响最大的一个人。（应为“了解”）

c.* 这件事使我理解了自己的汉语水平，提高了听力能力。（应为“了解”）

可见，这两个词属于双向混淆，而且互相混淆的比例还比较高。

在大致摸清了词语混淆的基本情况之后，接下来便是分析混淆实例，归纳出词语混淆的主要倾向，判断误用的性质，找出混淆的可能原因。从词义上看，“了解”有两个义项，一是“知道得清楚”；二是“打听、调查”。“理解”表示“懂、了解”。可见，“了解”和“理解”这对含有相同语素的词语在意义上很接近。从误用实例来看，例①中“了解”的误用主要表现为用它来表达需要在感情上有所共鸣的“懂得”，因为“想法”“心情”“行为”等对象需要的不仅是有所认识、知道程度的“了解”，而是一种更深层次的“理解”。而例②中的“情况”“汉语水平”等，是想要弄明白或打听清楚的对象，而不需要在感情上引起共鸣。区分“了解”和“理解”的关键点在于词义的轻重：“理解”是更深层次的“了解”和“懂得”。

究其混淆的原因，一方面可能是母语为非汉语的学习者不知道如何把握这二者在词义轻重上的区别，进而在这两个词各自适用的搭配对象上混淆不清。另一方面也有可能是有的对外汉语教材将“了解”和“理解”都翻译成“understand”，教师如果不进行提醒和区分，学生难免将二者混用在一起。

综合以上两个步骤的分析，针对混淆的性质和原因，最后我们确定辨析要点，对“了解—理解”这对义近混淆词做出如下辨析：

> “了解”的对象是人或事物的情况，表示“知道得清楚”，强调认识事物的情况和过程，大致与英语的“to know”相当。
>
> “理解”的对象是道理、想法、心情等，强调感情上的认同，比“了解”的程度更深，大致与英语的“to understand”相当。

上面以“了解—理解”为例，简要展示了易混淆词辨析的具体步骤和程序。当然，在实际的操作过程中，我们所面对的辨析对象及其混用实例有可能是纷繁复杂的，影响学习者词语混淆的因素也错综多样，这就需要教师对其中最主要的误用倾向和可能原因采取直截而简约的策略，找准混淆点进行辨析，从而找出治疗学习者词语混淆最对症的那味药。

这里再以构词语素“练—炼”为例。“炼—练”是双向混淆，学习者出错频率相当高。例如：

③ a.* 上个月我打过一次工，赚了点零用钱，同时也锻练了自己。（应为“炼”）

b.* 但要达到目的并不是一件一帆风顺的事，要经过千锤百练。（应为“炼”）

c.* 他每天早早起床，整理寺庙，修练，去山下抬水给泥菩萨。（应为“炼”）

④ a.* 每天我应该花很长时间炼习写汉字，麻烦极了。（应为“练”）

b.* 有几个人主动地早点来，自己训炼。（应为“练”）

c.* 他被评为语文大家，他善于运用简炼而尖酸的词语，刻画人物的丑陋。（应为“练”）

“练—炼”音同、形近，引起混淆的因素比较多。从偏误实例来看，它们最主要的差别就是字形左边的形旁部分，因此可以从这部分入手来进行辨析。

“练”左边是“纟”部，它的本义是“加工生丝或丝织品，使它们变得柔软洁白”，后来进一步引申为简洁，如“简练、凝练、精练”等，指文辞的简明扼要；“练”还有“反复学习”之义，如“练习、练笔、练功、训练”等，由这个意义进一步引申出“经验多、精熟”的意思，如“老练、熟练、干练”等。

“炼”左边是“火”部，意思是“用火烧制或用加热等方法使物质纯净、浓缩”，如“锤炼、冶炼、锻炼（本义为锻造、冶炼）”等，由“使物质纯净、浓缩”进一步引申为“除去不好的，使更好”，如“提炼、精炼、炼字、炼句”（表示“用心琢磨使精练”）等，又如“锻炼身体/能力、磨炼意志、身心修炼”（表示“使身体强壮或使能力提高”）等。

可见，只有抓住了最关键的辨析点，才能对词语误用的倾向和规律做出系统性的说明。“练—炼”辨析的关键在于字形以及由此关联的字义，我们在教学时如果能从“字”出发，就能比较方便地把握它们的关联和区别。同样，学生在学习时如果能记住几个常用词，也能比较便捷地联想出相关词形和用法的选择取向，如以“练习”和“锻炼”作为区别两组系列词语的基础。学习者的分类概括等认知加工能力往往在系列词语学习过程中起到积极的驱动作用。当然，这种总结、归纳式的辨析应在学习者学完这些词语之后进行。另外，在教学时也应该用学生听得懂的话语来进行讲解。

二、因“材”施辨，因“语”施辨

下面再从学习者个体的具体情况来看易混淆词的辨析问题。从学习者个体目标语知识的纵向发展来考虑，易混淆词要因“材”施辨。因“材”施辨指的是在易混淆词教学中，应该根据学生在不同阶段所面临的具体混淆特点和难点采取不同的教学方法。一般说来，初级阶段学生汉语水平相对较低，他们所掌握的词汇量也相对较少。这个阶段出现较多的是音同音近混淆、形近混淆、对译混淆等情况。教师在词语教学时最好利用实物、图片或其他方法进行辨析，帮助学生理解掌握，少用翻译法，以减少学习者母语的负迁移。对于一些常用的同音词和形近词，由于意义明显不同，此时可以从词义入手，通过训练加强学生对汉语词语“音—形—义”对应关系的感知。

到了中、高级阶段，随着词汇量的增加，学习者面临的主要问题集中在如何更准确地掌握和使用词语上。由于常常分不清那些大同小异、在细微处见差别的词语，又常常有来自母语的干扰，学习者在汉语表达中就容易出现义近混淆、对译混淆、同形混淆、方言词混淆等情况，混淆的类型更为多样，表现更为复杂。这时应该重点开展易混淆词尤其是对义近易混淆词和对译易混淆词的辨析工作。辨析的重点为词义特征与词语搭配之间的关系，在语义内容和搭配规则的关联上多下功夫，将意义与用法有机结合起来。

从学习者个体目标语知识和母语知识的横向比较来考虑，易混淆词要因“语”施辨。有的易混淆词在不同母语背景下的学习者中都普遍存在。这部分共通性易混淆词虽然在不同的学习群体中具有一定的普遍性，但就教学而言，还是要针对具有“语别化”偏误的现象来处理。比如，“变得—变成”是一对在以日语、英语、韩国语、印尼语、蒙古语等为母语的学习者中都出现混淆偏误的共通性易混淆词组，但不同语言背景下误用的具体情况并不一样，呈现出某些特异性。不但偏误数目和比重各不相同，仅就其误用方向来说也不相同。日语、英语背景的学习者双向误用这对词组。以日语背景的学习者为例：

① a.* 有的人知道某些新鲜的事，马上告诉别人，很想让别人也得到好处，他的动机很好，可是后来，大家都知道了，那么这件事情就变成不新鲜了。（日语背景的学习者，应为“变得”）

b.* 但是在这个社会里，如果没有一个有无私奉献精神的人，那么我们的这个社会会变得什么样子呢？（日语背景的学习者，应为“变成”）

而韩国语、印尼语、蒙古语背景的学习者在该用“变得”的地方误用了“变成”，出现的是单向误用。例如：

② a.* 工作效率越来越低，性格变成不太好。（韩国语背景的学习者）

b.* 随着世界上各个国家的经济发展，语言变成很重要，只有掌握多种语言的人才能赶得上世界的发展。（印尼语背景的学习者）

c.* 北京变成漂亮了。（蒙古语背景的学习者）

因此，我们需要将不同语言背景下的易混淆词语料搜集起来，将它们的误用倾向、搭配关系和用法特征等方面分析清楚，找出相同点和不同点，对特定学习群体混淆的母语因素及其作用力大小进行分析，总结辨析要点，以此为基础合理地设置教学的重点和顺序，以契合不同语言背景下的学习者个体的需求。

有的易混淆词只在某一母语背景或少数母语背景下各水平等级的学习者中存在。例如：

③ a.* 下了课就跟家庭一起去饭馆吃饭。

b.* 然后我做晚饭，六点半我跟家庭一起吃晚饭。

上述例子的“家庭”应为“家人”，该偏误只存在于蒙古语背景的学习者中。像这种为某一语言背景学习者混淆的特异性易混淆词，在教学过程中要加强学生母语和汉语的对比研究。只有为不同母语背景学习者“量身定做”语别版的辨析，才能有针对性地提升特定学习群体在词语使用上的能力，满足他们的实际需求。

总的来说，易混淆词的辨析是以学习者的词语误用为线索和切入点的，需要针对不同阶段、不同水平、不同母语背景下的学习者，根据词语误用的具体表现来确定辨析要点，对症下药，对点下药，进行语别化的处理和教学。我们只有坚持从学习者词语混淆的实际情况出发，才能有力推进易混淆词的教学和研究。

【思考与练习九】

一、填空。

1. 易混淆词指的是________________________。
2. 同义词是从______________的角度出发归纳出来的词语聚合，反映的是______________；易混淆词是从______________的角度出发归纳出来的词语聚合，它反映的是______________。
3. 从引发混淆的原因来看，汉语易混淆词的类型大致可以分为由__________和______________这两大类。
4. “现在除了我以外，第第妹妹都毕业工作了”中发生混淆的词是________，它们是________混淆；“我认为，最近许多先进科学家专心致志地研究的高营养食品可以给我们答案”中发生混淆的词是________，它们是________混淆；“她的声音越来越高，好像跟我吵架，我很可怕，想哭”中，混淆了________和________，它们是________混淆。
5. “她也指导我做个好人，也教我住在社会中的知识”中发生混淆的词是________，它们是________混淆；英语背景的学习者在学了“建房子、建学校”等短语之后，出现了“北京堵车的原因，有很多地方建路”这样的表达，这是________混淆。

二、分析下列加点的易混淆词的类型和混淆原因。

1. a.* 还有那些作词、作曲的人都用音乐来表达自己或其他人的情感，对社会赞赏和不满。

   b.* 她不仅教了我课文，还教了我很多中国的历史、中国人的思想观念、道德和文化，这些知识使我更了解中国或中国人。

2. a.* 啊，爸，你退休也不要烦恼，我能付弟弟的学费。

   b.* 虽然医生大声提出了吸烟伤害身休的说法，但很多公司继续做广告，大量卖他们的产品。

3. a.* 而他俩的隐私，也只有在沙丽死后，才被她的子女发现。

   b.* 请大家尊重我的个人秘密。

4. a.* 我跟他知道差不多十一年了。

   b.* 从外面看，中国是一个难以知道的国家。

5. a.* 他住的中国南部，暖是暖，天气常常改变。

   b.* 自从听到她的话，我的生活变化了很多。

6. a_1.* 只要有任何词我们想不起来，我们很自然的便会用英语或广东话来代替原本想要表达的意思。

   a_2.* 三个人都马虎，不管别人的事，所以很容易分裂，合作的不好。

   b_1.* 它需要给人们思考地余地来创作出新的音乐，它还需要给青少年有益的内容。

   b_2.* 第三，将恼人的电话铃声换成小孩在游乐园玩地开心而发出的笑声，这样就会改变家里的气氛。

   c_1.* 我在外地认识了一个朋友，我朋友得家里，就住了三个人，但三个人里有一个不会跟任何人说话。

   c_2.* 妈妈，我真心真意得尊敬您。

7. a.* 公公老了，爸爸每天给他着衫裤。（印度尼西亚学习者）

   b.* 他十几岁飘洋来到这里寻生活。（新加坡学习者）

8. a.* 家人都为我觉得很焦急。

   b.* 我看完这篇文章以后感到，没有一个人不自私，所以给自己招来麻烦。

9. a.* 我们班离我们责任的花园比较远。

   b.* 吸烟者一定要在固定的吸烟室里边吸烟，总的来说自己责任，互相尊重。

10. a.* 好多人都想爬山的活动很危险。

    b.* 我以为他们一定是少数民族。

11.* 内蒙古太草原真美啊！

12.* 达尔文曾说：“人类对大自然的每一次胜利，大自然都会抱负于我们。”

13. a.* 因为我们年青人没有经验过我们父母时代的社会、文化情况。

    b.* 在我以前工作的公司，我专门做报刊方面的广告，我对这方面也有把握和经历。

14. a.* 星期四我们有汉语试验。

    b.* 先考了高等汉语水平试验，相信在不久的将来，也会取得水平证书的。

15.* 我预定了某一家航空公司的机票，可是预定三天后，那家航空公司的飞机坠落了。

16. a.* 目前在各种报纸或新闻报到上看到许多青少年过于喜欢流行歌曲，达到痴迷的程度。

b.* 我毕业后到一家公司工作，上班的第一天，我要向上级报道。

三、思考。

1. 教中级班的李老师在给学生辨析“常常—经常”的差异时是这么讲解的：

这两个词都有重复发生（间隔较短）、时常的意思，但词性不同。“经常”是形容词，可以做定语、状语等；“常常”是副词，只做状语。另外，“经常”较正式，所表示的“重复发生”常指在较大的时间段落内有规律性和一惯性；“常常”则指动作频率高，屡次发生，并不涉及是否成规律，也更为口语化。

你觉得李老师的辨析怎么样？请谈一谈你的看法。

2. 请你根据下面提供的几组偏误用例（引自北京语言大学的“HSK 动态作文语料库”），设立辨析点，并说明如何给学生讲解。

（1）a_1.* 小学毕业以后，一边上学，一边工作，仅仅上结束了中学。

a_2.* 玩结束了就开始跟朋友做作业，至五点多，我们的父母才来接我们回家。

b_1.* 这个学期下月就完了，快要考试了。

b_2.* 三个月的打工完后，回到家妈妈觉得我变了。

（2）a.* 他们也是跟我们一样的人间。（韩国学生）

b.* 人间表面上好像强得很，但内心不强，而且非常弱。（韩国学生）

（3）a.* 学习汉语后，能以汉语交流，从而得知各国的风俗、文化。

b.* 用我大哥为例，他在初中时是一个甲等优异生，不论成绩或是课外活动方面都是无与伦比的。

（4）a.* 那么我们怎么解决这个问提呢？

b.* 我离开了家以后才亲身提会到这番话的道理，还有我明白了为什么妈妈要跟我说这些话。

c.* 爸妈，听妹妹说 6 月 1 日你们要到北京去旅游，有关这件事，我会提你们好好安排。

（5）a.* 当然，爱抽烟的人可能对此言论表现不服，因为他们作为抽烟者的自由也是当然应该保护的。

b.* 可是我想那样的方法只是表达自己的弱点。

c.* 如果希望孩子做一个孝顺的、不自私的好人，那就自己也尽可能表示出相同的行为，做孩子的好榜样。

第十章
语块及其教学

第二章在介绍“现代汉语词汇系统的构成”时，已经初步介绍了成语、惯用语、歇后语等熟语类型。熟语是人们习用的定型化了的固定短语，形式和意义的凝固性都比较高。在具体的语言交际中，熟语一般以组块的方式而存在。

除了熟语以外，还有一些由词组成、结构不那么凝固但又不同于自由短语的语言成分，也需要以组块的整体形式（可以含有待填成分）出现。例如：

做贡献　　采取措施　　可持续发展

非……不可　　帮……的忙　　开……玩笑

从……开始　　在……下　　在……基础上

和……聊天儿　　对……有兴趣　　从……到……

类似这样的组块形式，母语为非汉语的学习者在使用时容易出现偏误。例如：

①* 一来，我要去做签证、做护照。

②* 有的人说“家庭是社会的细胞”，这句话意味家庭的情况可以影响社会。

③* 子女待在家里的时候就坐在电脑玩游戏，子女应帮助父母多干家务活。

④* 每个人必须要考虑怎么相处别人。

例①应该为“办签证、办护照”；例②的“意味”在做动词使用时，要跟“着”搭配使用（“意味着”）；例③的“在”需跟“前”搭配在一起构成“在……前”（“在电脑前”）；例④的“相处”后不能直接加对象“别人”，而应该用“跟……相处”来引导（“跟别人相处”）。像“办签证、办护照、意味着、在……前、跟……相处”在搭配上具有一定的固定性，表达时需整块出现，随意更换或者遗漏其中的成分，都会带来偏误。本章便来介绍汉语中这类特殊的语言表达形式，分析它的内涵、类型、母语为非汉语的学习者习得时的偏误表现以及相应的教学对策。

像上面例子中的这些语言表达（即“语块”），一般并不作为词汇教学的内容；而且在实际教学中，往往也并不作为语法教学的重点内容来讲解。但显而易见的是，它们在使用中往往作为一个整体出现，因此也具有词汇性特征，同时也有特殊的语法表现。基于它们形式和意义上的特殊性以及在习得中的高偏误率，我们将这种现象单立一章来专门讨论。

第一节　语块的内涵和类型

一、语块的内涵

从信息加工的角度来看，我们把类似于上述那些由多个词语单位组成的较为固定的结构体叫**语块**。这种语块性单位，其结构事先已经整体存在于语言系统中，语言学习者在学习这些单位时，往往需要整体性地存储在大脑中，使用时又整体性地提取出来。这种预先构制、整存整取的特征，跟我们学习词语在本质上是一样的。

语块一直是语言习得的难点，根本原因就在于语块形式和意义的特殊性。与普通短语不同，语块形式相对固定，如汉语的“虎头蛇尾”在形式上不能说成“牛头蛇尾”，英语的“It rains cats and dogs”也不能替换为“It rains tigers and monkeys”。而且，大部分语块的意义并不等于构成成分的简单相加，而是具有整体性。如“虎头蛇尾”的意义并不是“虎的头＋蛇的尾”，而是用“头大如虎，尾细如蛇”来比喻“开始时声势很大，到后来劲头很小，有始无终”；“It rains cats and dogs”的意义也不是“下猫下狗”，而是表示“倾盆大雨”。不过，也有一些语块在形式上有一定的自由度，如“创造—机会”还可以说“机会是靠创造的”，其整体意义基本上也可以从“创造＋机会”中推导出来。像英语的“play the piano（弹钢琴），make an appointment（预约）”等也都是如此。

由于语块在形式和意义上具有整体性特征，而这种整存整取性能减少信息加工的程序和难度，因此，在汉语作为第二语言的词汇教学中，帮助学生了解和掌握一些高频使用的常见语块具有重要的意义。

二、语块的类型

依据形式和意义结合的紧密程度，我们把常用的语块分为以下几类：

（一）熟语性语块

熟语性语块指的是形式和意义较固定，整合程度较高的语块。主要包括成语、惯用语、俗语（歇后语、谚语、俚语等）、格言、紧缩式表达、交际套语等。例如：

成语：

画龙点睛　　负荆请罪　　春风得意　　八仙过海　　投笔从戎

肥头大耳　　现身说法　　皆大欢喜　　萍水相逢　　一曝十寒

惯用语：

安乐窝　　车轮战　　炒鱿鱼　　挖墙脚　　吃哑巴亏

热锅上的蚂蚁　　卖狗皮膏药　　赶鸭子上架　　大水冲了龙王庙

俗语：

找抽　　撂挑子　　该干吗干吗去

八仙过海——各显神通　　邻居好，赛金宝

格言：

锲而不舍，金石可镂

书籍是人类进步的阶梯

人不可有傲气，但不可无傲骨

紧缩式表达：

刀不磨不快　　中看不中用　　茶不思饭不想

站得高看得远　　不到黄河心不死

交际套语：

吃过了吗　　哪里哪里　　不怎么样

包在我身上　　一点儿小意思　　咱俩谁跟谁

欢迎光临　　女士们先生们　　承蒙厚爱

敬请赐教　　致以崇高的敬意

熟语性语块是整体凝固了的语块，形式和意义结合得最为紧密，一般不可以随意增减成分或变更次序。下面的几类语块都具有一定的组合性。

（二）离合式语块

离合式语块指的是那些可离可合的语块（见第八章）。例如：

请假 / 请了几天假

洗澡 / 洗了半个小时澡 / 洗了一个舒舒服服的热水澡

离合式语块后面的成分往往可以适当扩展，插入多种成分，在形式和意义上不像熟语性语块那么固定和紧密，具有一定的自由性。

（三）搭配式语块

搭配式语块指的是那些组构成分经常共现，组合方式相对固定的惯常搭配。例如：

新鲜～血液　　水汪汪的～眼睛　　权钱～交易

大力～帮助　　充分～准备　　可持续～发展

锻炼～身体　　端正～态度　　干涉～内政

功能～衰竭　　天资～聪颖　　阳光～明媚

提～意见　　挨～批评　　产生/引起～共鸣

创造～机会/条件　　挑起～纠纷/祸端/矛盾

解除～后顾之忧/警报　　缓和～矛盾/冲突/紧张局势

像“锻炼身体、功能衰竭”之类的语块，词语之间的组合搭配比较固定，它们的功能其实已经相当于凝固短语了。而像“提意见、挨批评”之类的语块，在选择范围和组合方式上要自由一些，还可以说“这个意见是他提出来的、他挨了老师的一顿批评”等。

（四）框架式语块

框架式语块指的是在内部有空槽，需要填入合适的成分才能表意的语块。例如：

单槽式：

当……的时候　　在……上/下　　对……来说　　除了……以外

对……感兴趣　　跟……吵架　　对……很热情　　对……负责任

都……了　　怪……的　　还……呢　　看把……说的

……的话　　……起见　　……了去了　　……什么（如：哭什么）

越来越……　　到底是……　　好一个……（如：好一个人间天堂）

双槽式：

不……不……　　东……西……　　连……带……

似……非……　　说……就……　　从……到……

……来……去　　……前……后　　……长……短

不是……就是……　　……归……（如：笑归笑）

……是……，……是……（如：你是你，我是我）

……也好，不……也好（如：走也好，不走也好）

跟其他类型的语块相比，框架式语块具有既保守又开放的特点。框架式语块一般具有一个确定的框架，在形式上比较固定，但填入框内的具体成分可以根据不同的语境来选择，又具有一定的灵活性。

需要注意的是，框架式语块中还有一种特殊的现象。例如：

① 你都大学生了，怎么还不懂礼貌？

② 这一大桌子饭菜都要倒掉，怪可惜的。

③ 这本书写得挺好的，你可以看看。

④ 听到这个消息，没有一个人不高兴的。

⑤ 这个会议厅有篮球场那么大。

像"都……了、怪……的、挺……的、没有……不、有……那么"这样的搭配形式并不构成一个句法结构，但由于在教学中常作为一个相对固定的组块出现，而且具有特殊的功能，因此也具有框架式语块的特征。我们在教学时应该重视这类特殊的语块。

（五）系联式语块

系联式语块指的是具有逻辑、连接作用或篇章功能的语块，主要包括关联词语、序次连接语和插入语等。例如：

关联词语：

因为……所以……　　如果……就……

只有……才……　　虽然……但是……

序次连接语：

首先……其次……再次……最后……

先……接着……然后……再……

插入语：

总之　特别是　事实上　看样子　不瞒你说　除此之外

不可否认　众所周知　相比之下　遗憾的是　我说　你看

系联式语块的整体意义基本上可以由其组成部分的意义推导出来，形式和意义之间的关系比较透明。其中，对关联词语的说明请参见本丛书系列之一的《汉语基本知识（语法篇）》中"复句"一章。

以上列举了汉语语块的一些常见类型。实际上语块是多种多样的，在不同的语言层级上都有所体现。

第二节　语块学习中的偏误表现

在日常交际中，语块的出现频率是比较高的，而语块又比较特殊，在使用时需整体打包。由于不同类型的语块具有不同的性质特征，学习者在学习时也呈现出不同的偏误表现。下面依据语块的不同类型对语块学习中的偏误表现做出说明。其中，对离合式语块偏误的说明请参见第八章第二节“离合词学习中的偏误表现”，这里主要介绍其他几种类型的语块偏误。

一、熟语性语块的偏误

熟语性语块在结构和意义上的凝固程度都比较高。对于学习者来说，熟语性语块的结构形式并不太难掌握，难就难在对其意义、用法尤其是对其使用场合的把握上。

有时对熟语性语块所表示的整体意义不甚了解，学习者容易按字面义去理解。比如，在一次听力练习中出现了这样一道选择题：

①（在舞会上）

罗兰：小利，今天的舞会人还真不少啊。

小利：是啊，罗兰，怎么没看见玛丽啊？

罗兰：说曹操，曹操就到。

问题：现在来的这个人是（　　）

A. 小利　　B. 罗兰　　C. 玛丽　　D. 曹操

②* 如果你起床很困难，那么我每天早上给你敲警钟。（应为“定闹钟”）

例 ① 有不少学生根据这个惯用语的字面义去理解它的整体意思，选择了答案 D。实际上，“说曹操，曹操就到”表示“正在议论某个人的时候，这个人就突然出现了”，引申为特别巧合的出现，而不是指“曹操来了”。同样，例 ② 中“敲警钟”的意思是让人提高警惕，而不是字面义所显示的敲钟提醒人起床（除非是一种幽默的表达）。

有时学生对熟语性语块的意义虽有一定的了解，但由于没有注意它们在用法上尤其是使用场合上的特定要求，也容易出现偏误。例如：

③* 想要做孩子的老师的确很难，只有互相关心、互相支持，才能使得这个孩子和家长万事如意。（可能为“称心如意”）

④* 老师，很抱歉，这次我没考好，下次我一定努力，走着瞧！（应为“看我的”）

例③的“万事如意”指的是一切事情都很圆满顺利，是在礼仪交往中用来赠予对方的祝愿用语，与该句所表达的场景不吻合。而例④的“走着瞧”表示“等过一段时间再下结论、再见分晓”，一般用于威胁、要事后算账的语境中。此句是学生向老师表明努力学习的决心，与“走着瞧”的使用场合不相符。

熟语性语块的形义关系整合程度较高，对于那些不能从字面义推导出整体义的熟语性语块，尤其应该放在特定的交际语境中来掌握它们的意义和用法。

二、搭配式语块的偏误

搭配问题是词语使用的基本问题，一个词用得对不对，首先是看它与其他词的配合是否正确。搭配式语块对组合的要求比较严格，有时学习者用与搭配成分意义相近的词语来代替，很容易就出现偏误。例如：

①* 记得在我十七八岁的时候，妈妈常从百忙中提出时间来和我谈心。（应为“抽出时间”）

②* 但是那时发生了有意思的感觉。（应为“产生……感觉”）

③* 我用了很多钱还有用了很多时间准备 HSK 考试。（应为“花……钱、花……时间”）

④* 小孩是我们的宝贝，为宝贝制造良好的未来，我们父母不断地解决孩子的教育问题，才会培养出好孩子。（应为“创造……未来”）

⑤* 这次比赛，我们准备得很充足。（应为“准备……充分”）

以上偏误用例都是混淆了近义词之间不同的搭配要求所导致的。

有的搭配式语块虽然在选择范围和组合方式上有一定的自由，但一般也不能随意更改，否则也容易出现偏误。例如：

⑥* 父母的思想观念、行为举止、兴趣爱好，全部都会在孩子的心目中打下深刻的印象。（应为“留下……印象”）

⑦* 这样就可以缓和相互的思想差距，求得妥善的沟通和相互了解。（应为“缓和……矛盾”或“缩小……差距）”

有时学习者还容易受母语或其他语言的影响，类推出不符合汉语固定搭配的表达。例如：

⑧* 他不小心做了一个错误。（应为“犯……错误”）

⑨* 每天我坐自行车去体育大学，他教我两个小时左右。（应为“骑自行车”）

例⑧应为“犯了一个错误”，这可能是将英语的“make a mistake”直译为“做了一个错误”；例⑨应为“骑自行车”，这可能是学习者在学了“坐公共汽车”就是英语中的“by bus”之后，将“by+交通工具”这种搭配规则类推到汉语的“自行车”上。

搭配式语块的偏误是语块误用中的常见现象。以上偏误用例虽然表面上看起来都在搭配上出了问题，但其实出错的原因各不相同，这是我们在教学时尤其需要分辨和注意的。

三、框架式语块的偏误

框架式语块不同于其他类型的语块。比如，跟搭配式语块相比，形式上受“框架”的约束，组成部分不得随意缺失；跟熟语性语块相比，它的框架内部要嵌入成分才能完成语义表达。汉语学习者如果对框架式语块在形式和意义上的特殊要求把握得不够，就很容易出现偏误。

有时学习者在当用框架式语块时未用。例如：

①* 首先从文字着手，跟小孩子一样的，照着样子练习本一笔一画地写出来。（应为“在练习本上”）

②* 本人身体健康，性格开朗，兴趣读书，嗜好朗诵，汉语及印尼语的发音都很准。（应为“对读书有兴趣”或“对读书感兴趣”）

有的学习者在不该用框架式语块时又用了。例如：

③* 在中国里居住三年多了，已具有较高的汉语水平，并已在北京语言学院里得到学士学位。（应为“在中国”“在北京语言学院”）

有时学习者也用了框架式语块，但对“框架”把握得不够，常常出现“框不完整”的情况。例如：

④* 我也是一个吸烟者，不过我会自觉地把烟头放在随身携带的小烟灰缸里，当然在马路不会去吸烟。（应为“在……上”，缺“上”）

⑤* 以上是我流行歌曲的一些感想。（应为“对……的感想”，缺“对”）

有时框架是完整的，但在前后成分的配合上出了问题。例如：

⑥* 在这种角度来讲，我是对安乐死这一问题赞同的。（应为“从……来讲”）

⑦* 我曾经在旅游公司做了五年的导游，所以关于这份工作非常有信心。（应为“对……有信心”）

有时框架用对了，但在填入成分时又出现了语义颠倒。例如：

⑧* 虽然当时我什么都不懂，但现在想起这些东西确实对我有深刻的印象。（应为“我对这些东西确实有深刻的印象”）

可见，框架式语块的情况比较复杂，偏误率也是比较高的。而从各种不同的偏误来看，虽然都是偏误，但是出错的层次并不一样，学习者对框架式语块的“框架意识”也处在不同的认识水平上，这是一个不断发展的习得过程。

四、系联式语块的偏误

系联式语块主要起连接作用。主要包括关联词语、序次连接语和插入语等。其中，关联词语的使用不当主要见于复句中。例如：

①* 因为人们的生活水平提高了，所以吃的东西不太好。（应为“虽然……但是……”）

②* 现在有些发达国家和发展中国家有很多的食品被扔掉。一边食品被这样扔掉，一边却为了更多地生产而研究农药，这真是矛盾呀。（应为“一方面……一方面……”）

③* 只要夫妻俩的婚姻是道德的、高尚的，一起把这个家庭凝聚起来，做短程的郊游、旅行，以增加家庭的乐趣，这个社会的离婚率才会下降。（应为“只有……才……”）

④* 不但吃绿色食品对人的身体有好处，而且对环境也有一些好处。（应为“吃绿色食品不但对……”）

例①是关联词语的误用。这两个分句之间是转折关系，而“因为……所以……”表示因果关系，此时应该用表示转折的“虽然……但是……”。例②也是关联词语的误用。“一边……一边……”一般用来连接同时进行的两个动作，如“一边看，一边想”，而这两个分句并不是具体的动作行为，而是具有抽象意义的两个方面，因此应该用“一方面……一方面……”。例③是关联词语的配合不当。“只要……就……”

表示假设关系，“只有……才……”表示条件关系，“只要……才……”不能配合使用。例④是关联词语的位置不对。两个分句的主语相同（都是“吃绿色食品”），“不但”应该放在“吃绿色食品”之后。关于关联词语使用偏误的情况，详细介绍可参见《汉语基本知识（语法篇）》“第九章　常见语法偏误”部分的“关联不当”的偏误。下面主要介绍系联式语块中插入语的偏误情况。

插入语是篇章组织中不可缺少的部分。虽然插入语跟前后的句子成分没有结构上的联系，但它们常常表达说话人的某种主观情感或态度，因此在语篇中具有重要的作用。由于插入语的使用需要综合上下文和说话者主观态度等多种因素，有时难以把握。

句子用不用插入语，在语义上是不同的。学习者如果没有意识到这点，在需要用插入语的地方没用，就会产生偏误。例如：

⑤* 相反，如果我们为了生产更多的食品而使用太多的化肥和农药，结果是虽然农作物的产量很高，蔬菜或其他果实长得大，挺让人满意，可是它本身的质量降低了。

“挺让人满意”的前后语义不连贯，缺少了“看起来”这样的插入语。

有时在不需要用插入语的地方又用了。例如：

⑥* 我认为吃“绿色食品”并不坏，但是我认为不挨饿比吃“绿色食品”重要，为什么呢？

⑦* 对我而言，我认为广告对一个公司是非常重要的。

例⑥的第一个“我认为”已经传递了说话者要发表自己见解的信息，其范围完全可以覆盖后面的部分，没必要再重复使用；例⑦的“我认为”和前面的“对我而言”都是表明说话者的观点，在语义上重复，这里最好去掉“对我而言”。

插入语和一般短语相比，在形式上相对凝固，不能随意增删或更改其组成部分，否则也容易出现偏误。例如：

⑧* 事实，男性与女性在处事与对学习的方式和看法上各有一套。（应为“事实上”）

⑨* 我老实的说，吃“绿色食品”好。（应为“老实说”）

⑩* 众所知道，我们周围平时充满了各种各样的声音，这些声音不断地对我们起着某种作用。（应为“众所周知”）

⑪* 总言而说，遇到困难时，不要想不开，要继续享受生活。（应为“总而言之”）

例⑧的插入语“事实”缺少了必要的组成成分“上”；例⑨应为“老实说”，

此句多出了一个言语主体“我”和“的”(应为“地”)。例⑩⑪则是错误地更改了“众所周知”和“总而言之”的组成成分。

有时学习者用对了插入语,但是放错了位置。例如:

⑫* 我们不能比如说跟日本或亚洲其他的国家比较,他们的母语跟汉语有很多一样的地方。

“比如说”应放在所要举例说明内容的前面而不能插入句子中间。

总体而言,系联式语块中的关联词语的教学一直是词汇和语法教学的重点,而插入语的教学还没有引起足够的重视。其实,插入语赋予了句子特殊的意义,它是汉语词汇教学中无法回避的一个部分。很多插入语的使用需要充分考虑上下文语境、语段甚至语篇,体现的是学习者的综合水平。

从不同语块的习得情况来看,每一类语块的偏误表现都不太一样。不过,在形式的固定性、意义的整体性方面,学习者出现的偏误较普遍,呈现出鲜明的共性特征。这表明语块习得的难点就在于把握其组块及整体意义等方面的特征。

值得注意的是,汉语学习者有时会采取迂回的方式来使用语块。例如:

⑬* 有的是为了生存,他自己觉得需要水,这种需要是让人们从心里情愿干活的动力。(应为“心甘情愿”)

⑭* 据说每天喝一两杯酒对身体很好,这样可以预防心脏病和其他各种疾病。可是过分不如不是吧,多喝的话酒也损伤身体。(应为“过犹不及”)

⑮* 他会做他说什么,所以我很相信他。(应为“说到做到”或“言出必行”)

例⑬的“从心里情愿”用“心甘情愿”来表达更为地道,例⑭的“过分不如不是”应为“过犹不及”,而例⑮应为“说到做到”或“言出必行”,这是学习者将“He acts as what he says”错误地对译为“他会做他说什么”。学习者有可能不知道有这个语块,也有可能为避免出错(或者一时想不起来、想不出完整的形式)而宁愿选择回避策略,将语块的意思用成分组合解读的形式表达出来。这些都说明学习者的“语块意识”还不强,需要教师创造并利用广泛的交流环境,鼓励学生在真实环境中学习语块,使用语块,使其更自然、准确地进行表达。

第三节 语块的教学

语块是语言表达的成品或半成品,它的典型特征是形式和意义结合体的整存整取性。对学习者来说，在语块的基础上只需要稍微加工就可以组成符合语法的结构或句子，掌握好语块，有助于生成地道、得体的汉语表达。

正因为语块在语言交流和二语习得中能发挥积极作用，语块教学法正逐步运用到汉语作为第二语言的词汇教学中来。所谓语块教学法，就是将语块作为一个交际单位整体呈现和整块教学，要求学习者同时掌握它的形式和意义及其匹配关系并形成组块意识的一种教学方法。具体说来，教师在教学过程中，对汉语中的常用语块加大教学力度，让学生掌握其形式、意义、用法和典型语境等，然后通过对语块的讲授和练习，充分调动学习者已有的语言知识和认知能力，把词汇学习和语法学习结合起来。下面围绕不同类型、不同阶段这两方面介绍一些语块教学的策略和方法：

一、不同类型语块的教学

从学习者对语块的使用情况来看，不同类型的语块偏误表现并不一样，难点也不一样。抓住不同类型语块的特点来进行教学，才具有针对性。

从教材对各类语块的呈现方式来看，像熟语、关联词语、插入语这样的结构和意义较为固定的语块，在生词表中一般作为词条列出，教师在教学时也一般会将它们整体教给学生。而离合式语块、搭配式语块和框架式语块一般不作为词项条目列出，在教学过程中容易被忽视。关于离合式语块的教学，我们在第八章已经有所介绍。下面便以搭配式语块和框架式语块为例，着重说明语块教学法的具体运用。

先来看搭配式语块的教学。有些词语的搭配词很有限，甚至具有唯一性。比如，“睁”一般只跟“眼”或“眼睛”搭配，换了别的词就不行。例如：

① a.* 虽然她能呼吸，心跳，但从来没有打开眼说说话。

b.* 在孩子看见父母前，他先要从大自然学到怎样打开眼睛。

“打开眼、打开眼睛”都是错误的搭配（这可能是由英语“open one’s eyes”直译而来）。在汉语中，“打开—睁”在意义上的联系比较弱，搭配也不同。此时不如将“睁（开）眼、睁（开）眼睛”这样的组块整体呈现给学生，让学生把“睁（开）眼、睁（开）眼睛”当作一个交际单位来整体记忆和使用，这比单独记忆孤立的“睁”要有效得多。

对于那些已经凝结成块的固定短语，如熟语性语块等，也可以结合高频搭配原则再次以组块形式进行整体教学。如“天长地久”常与“爱情”相搭配，“源远流长”常与“历史”搭配，于是就可以组块形成“天长地久的爱情 / 爱情天长地久”“源远流长的历史/历史源远流长”等。这样不仅能帮助学习者记忆语块，也对他们感知和确定语块的意义、范围、用法有好处。

对于那些在选择范围和组合方式上自由一些的搭配式语块，教师应尽量将常用的搭配表达和类型教给学生，以免学生错配。例如：

② a.* 但若我们忽略代沟问题的严重性，而不积极寻找其解决方法，就会引起负面影响。（应为“造成……影响”）

b.* 强烈的攀比引起了时间和钱的浪费。（应为“造成……浪费”）

③ a.* 人们都知道抽烟会造成肺癌。（应为“引起肺癌”）

b.* 在世界上也造成了关于这种内容的争论。（应为“引起……争论”）

“造成”和“引起”有时可以换用，如：“鼻炎是由什么原因造成/引起的？”但二者在搭配对象上有所不同。“造成”强调某种行为带来的影响，而这种影响多为负面的、不好的，因此它常跟下面这些词语相搭配：

造成～影响/浪费/损失/事故/后果/死亡/危害/伤害/隐患

而“引起”指的是一种事情、现象、活动使得另一种事情、现象、活动出现，强调致使原因和结果之间的关系。上面的例③a句要说明的是“抽烟”和“癌症”之间的因果关联，因此应该用“引起”而不是“造成”。不过，“引起”并不局限于贬义的结果，与它相搭配的一般是下面这样一些词语：

引起～注意/重视/反响/好奇心/结果/病症/矛盾/麻烦/不满/纠纷

不仅如此，教师在展示“造成”和“引起”的搭配区别时，还应该进一步提醒学生注意二者在跟介词搭配时形式和意义的区别。例如：

④ a.* 很长时间吸烟以后，上瘾的话，会对人体引发更不好的影响。（应为“对……造成……影响”）

b.* 根据最近各种新闻和研究报告，吸烟给个人健康引起很严重的后果。（应为“给……造成……后果”）

“造成”和“引起”都能引入表原因的成分，如“由……造成/引起”（这其实是框架式语块了），但“造成”还可以跟“对/给”相搭配，引入对象成分，形成“对/给……造成”的形式，而“引起”却没有这样的形式。只有将这些形式上的不同以及由此引起的意义的区别搞清楚，并在教学时将形义匹配关系整体呈现给学生，学生才能较好地掌握这两个词的用法。

跟搭配式语块相比，框架式语块在形式和意义上具有更鲜明的特点。这种语块既有严格的框架约束，又有嵌入成分的多种选择，既保守又开放，因此可以根据一定的规则进行类推。对于框架式语块的教学，教师应首先指明其形式和意义上的特点，然后说明所嵌入成分的条件，再以例子整体呈现。比如，“东……西……”是个双槽式语块，它表示同类行为的多次重复，即“这里……那里……、到处/四处……”之义。嵌入的成分在意义上相近。例如：

东瞧西望　　东奔西跑　　东倒西歪　　东游西荡

东征西讨　　东拉西扯　　东拼西凑　　东零西碎

学习者掌握了该语块的形义匹配特点，理解和记忆起来就比较方便了。

又比如，“对……的兴趣/意见、对……有兴趣/意见”是“兴趣、意见”与对象成分（“兴趣”在语义上一定是针对某人或某物的，“意见”是针对某人或某事的）一起出现时所产生的表达，而这样的用法一般不会作为词条列入教材的生词表中。如果教师在教学时忽视这一点，在教“兴趣、意见”这样的词时没有将其语块形式“对……的兴趣、对……有兴趣”“对……的意见、对……有意见”展示出来，学生可能一用就出错。因此，我们应该把这样的框架式语块单独列出来，用实心的黑圆点在课文中对它们做出标注，如“对……的兴趣、对……有兴趣”“对……的意见、对……有意见”，这样就突显了它们作为一个整体交际单位的框架式特征，有助于加深学生对它们的感知和认识。

即便像框架式语块中的“太……了、怪……的”等这样的非句法结构，也要尽可能将其形义配对关系讲解清楚，再用组块的方式来教学。如果孤立学习与记忆其中的“太”或者“怪”，学生也容易用错。例如：

⑤ a.* 我的同屋来自韩国，不会讲汉语，因为我也不会韩国语，你能想象我和他“聊天儿”的结果如何吗？太可笑。

b.* 一位和尚说：“我有个想法即每天轮流去山下抬水，怎么样？”有人反驳说：“那不可能，谁愿意抬那么多的水呢？太吃力的。”

⑥* 我今天心情特别好，早上很早就起来，跟朋友们一起去王府井商场吃好吃的东西，买东西，怪有意思。

虽然类似“太”和“了”、“怪”和“的”这样的两个部分并不构成一个句法结构，但它们之间互相配合，在实际使用时相互依存，应该以组块的形式整体打包教给学生。

对各种不同类型的语块而言，语块教学总体上要就大不就小，能以整块形式出现的就尽量将其作为一个交际单位整体呈现。通过以大带小、以整体带部分的策略，让学生在语境中识别语块，形成“语块意识”，从而更好地掌握语块。

二、不同阶段的语块教学

在初级阶段，学习者就会碰到诸如“还可以、不用谢、哪里哪里”这样的在日常表达中使用频率相当高的熟语性语块了。由于没有多少汉语知识的储备，词汇量也比较少，“死记硬背”在这个阶段就显得格外重要。此时教师应多引导学生通过记忆和背诵来掌握语块，将这些固定表达整体储存在脑海中。具体说来，学生可以在熟读的基础上，熟记一些现成的语言材料，特别是那些根据功能划分出来的语言表达，如围绕介绍、询问、请求、拒绝、道歉、饮食、购物、爱好等话题，总有一些惯例化的表达方式和一定的交际规则。比如，关于问路，就有下面的一些语块可以熟读熟记：

请问　　劳驾　　谢谢　　不客气　　您慢走

……在哪儿？　　怎么去……？　　到/去……怎么走？

从……到……　　从……往……　　坐……到……下车

到……路口　　往……拐　　照直走　　过……个路口

离……远吗？　　要走多长时间？　　……就到了

学生如果能记忆、背诵并掌握针对某一话题的语块表达，逐步形成在某一话题方面的交流能力，在需要时便能直接提取出来使用，将大大提高表达的流畅性和准确性。

当然，“死记硬背”也需要在理解的基础上来记和背，如果不理解语块内部成分的意思和搭配方式，有时并不太容易掌握。而且，“死记硬背”多多少少会给学习者带来一定的负担，产生枯燥感。此时教师可以结合课文，在具体的语境、交际活动中带动学生做语块的搭配、替换或造句练习，帮助学生在实践中使用语块并记忆语块，培养语感。

到了中高级阶段，学习者已经大量接触到了各种类型的语块，运用语块的概率也大大增加。初级阶段的“死记硬背”只是特定阶段不得已而为之的策略，要完全理解并真正会使用语块，内化为学习者的语言表达能力，还需要在大量的实践活动中反复运用。因此，中高级阶段的学习者应重视对语块的归纳、整理和分类，对课上和课下出现的语块做出标记，并结合语块的使用环境做出相应的例句备注。教师这时可以带领学生在不同课型、不同教学环节中不断复习旧的语块知识，并对那些意义接近或形式相近的语块进行辨析，最后形成一定的语块体系。同时还要关注学生在语块使用上的偏误并有针对地加以纠正。

只有将记忆、背诵和积累、运用有机结合起来，久而久之，学习者才能形成语块使用的良好语感，才能生成地道的汉语表达。另外，如果我们能根据常用程度和使用频率梳理出不同等级、不同难度的常用语块和一般语块，并整理出类似 HSK 等级大纲那样的分级语块表，在此基础上结合功能、语法等项目编写教材，这也一定会积极促进汉语语块的教学和研究。

【思考与练习十】

一、填空。

1. 语块指的是________________________。
2. 语块的常见类型主要有__________、__________、__________、__________和__________。
3. “改善条件、可持续发展”是__________语块；“千……百……、对……不利”是__________语块；“过奖了、生日快乐、走后门”是__________语块。

二、下面搜集了母语为非汉语的学习者在使用语块时出现的一些误例。请你先指出错误之处，然后说明错误的原因并进行修改。

1.* 幸亏你放了马后炮，不然我这次要犯错误了。
2.* 有效阅读，也就是说能够满足个人的需求，也能把书的内容理解透彻。
3.* 凡事都可以慢慢小到大、低到高、少到多，没有经验、工资少开始。
4.* 其中，吸烟对健康的影响是众多所知的。
5.* 我去找他办点儿事，可是喝了闭门羹。
6.* 当然国家和社会做有好处的事也很重要。
7.* 学生们非常讨厌班干部对老师刮耳边风、打小报告。
8.* 读了这篇很短的文章后，我感到了深刻的印象。
9.* 例如说轮到我工作的那天，我就装病，溜得不见人影。
10.* 我还记得，那时候因为我很想画画儿，看左看右没有看到空的纸，然后我随便拿了一张纸，画好了我才知道，原来那张纸是跟我爸爸的工作有关。
11.* 总括而言，我认为男女分班不是最好的教育方式。
12.* 很可惜的，当其中三个子女进入大学时，父亲因工作压力过重，操劳过度，在一个晚上，静静地离开了我们。
13.* 韩国跟中国刚建交了，怪不得，所以现在很多公司招聘。
14.* 前几天我辞职了，现在吃后悔药了。

15.* 下课以后，班级里的同学都是一窝蜂。

16.* 总结，我认为“安乐死”是可以采取的。

17.* 对经济来看，吸烟的买卖对公众事业发展有影响。

18.* 妈，你以后不要病了，天长地久活下去吧！

19.* 因为打开一个地图就可以走，自己很有本事吧。

三、以下记录了留学生与中国朋友日常交际中的几段对话。请你指出他们交际不畅之处并说明原因。

1. 欧文：今天天气真好啊！不下雨了。
   王阳：谁说不是呢？总算出太阳了。
   欧文：没有人说不是这样啊。大家都觉得今天天气很好。

2. 张月：你学汉语多长时间了？
   玛丽：一个多月。
   张月：才一个多月就说得这么好？我英语学了好几年都不会说，你可真有两下子！
   玛丽：两下子是什么东西呢？我不知道。

3. 大卫：热死了，刘超怎么还没有来呢？
   李红：谁知道呢？昨晚告诉他今天八点半在学校门口集合的。
   大卫：我不知道谁知道啊。是你通知他的啊！

4. 麦克：有今天的《中国日报》吗？
   老板：在这里，有的是，你自己拿。
   麦克：有的是什么？我只要《中国日报》。

5. 波拉：我今天买了一件新衣服，你觉得怎么样？
   林晨：你看你，左一件右一件的，都能开时装店了。
   波拉：我看我？我叫你看我的新衣服呀！

第十一章 文化词及其教学

语言既是交际的重要工具，也是文化的重要载体。任何一种语言都烙有一定的民族文化印记，积淀着该民族的历史文化、民俗风情、价值取向、审美情趣或生活方式等。在语言系统的各个组成部分中，词汇负载的文化信息最为鲜明。一个语言系统中具有特定文化意义的词语，在其他语言中很难找到与之完全对应的"等值词语"，这给二语学习者带来了一定的困难。了解和掌握文化词，有助于学习者克服词汇学习中可能出现的文化障碍，培养和提高跨文化交际的能力。

第四章"词义结构和词义分析"在谈到词义的"民族性和共通性"这一特征时，曾经提到了"文化词"这个概念，并且以汉语和英语的亲属称谓系统为例比较了两种语言的文化差异。本章主要围绕文化词的内涵和类型、偏误、教学这几个方面进行系统说明。

第一节 文化词的内涵和类型

一、文化词的内涵

文化词指的是负载文化意义、具有文化特征的词语。在特定的语言系统中，文化词涉及的面很广，内容繁杂，数量众多。

文化词是民族文化个性和特征的体现，是一种语言跟另一种语言通过比较得出来的。同一种语言跟不同的语言相比，由于文化特征并不一样，所得出来的文化词系统很可能就不一样。以亲属称谓为例，不同语言中的亲属称谓系统大不一样。在汉语中，男女有别，内外分明，长幼有序，称谓系统复杂多样。日语的亲属称谓系统跟汉语不同，但有不少相似之处。日语既区分男女，也区分内外（如"祖父—外の祖父、孫—外孫"）。英语的称谓系统则相对简单，只区分男女，同辈间不区分长幼

（如“哥哥”和“弟弟”都是“brother”，“姐姐”和“妹妹”都是“sister”）和内外（如“祖父”和“外祖父”都是“grandfather”，“叔叔”和“舅舅”都是“uncle”，堂亲和表亲都是“cousin”等）；对于姻亲，英语也不像汉语那样有专属的称谓，而是通用“-in-law”的方式来指代（如“嫂子、弟媳”为“sister-in-law”；“姐夫、妹夫”为“brother-in-law”等）。这样，通过特定语言的比较，得出来的亲属称谓文化词在范围、数量、构成、特点等方面都存在着差异。

另一方面，有些词即便表达同一概念义，在不同语言中的文化内涵也可能不一样。比如，汉语的“白”和英语的“white”都是颜色词，但二者在各自语言系统中的文化内涵有不小差别：“白”在现代汉语中虽然可以表示褒义的纯洁、清白、光明、正义等，如“白璧无瑕、洁白如玉、清白无辜、黑白分明、混淆黑白、白道”等，但也常用于贬义，表示死亡、凶兆、悲凉、虚无、徒劳或奸邪等，如“白事、举白旗、一穷二白、白费、白搭、白痴、小白脸”等。跟汉文化不一样的是，英语里的“white”虽然也有贬义的表达，如“white feather（白羽毛，表胆怯、懦弱）、white flag（白旗，表投降）”等，但多数为褒义，表示纯真无邪、美好、希望、幸福、幸运等，如“white lie（善意的谎言）、white soul（纯洁的心灵）、white man（高尚有教养的人）、white knight（白衣骑士，指政治改革家或事业上的得胜者）、white hand（廉洁诚实）、white wedding（在教堂举行的新娘穿白纱的传统婚礼）、white day（吉日）”，等等。西班牙语中的“blanco（白）”也多表示光亮、纯洁、高雅、优秀等褒义，如“ir de punta en blanco”意为“又干净又高雅的衣服”，“ser un mirlo blanco”意为“鹤立鸡群”。类似这样的文化词都需要结合特定的语言文化背景才能理解。

二、文化词的类型

文化词有狭义和广义之分。狭义的文化词只包括那些直接反映特定国情或独特文化的国俗词语，如汉语的“一国两制、京剧、太极拳、除夕、饺子、红娘”等。广义的文化词除了国俗词语，还包括具有特定文化附加义的词语，如在动物、植物、颜色、数字等方面表现出文化特征的词语。本章的“文化词”做广义理解。下面分别介绍这两个方面：

（一）国俗词语

国俗词语指的是因特定国情或历史传统而形成的文化词语。一般说来，国俗词语在其他语言中很难找到完全对等的表达方式。在汉语词汇学习中，从初级阶段开始，多数综合教材就已经出现了不少国俗词语。国俗词语大致可以分为以下几类：

（1）反映独特饮食文化的词语

饺子　汤圆　粽子　火锅　烤鸭　月饼

炸酱面　龙井茶　茅台酒　麻婆豆腐　宫保鸡丁

（2）反映特定地名、名胜古迹或旅游景点的词语

北京　黄河　西湖　泰山　故宫　长城

敦煌　颐和园　王府井　城隍庙　丝绸之路

（3）反映风俗习惯、礼仪文化的词语

春节　对联　农历　踏青　扫墓　划龙舟

花轿　喜糖　红包　红娘　闹洞房　十二生肖

（4）反映具有民族特色的体育、游戏或娱乐项目的词语

武术　功夫　气功　太极拳　少林拳

舞狮子　二龙戏珠　广场舞　麻将

（5）反映政治、经济等领域或社会生活的词语

单位　书记　国营　下海　小康　自贸区

一国两制　改革开放　经济特区　希望工程　义务教育

（6）反映文学艺术或历史人物的词语

京剧　国画　书法　相声　刺绣　四大名著

孔子　秦始皇　诸葛亮　孙中山　梅兰芳

一般来说，反映饮食文化或旅游景点等方面的国俗词语是汉语初学者在日常生活中经常要使用的，其他方面的国俗词语多出现在中、高级的教材中。

（二）具有特定文化附加义的词语

除了国俗词语外，汉语中还有相当一部分词语，在概念义之外蕴含着明显的文化附加义。比如，HSK 考试曾出现了这么一道选择题：

这个歌星最近在国内很（　　）

A. 黑　　B. 白　　C. 红　　D. 黄

这道题的答案是“C”，但不少应试者却选错了。主要原因就是他们只了解“红”的基本义，并不了解它所附加的文化义。“红”在汉语特定的文化背景下可以象征成功或受人重视，如“他演戏演红了、他是领导面前的红人”。像“红”这样的词也是文化词。

归纳起来，具有特定文化附加义的词语主要包括以下几类：（以下每个词或具有特定文化义的语素仅列举其部分文化附加义）

（1）颜色词

白：～脸（阴险的）；～道（合法的）；～旗（表示投降的）；～事（跟死了人有关的）

黑：～车（非法的）；～心肠（狠毒的）

红：～火（兴旺）；走～（顺利、成功）；～颜（美艳）；～尘（繁华、热闹）

黄：～袍（显示权势、威严的）；～色（内容色情的：黄色书籍）

绿：开～灯（可通行的）；～色（无公害、无污染的：绿色食品）

（2）动物词

龙：～袍（帝王的象征）；～的传人（中华民族的象征）；～马精神（健旺）；～飞凤舞（蜿蜒雄壮）；～腾虎跃（威武雄壮）；望子成～（出人头地、有作为）

鼠：～辈（微不足道的）；～目寸光（短、浅）；贼眉～眼（鬼祟、不正派的）

喜鹊：～报春（吉利、喜庆）；门前～叫，必有贵客到（报喜、喜庆）

乌鸦：～嘴（不吉利）；～当头过，无灾必有祸（凶兆）

狐狸/狐：狐狸尾巴（终究要暴露的坏行为）；狐朋狗友（品行不端、不务正业）

（3）植物词

松：～柏长青（生命力旺盛且具有坚强意志）；～鹤延年（长寿）

柳：折～送别（离别、思念）

松、竹、梅：岁寒三友（傲骨迎风、冰清玉洁、坚韧不拔的情操）

梅、兰、竹、菊：四君子（高风亮节、高雅的情操和信念）

（4）数字词

二（傻）　二百五（做事莽撞，有些傻气）　十三点（傻里傻气、言行不合情理）　四（“死”）　六（“顺”）　八（“发”）　九（“久”）

（5）熟语（成语、惯用语、谚语、歇后语等）或某些习语、交际用语等

愚公移山　点石成金　对牛弹琴　指手画脚

百事通　矮半截　唱高调　不管三七二十一

一场秋雨一场寒　人心齐，泰山移　不到长城非好汉　人生何处不相逢

吃了秤砣——铁了心　　千里送鹅毛——礼轻情意重

一路顺风　　欢迎光临　　敬请惠存　　致以节日的问候

慢走　　不敢当　　得了吧　　有话好说　　别往心里去

表示颜色、动植物、数字等方面的词语在其他语言中大都存在，但不同语言和文化背景下词语所代表的文化内涵有很大的差别，有的甚至完全相反。而像熟语或习语表达，在其他语言里基本找不到完全等值的词语来对应。归根结底，它们也是历史、文化、风俗等的积淀，反映了鲜明的民族文化特点。

第二节　文化词学习中的偏误表现

文化词带有浓厚的民族文化特征。在二语学习中，学习者不仅要掌握词语的基本概念义，还要了解词语背后所蕴藏的文化信息和内涵，否则容易产生理解上的偏差和交流上的障碍。下面对学习者在汉语文化词习得过程中出现的主要偏误现象进行说明，以便帮助汉语教师有针对性地进行文化词教学。

一般来说，由于国俗词语反映特定国情或独特文化，学习者只要了解了词义，在使用时不会有太大的问题。而具有文化附加义的这部分文化词在不同语言和文化背景下所代表的文化内涵有很大的差别，这方面更容易为学习者所忽视。实际上，文化词使用偏误主要集中在这一类上。根据出现偏误的不同原因，下面分两种情况进行说明：

一、对目标词的文化义理解不当而导致的偏误

在学习文化词时，学习者不仅需要识记文化词的特定内涵，还需要掌握它们的适用对象、使用范围等用法特征，同时也需要了解词语使用的背景信息，否则就容易出现偏误。

有的学习者对文化词所蕴含的特定内涵不甚了解，出现了偏误。例如：

①* 跟我同房的是一位日本同学和一位美国同学。

②* 这座房子的风水是在街道的南边。

例 ① 本该用“同屋”，但却用了“同房”，是因为学习者不了解“同房”在汉语文化背景下婉指夫妻过性生活这一特定内涵。例 ② 的“风水”在汉民族文化背景下，

指的是住宅基地、坟地等的地理形势，如地脉、山水的方向等，但学习者并不了解，将它简单理解为“房子坐落的位置”。

有时学习者对文化词的文化内涵和适用对象不够了解，也容易出错。例如：

③* 我们班的几个男同学是我们班的半边天，有活动都是他们来组织。

④* 中学毕业后，同学们都劳燕分飞，我也踏入了社会大学。

例 ③ 错将“半边天”用在“男同学”身上。“半边天”除了表示基本义“天空的一半或一部分”外，它还蕴含着特定的汉民族文化内涵：新中国成立后，由于歧视妇女的旧传统观念还在继续，为了动员社会一切力量都来搞建设，当时提出了“妇女能顶半边天”的口号，用来比喻妇女的力量和男子一样大，应享有平等的社会地位。后来，“半边天”就成了“妇女”的代名词，只能用在女性身上。例 ④ 将“劳燕分飞”用在同学之间的别离，也是没有了解清楚它的适用范围。“劳燕分飞”是从《古乐府》“东飞伯劳西飞燕”中凝固而来的，用来比喻人别离，但多用于夫妻。

有时学习者不了解文化词背后特定的文化信息，容易造成理解困难。例如：

⑤（课堂上，老师讲完“愚公移山”这个成语后，美国学生很不理解）愚公为什么那么笨？他为什么不搬家？为何要去搬山？

从字面去看，母语为非汉语的学习者确实难以理解“愚公移山”这个词语所表示的“比喻做事有毅力，不怕困难，坚持不懈”这一文化含义。这也就要求教师在教学过程中除了要讲清楚文化词的字面义，更要着重说明其背后通过引申或比喻等手段生发出来的深层文化义。其实，这种文化认知差异，往往渗透在语言交际的方方面面。

二、由学习者母语文化词的负迁移而导致的偏误

有一些汉语文化词在学习者的母语中也具有文化含义，如一些表示动植物的词语和颜色词等。不过，它们在不同语言中所代表的文化内容和附加色彩很可能不同，有的甚至完全相反。有时学习者受母语文化的影响，将母语文化词的含义和色彩套用在汉语文化词上，由此出现偏误。例如：

①* 他总是唠唠叨叨的，所以同事们给他起了个外号叫“喜鹊”。

“喜鹊”在汉语中是褒义的，象征着红运、吉利或喜庆。喜鹊的叫声被当作报喜的动听乐曲，如“门前喜鹊叫，必有贵客到”等。从上下文来看，“他总是唠唠叨叨的”蕴含贬义，与“喜鹊”在汉语中蕴含的褒义色彩相冲突。在其他一些语言中，与汉语“喜鹊”指同一种鸟的词语所代表的文化涵义尤其是感情色彩大为不同。例如：

英语：magpie（喜鹊，表"唠叨、烦人"）

This young man is really a magpie.（这个年轻人真是饶舌。）

He makes an answer as the magpie chatters.（他回答起来唠唠叨叨的。）

法语：pie（喜鹊，表"唠叨、喋喋不休"）

Elle est bavarde comme une pie.（她像喜鹊一样爱唠叨。）

俄语：сорока（喜鹊，表"爱嚼舌根、传播小道消息、搬弄是非"）

Сорока скажет вороне, ворона борову, а боров всему городу.

（喜鹊告诉乌鸦，乌鸦告诉公猪，公猪传遍全城。）

сорока-воровка（偷东西的喜鹊，后被视为"贼"的代称）

这些语言中的"喜鹊"，其语义内容大体相当于汉语中的"麻雀"。在汉语作为第二语言的教学中，教师尤其应该要把这样一些文化词的文化附加色彩介绍清楚。例如：

②* 我们在一起生活得太好了，他就像我的狗一样。

③ 师：你父母把你送到中国来学习汉语，他们是望子成龙啊！

生（瞪大眼睛反问）：为什么是"望子成龙"而不是"望子成狗"呢？

这两例是母语为英语的学习者将"dog（狗）"直接对应于汉语的"狗"而导致的偏误。英语的"dog（狗）"和汉语的"狗"都是文化词，但是文化附加义的内容截然不同。在英语文化中，"dog"常常是忠实、可爱和聪敏的象征，颇具褒义色彩。例如：

top dog（优胜者）

as faithful as a dog（像狗一样的忠诚）

You are a lucky dog.（你真幸运！）

Love me, love my dog.（爱屋及乌。）

It's dogged that does it.（有志者事竟成。）

Every dog has his day.（凡人皆有得意时。）

在其他语言中，也有一些类似的表达。例如：

法语：chien（狗）

Qui m'aime, aime mon chien.（爱我者也爱我的狗，即爱屋及乌。）

Vieux chien n'aboie pas en vain.（老狗叫，是忠告。）

俄语：собака（狗）

И собака старое доброе помнит.（狗也记得昔日恩情。）

собачья привязанность（狗一般的眷恋。）

而在汉民族文化背景下，与“狗”有关的词语大多含有贬义。例如：

狗胆包天（指人胆大妄为，是辱骂的语言）

狗急跳墙（比喻走投无路时不顾一切地行动）

狗仗人势（指依仗他人的势力欺负人）

狗嘴里吐不出象牙（比喻坏人嘴里说不出好话）

其他文化背景的学习者如果不注意“狗”在不同语言中文化义和附加色彩的差别，就容易出现偏误。又如：

④（老师在课堂上讲解了“望子成龙”这个成语后）

生：中国人为什么希望自己的儿子成为一种凶残的怪物呢？

汉语中的“龙”是神圣、权威和力量的象征，“东方巨龙、龙腾虎跃、生龙活虎、龙马精神、龙飞凤舞”等都是这种文化的充分反映。中国人以是“龙的传人”而自豪，父母希望自己的子女成为有出息、有作为的“龙”，即“望子成龙”。但是，在不少语言和文化中，人们对“龙”的认识和解读大相径庭。“dragon（龙）”在英语文化中是“替魔鬼看守财宝的凶悍怪物”，“the old dragon”是“魔王”的意思，英格兰的守护圣徒圣·乔治（St. George）就以英勇除掉危害人间的龙而闻名。“дракон（龙）”在俄罗斯文化里是一种生有双翅、能喷吐火焰的蛇形怪物，也是邪恶的象征，吞噬动物和人类。莫斯科的市徽上就有身穿白衣、骑白马的骑士手持长矛刺向一条怒张大口的龙的画面，象征着善良战胜邪恶、英雄保卫国家。因此，在这些文化背景的学生眼中，“龙”是一种凶残的怪物。如果教师不把这些文化差异的关键因素解释清楚，学生就难以理解。

无论是对目标词的文化义理解不当而导致的偏误，还是来自学习者母语文化词的负迁移作用，背后映射的都不仅是语言知识的差异，更是文化的交织与碰撞。对于那些学习者母语中有类似概念但文化内涵有差异的文化词，我们一定要注意分辨。

第三节　文化词的教学

文化词教学是词汇教学中不容忽视的一个方面。有效的文化词教学可以增强学习者对汉语文化与母语文化差异的敏感性，克服跨文化语言交际中可能出现的障碍，避免跨文化交际中的误解，从而提高交际能力。下面介绍文化词教学中的一些常用方法和注意事项：

一、直观法

文化词中那些表示具体事物的国俗词语，大多数是形象可感的，这类词语可以采用直观法教学。教师要善于利用身边的实物、多媒体技术或让学生亲身体验的便利条件。比如，在教“筷子、饺子、麻婆豆腐、四合院、故宫、毛笔、旗袍、对联、中国结、书法”等词语时，就可以给学生展示具体的实物或图片，让学生获得感性的认识。当然也可以运用多媒体技术帮助学生从声、图、文、像等多个方面来感受。有条件的话，还可以让学生亲自体验一下，如教他们正确地使用筷子、编中国结或者让学生自己去中国餐馆里学习点菜、去参观名胜古迹等。又比如，有的老师在教形容书法笔势的词语“龙飞凤舞”时，费了很多口舌来讲解，学生仍不知所云，于是就展示了一些草书和狂草的书法作品和图片甚至是一些动态图，学生就基本明白这个词语的意思了，效果很好。此时的直观法比其他办法更方便、更准确地传达出“龙飞凤舞”的特点和神韵。

通过一目了然的实物、图片、多媒体和亲身体验，学生比较容易把握住这部分文化词的意思，印象也很深刻。

二、比较法

文化词所蕴含的文化义在不同的语言和文化中可能相同，也可能截然相反。通过比较，能加深学生对不同文化的理解。对于涵义基本相同的文化词，学生可以利用母语文化知识来帮助理解和记忆汉语中的对应词。比如，汉语的“狐狸”常常与狡猾、多疑联系在一起，如“老狐狸、狐狸尾巴、满腹狐疑、狐疑不定、狐朋狗友”等，都具有贬义色彩。英语的“fox”也多表示狡猾、诡计多端，如“A fox may turn gray, but never kind（江山易改本性难移）”“When the fox preaches, take care of your geese（狐狸说教，当心鹅被盗）”等。法语的“renard（狐狸）”同样表示狡猾，如“C’est un renard！（这只老狐狸！）”“Rusé comme un renard（像狐狸一样狡猾）”。在俄罗斯文化中，“Лиса（狐狸）”还是贪婪狡猾的，如“Лиса во сне кур считает（狐狸做梦也在数鸡）”“Лиса семерых волков проведет（一只狐狸能骗七只狼）”“У доброй лисы по три отнорка（狡狐三窟）”等。教师要充分利用由文化义的相似性带来的正迁移来进行教学。当然，需要注意的是，这种情况并不常见，因此使用同义关联时要特别慎重。

实际上，大多数文化词在不同语言中文化义很不相同，因此更需要通过对比的方法来揭示其中的差异。比如，“夜猫子（即猫头鹰）”由于昼伏夜出，叫声凄厉，中国人将它看作不祥之鸟，会带来噩运和晦气，在民间俗语中有“夜猫子进宅，无事不来”“不怕夜猫子叫，就怕夜猫子笑”等说法。可见，在中国文化里，“猫头鹰”扮演的是一个比较阴暗、丑陋的角色。与汉语相反，英语的“owl（猫头鹰）”是智慧和机警的象征，如“as wise as an owl（像猫头鹰一样有智慧）”；说某人“owlish”，往往是形容其聪明、严肃。在儿童读物和漫画中，“owl（猫头鹰）”通常也很有头脑，动物之间的争端由 owl 来裁判，紧要关头要找 owl 求救。于是英语背景的学生就造出了这样的句子：

* 我的同屋像猫头鹰那样聪明。

对于这样的文化词语的教学，教师尤其应该向学生展示清楚两种不同文化背景下的具体差异，最大限度地避免由母语负迁移带来的偏误。

三、溯源法

溯源法就是追溯词语的来源与出处，在这个基础上对该词的文化义进行阐释的方法。有一些文化词具有特定的背景信息，直白地进行讲解往往不够显豁。这主要是那些具有故事来源或典故的熟语，如“愚公移山、自相矛盾、对牛弹琴”和“说曹操，曹操到”等。以“愚公移山”为例。在课堂上，教师可以先把这个成语的字面意思和出处介绍一下，指明它是神话故事，然后用学生听得懂的话语重点讲述一下“愚公移山”这个故事的具体内容。最后，将“愚公移山”所蕴含的文化内涵揭示出来，即“愚公移山”的故事说明，做事情必须要下定决心，坚持不懈，才能获得成功。因此，“愚公”并不“愚”，“愚公移山”赞扬的正是“愚公”身上的可贵品质。

溯源法其实就是对文化词的来源和理据进行说明。由于汉语中的文化词有很大一部分来自神话传说、寓言故事、历史记载或人物事件，讲解起来都具有很强的故事性，很容易激发学生的兴趣。需要注意的是，由于这些文化词往往蕴含着深刻的道理，有时又比较抽象，教师在讲解时需要充分考虑到学生的接受能力和理解水平，尽量用学生听得懂的话语把那些他们有必要知道的内容说清楚。

四、归类法

文化词常常具有一定的类聚特征，由某一带有文化特征的语素或词作为核心成分构成的表达往往都具有一定的相似性。比如，“狗”在汉语中多含贬义，常用作詈骂之词，现代汉语中由“狗”这个核心语素所组成的词语，像“哈巴狗、看门狗、狗皮膏药、狗仗人势、人模狗样、狗拿耗子——多管闲事”等，也多表厌恶之意。因此，教师可以结合课本内容，对同一系列的文化词进行归纳，以帮助学生形成清晰的记忆网络。有时也可以根据相同或相近的话题内容来归类。例如：

饮食：饺子、包子、馒头、馄饨、烧饼、油条、花卷儿、春卷儿……

传统节日：春节、元宵节、清明节、端午节、七夕节、中秋节、重阳节、除夕……

归类法可以使学生在学习和运用相同或相近类型的文化词时进行比较和联想，使同类词语在大脑中留下深刻的印象，有效扩大学生的词汇量。当然，这种方法适用于中、高级阶段的学生。

五、文化意义阐释法

除了上述的几种常见方法，文化词教学还有一个需要特别注意的方面，就是在释义上要做到精准，尤其要避免简单释义。

目前的教材通常采用音译法或直译法来注释文化词。音译的如“功夫—kung fu、孔子—Confucius”等；直译的如“月饼—moon cake、春节—the Spring Festival、京剧—Beijing opera”等。也有一小部分根据文化词的整体意思来意译，如“红娘—matchmaker、老百姓—common people”等。采用这样简单、直观的注释方法能在很大程度上保留文化词的字面意思（甚至语音）。不过，有一些文化词语，如果注释得过于简单，学习者难以从注释义中获得词语准确的文化涵义，就有可能引起使用上的偏误。比如，有的教材对“做寿”是这么解释的：

做寿　　to celebrate one’s birthday

结果学生造出了下面的句子：

*我的同屋下个星期过生日，我要去做寿。

其实，“做寿”除了表示“给某人过生日”这个基本概念义以外，还有特定的关涉对象，给老年人过生日才能叫“做寿”。由于“to celebrate one’s birthday”并没有对“做寿”的适用对象做出说明，学生很容易误认为只要表达“过生日”时都可以用这个词，由此出现了上面的偏误。

又比如，有的教材将“风水”一词做了如下翻译：

风水　the location of a house

既然“风水”表示“the location of a house”，学习者便“理所当然”地将它理解为“房子的位置”，因而出现本章第二节例子“这座房子的风水是在街道的南边”那样的偏误。殊不知“风水”在汉语中是具有特定文化涵义的。不妨调整为下面这样的释义：

风水　location of a house, grave, etc., features of surroundings and nearby hills and waters. Superstitious people believe this can affect the fortunes of a family and its descendants.

还有一些文化词出自典故或民间故事，如“愚公移山、望子成龙”等，有的教材直接按字面意思来注释。例如：

愚公移山　the foolish old man who moved the mountains

怪不得学生会疑惑不解地问老师：为什么愚公那么笨要去搬山？如果在字面义的基础上再将其背景信息和特定的比喻义揭示出来，相信学生就不会那么茫然了：

愚公移山　The story of “the foolish old man who moved the mountains” has the figurative meaning that “people do things with dogged perseverance and fear no difficulty”.

因此，我们要尽量在教材中消除学习者在文化知识上的理解障碍，做到“表意传神，形意兼顾”。作为教师，在教学过程中也应该有意识地通过适当的讲解和说明来克服教材释义不当带来的负面影响。

文化词是折射不同民族在历史、社会、生活等诸多方面的一面镜子。文化词教学不是孤立的词语教学，而是将语言知识和文化知识有机结合起来的词语教学，同时也是让学生感受和领悟中国文化魅力的一扇窗口。教师在文化词教学过程中应该采用多种策略和方法来揭示和展示汉语文化词的文化内涵，积极培养学生的跨文化交际能力。

【思考与练习十一】

一、填空。

1. 文化词指的是＿＿＿＿＿＿＿＿＿＿＿＿＿＿＿＿＿＿＿＿。

2. 广义的文化词主要包括＿＿＿＿＿＿＿＿和＿＿＿＿＿＿＿＿＿＿。

3. 像“太极拳、四合院”这样的文化词最好采用______法来教学；“白色、狗”最好采用______法来教学；“纸上谈兵、惊弓之鸟”则最好采用______法来教学。

二、下面搜集了汉语和英语中一些在意义上比较接近的动物比喻用语。请你比较一下两种语言在选择上的差异。

牛饮—drink like a fish

吹牛—talk horse

胆小如鼠—as timid as a rabbit

落汤鸡—drowned rat

猫哭老鼠—shed crocodile tears

狼吞虎咽—eat like a horse

虎头蛇尾—in like a lion, out like a lamb

养虎为患—warm a snake in one's bosom

害群之马—black sheep

非驴非马—neither fish nor flesh

如鱼得水—like a duck to water

瓮中之鳖—a rat in a hole

杀鸡取卵—kill the goose that lays the golden eggs

热锅上的蚂蚁—a cat on hot bricks

山中无老虎，猴子称大王—a big fish in a small pond

宁当鸡首，勿做凤尾—better be the head of a dog than the tail of a lion

三、思考。

1. 英国学生克里斯有一次在中国朋友家看到一幅画，上面有一只蝙蝠和一个桃子。他很不明白为什么要把蝙蝠和桃子放在一起，也不理解这幅画的意思。在他看来，“bat（蝙蝠）”是很不吉利的动物。

请你搜集一些关于“蝙蝠”的汉英表达，比较一下它在两种语言中的文化义差别，并告诉克里斯该如何理解这幅画的意思。

2. 一名中级班留学生的作文里记录了下面这样一个故事：

一次，我去老师家做客。晚饭开始了，有很多菜。可是老师却一个劲儿地说：“没什么菜！没什么菜！你慢慢吃。”我很不明白，为什么老师要这样说呢？于是就很小心很慢地吃了一点儿。老师一见，又一个劲儿地说：“不要客气，慢慢吃吧！”我愣住了，我已经吃得很慢了，难道老师还觉得我吃得多？我有点儿不好意思，放下了筷子。

请你找出上述故事里具有特定文化内涵的表达，并分析造成交际不畅的原因。

主要参考文献

敖桂华（2008）对外汉语近义词辨析教学对策，《汉语学习》第 3 期。

北京大学中文系现代汉语教研室编（2012）《现代汉语》（增订本），北京：商务印书馆。

蔡淑美、施春宏（2014）基于汉语中介语语料库的二价名词习得研究，《语言文字应用》第 2 期。

曹　炜（2010）《现代汉语词汇研究》（修订版），广州：暨南大学出版社。

常敬宇（1995）《汉语词汇与文化》，北京：北京大学出版社。

陈光磊（1994）《汉语词法论》，上海：学林出版社。

崔永华主编（1997）《词汇、文字研究与对外汉语教学》（对外汉语教学研究丛书之一），北京：北京语言文化大学出版社。

邓守信主编（1994）《汉英汉语常用近义词用法词典》，台北：文鹤出版有限公司。

冯胜利（2001）从韵律看汉语"词""语"分流之大界，《中国语文》第 1 期。

冯胜利、施春宏（2011）论对外汉语教学中"三一语法"，《语言科学》第 5 期。

冯胜利、施春宏（2015）《三一语法：结构·功能·语境——初中级汉语语法点教学指南》，北京：北京大学出版社。

冯胜利、刘乐宁、朱永平、阎　玲（2018）《汉语教师专业技能指导手册》，北京：北京语言大学出版社。

符淮青（2006）《词义的分析和描写》，北京：外语教学与研究出版社。

高书贵（1993）有关对外汉语教材如何处理离合词的问题，《世界汉语教学》第 2 期。

葛本仪（2014）《现代汉语词汇学》（第 3 版），北京：商务印书馆。

郭志良（1988）对外汉语教学中词义辨析的几个问题，《世界汉语教学》第 1 期。

胡明扬（1997）对外汉语教学中语汇教学的若干问题，《语言文字应用》第 1 期。

胡裕树主编（2011）《现代汉语》（第七版），上海：上海教育出版社。

黄伯荣、廖序东主编（2017）《现代汉语》（增订六版），北京：高等教育出版社。

黄埋秋、施春宏（2010）汉语中介语介词性框式结构的偏误分析，《华文教学与研究》第 3 期。

贾彦德（1999）《汉语语义学》，北京：北京大学出版社。

李如龙、吴　茗（2005）略论对外汉语词汇教学的两个原则，《语言教学与研究》第2期。

李绍林（2010）对外汉语教学词义辨析的对象和原则，《世界汉语教学》第3期。

李先银、吕艳辉、魏耕耘（2015）《国际汉语教学：词汇教学方法与技巧》，北京：北京语言大学出版社。

李晓琪（1998）论对外汉语虚词教学，《世界汉语教学》第3期。

李宇明主编（2010）《全球华语词典》，北京：商务印书馆。

刘乃叔、敖桂华（2003）《近义词使用区别》，北京：北京语言大学出版社。

刘叔新（2013）《汉语描写词汇学》（重排本），北京：商务印书馆。

刘叔新主编（2004）《现代汉语同义词词典》，天津：南开大学出版社。

刘座箐（2013）《国际汉语词汇与词汇教学》，北京：高等教育出版社。

卢福波（2000）《对外汉语常用词语对比例释》，北京：北京语言大学出版社。

鲁健骥、吕文华主编（2006）《商务馆学汉语词典》，北京：商务印书馆。

陆俭明（2013）《现代汉语语法研究教程》（第四版），北京：北京大学出版社。

陆俭明、马　真（2016）《汉语教师应有的素质与基本功》，北京：外语教学与研究出版社。

陆俭明、马　真（1985）《现代汉语虚词散论》，北京：北京大学出版社。

陆志韦（1957）《汉语的构词法》，北京：科学出版社。

吕必松（1995）关于语言教学的若干问题，《语言教学与研究》第4期。

吕必松（2012）《华语教学新探》，北京：北京语言大学出版社。

吕叔湘主编（1999）《现代汉语八百词》（增订本），北京：商务印书馆。

吕文华（1999）短语词的划分在对外汉语教学中的意义，《语言教学与研究》第3期。

吕文华（2014）《对外汉语教学语法讲义》，北京：北京大学出版社。

马　真（2004）《现代汉语虚词研究方法论》，北京：商务印书馆。

马燕华、庄　莹（2002）《汉语近义词词典》，北京：北京大学出版社。

梅立崇（1993）汉语国俗词语刍议，《世界汉语教学》第1期。

裴雨来（2016）《汉语的韵律词》，北京：北京语言大学出版社。

亓文香（2008）语块理论在对外汉语教学中的应用，《语言教学与研究》第4期。

钱旭菁（2008）汉语语块研究初探，《北京大学学报》（哲学社会科学版）第5期。

饶　勤（1997）离合词的结构特点和语用分析——兼论中高级对外汉语离合词的教学，《汉语学习》第2期。

邵敬敏主编（2016）《现代汉语通论》（第三版），上海：上海教育出版社。

沈　阳、郭　锐主编（2014）《现代汉语》，北京：高等教育出版社。

施春宏（2010）网络语言的语言价值和语言学价值，《语言文字应用》第3期。

施春宏（2015a）《词义结构和词语调节的认知研究》，北京：北京语言大学出版社。

施春宏（2015b）从泰式华文的用词特征看华文社区词问题，《语文研究》第2期。

施春宏（2018）《汉语纲要》（上、下册），北京：北京语言大学出版社。

施春宏等（2018）《汉语构式的二语习得研究》，北京：商务印书馆。

施春宏、蔡淑美、李　娜（2017）基于"三一语法"观念的二语词汇教学基本原则，《华文教学与研究》第1期。

苏英霞（2010）汉语学习者易混淆虚词的辨析视角，《汉语学习》第2期。

孙德金主编（2006）《对外汉语词汇及词汇教学研究》，北京：商务印书馆。

田小琳（2009）《香港社区词词典》，北京：商务印书馆。

万艺玲（2010）《汉语词汇教学》，北京：北京语言大学出版社。

王海峰（2011）《现代汉语离合词离析形式功能研究》，北京：北京大学出版社。

王建勤（1997）"不"和"没"否定结构的习得过程，《世界汉语教学》第3期。

王建勤主编（1997）《汉语作为第二语言的习得研究》，北京：北京语言文化大学出版社。

王建勤主编（2006）《汉语作为第二语言的学习者习得过程研究》，北京：商务印书馆。

王建勤主编（2006）《汉语作为第二语言的学习者与汉语认知研究》，北京：商务印书馆。

王建勤主编（2006）《汉语作为第二语言的学习者语言系统研究》，北京：商务印书馆。

吴　海（1991）《常用同义词典》，北京：北京师范学院出版社。

伍谦光（1992）《语义学导论》（修订本），长沙：湖南教育出版社。

徐通锵（1994）"字"和汉语的句法结构，《世界汉语教学》第2期。

薛小芳、施春宏（2013）语块的性质及汉语语块系统的层级关系，《当代修辞学》第3期。

杨　圳、施春宏（2013）汉语准价动词的二语习得表现及其内在机制，《世界汉语教学》第4期。

杨德峰（1999）《汉语与文化交际》，北京：北京大学出版社。

杨惠元（2003）强化词汇教学，淡化句法教学——也谈对外汉语教学中的语法教学，《语言教学与研究》第1期。

杨寄洲（2004）课堂教学中怎么进行近义词语用法对比，《世界汉语教学》第3期。

杨寄洲、贾永芬（2005）《1700 对近义词语用法对比》，北京：北京语言大学出版社。

杨庆蕙（1995）《现代汉语离合词用法词典》，北京：北京师范大学出版社。

于根元主编（1994）《现代汉语新词词典》，北京：北京语言学院出版社。

于根元（2008）《应用语言学教程》，北京：华语教学出版社。

袁毓林主编（2018）《汉语形容词造句词典》，北京：商务印书馆。

张　博（2007）同义词、近义词、易混淆词：从汉语到中介语的视角转移，《世界汉语教学》第 3 期。

张　博（2008）第二语言学习者汉语中介语易混淆词及其研究方法，《语言教学与研究》第 6 期。

张　博（2013）针对性：易混淆词辨析词典的研编要则，《世界汉语教学》第 2 期。

张　博等（2008）《基于中介语语料库的汉语词汇专题研究》，北京：北京大学出版社。

张　博等（2016）《不同母语背景的汉语学习者词汇混淆分布特征及其成因研究》，北京：北京大学出版社。

张德鑫（1995）汉英词语文化上的不对应，《世界汉语教学》第 1 期。

张谊生主编（2013）《现代汉语》，北京：中国人民大学出版社。

张志毅、张庆云（2012）《词汇语义学》（第三版），北京：商务印书馆。

赵金铭主编（2004）《对外汉语教学概论》，北京：商务印书馆。

赵　明（2016）《现代汉语文化词研究》，北京：中国社会科学出版社。

赵　新、洪　炜（2013）针对二语学习者的汉语近义词教学，《华文教学与研究》第 4 期。

赵　新、李　英主编（2009）《商务馆学汉语近义词词典》，北京：商务印书馆。

周　荐（2016）《现代汉语词汇学教程》，北京：北京大学出版社。

周　健（2007）语块在对外汉语教学中的价值与作用，《暨南学报》（哲学社会科学版）第 1 期。

周国光（2004）《现代汉语词汇学导论》，广州：广东高等教育出版社。

Carpenter, E. (1993) *Confusable Words*. London: Harper Collins Publishers.（《易混淆词》，顾明华译），北京：外文出版社，2000 年。

James, Carl (1998) *Errors in Language Learning and Use: Exploring Error Analysis.*（《语言学习和语言使用中的错误：错误分析探讨》），北京：外语教学与研究出版社，2001 年。

Nattinger, J. & De Carrico, J. (1992) *Lexical Phrases and Language Teaching*. Oxford University Press.

附　录

附录 1　术语和概念检索

说明：1. 术语和概念后面的数字为该术语 / 概念及相关解释或重点讨论的文字所在页码。

2. 术语 / 概念加粗者表示本书对该术语 / 概念做了解释，页码加粗者表示对该术语 / 概念的解释在此页。

3. 有的术语 / 概念有几个名称，以本书使用者为正条。

附录 2　思考与练习参考答案

【思考与练习一】

一、1. 词　　固定短语

2. 能够独立运用　　音义　　词和词的组合

3. 是否能独立运用　　是否为最小单位

4. 单音节语素　　双音节语素　　多音节语素

5. 成词语素　　不成词语素　　定位语素　　不定位语素

6. 成词语素　　不成词语素

7. 词和词的固定组合　　专门用语　　熟语

8. 成语　　惯用语　　歇后语　　谚语

9. 9　　9　　12

10. 2　　4　　4

二、1. “白吃、白喝、白拿、说白了”中的“白”是词。

2. “关上”中的“关”是词。

3. “翻了一番”中的“番”是词。

4. “红透了”中的“红”是词。

5. “三份”中的“三”是词。

判断理由：略。

三、这 / 是 / 勇敢 / 的 / 海燕，在 / 闪电 / 之间，在 / 怒吼 / 的 / 大海 / 上 / 高傲 / 地 / 飞翔。这 / 是 / 胜利 / 的 / 预言家 / 在 / 叫喊——让 / 暴风雨 / 来 / 得 / 更 / 猛烈 / 些 / 吧！

四、

学习 <

学～：学生、学校、学业、学者

～习：练习、预习、复习、研习

“学”和“习”都可以在不改变基本语义的情况下与其他成分组合，它们是两个语素。

沙龙 <

沙～：沙子、沙滩、沙地、沙漠

～龙：恐龙、巨龙、长龙、接龙

虽然“沙”和“龙”都能被替换，可是替换后的意义跟“沙龙”一词所表示的意义没有任何联系。因此，它们都不是语素，合起来才是一个语素。

沙包 <

沙～：沙子、沙滩、沙地、沙漠

～包：书包、背包、挎包、提包

“沙”和“包”都可以在不改变基本语义的情况下与其他成分组合，它们是两个语素。

蚯蚓 ＜ 蚯～：?
　　　 ～蚓：?

“蚯”和“蚓”虽然有语音形式，但本身不表示意义，也找不到其他成分替换。因此，它们都不是语素，合起来才是一个语素。

荒唐 ＜ 荒～：荒凉、荒漠、荒草、荒野
　　　 ～唐：?

虽然“唐”能被替换，但“荒”却不能被其他成分替换，而“荒”替换后的意义跟“荒唐”一词所表示的意义没有任何联系。因此，它们都不是语素，合起来才是一个语素。

荒原 ＜ 荒～：荒凉、荒漠、荒草、荒野
　　　 ～原：草原、平原、高原、雪原

“荒”和“原”都可以在不改变基本语义的情况下与其他成分组合，它们是两个语素。

精彩 ＜ 精～：精辟、精美、精湛、精密
　　　 ～彩：出彩、喝彩、光彩、异彩

“精”和“彩”都可以在不改变基本语义的情况下与其他成分组合，它们是两个语素。

窟窿 ＜ 窟～：窟穴、窟宅
　　　 ～窿：?

虽然“窿”能被替换，但“窟”却不能被其他成分替换。因此，它们都不是语素，合起来才是一个语素。

演练 ＜ 演～：演习、演算、演绎、演武
　　　 ～练：操练、排练、训练、拉练

“演”和“练”都可以在不改变基本语义的情况下与其他成分组合，它们是两个语素。

蹊跷 ＜ 蹊～：?
　　　 ～跷：?

“蹊”和“跷”虽然有语音形式，但本身不表示意义，也找不到其他成分替换。因此，它们都不是语素，合起来才是一个语素。

苏～：苏州、苏绣、苏白、苏菜
苏打
～打：拍打、敲打、殴打、捶打

虽然“苏”和“打”都能被替换，可是替换后的意义跟“苏打”一词所表示的意义没有任何联系。因此，它们都不是语素，合起来才是一个语素。

缥～：？
缥缈
～缈：虚缈

虽然“缥缈”中的“缥”能被“虚”替换（能被替换的选择很少），但“缈”却不能被其他成分替换。因此，它们都不是语素，合起来才是一个语素。

五、1. 一个语素：骆驼、从容、蝴蝶、忐忑、巴士、猩猩、澎湃、模特、仿佛、参差、逍遥、雅思、西班牙、高尔夫、珠穆朗玛

2. 两个语素：校服、孝敬、撕打、苦涩、酿造、蜡烛、驼背、画报、佛法、惨败、本地、打的、葡萄酒、呼啦圈、桑拿浴、因特网、斯拉夫语

3. 三个及以上语素：农产品、热水器、旅行社、水上芭蕾、马克思主义、中华人民共和国

六、1. 根据音节数量所分的类：

单音节：老、瞰、基、丰、街、妇、羽、性、化、孤、谁、历

双音节：沙发、芙蓉、玲珑、玛瑙、荆棘、蜈蚣

多音节：苏维埃、凡士林

2. 根据构词能力所分的类：

成词：老、街、谁

不成词：瞰、基、丰、妇、羽、性、化、孤、历

3. 依据活跃程度所分的类：

定位：瞰、性、化

不定位：基、丰、妇、羽、孤、历

七、览（①）人（②）匍（③）缔（①）慷（③）念（②）司（①）

跳（②）葡（③）森（①）蛛（③）蜻（③）嗦（③）蚣（③）

八、编辑（词）—编书（短语）　作假（短语）—作家（词）

出产（词）—出厂（离合语）　新书（短语）—新娘（词）

学习（词）—学坏（短语）　白墙（短语）—白菜（词）

热水（短语）—汗水（词）　参赞（词）—参政（离合词）

海浪（短语）—海流（词）　生姜（词）—生肉（短语）

吃食堂（固定短语）—吃米饭（自由短语）

穿小鞋（固定短语）—穿新鞋（自由短语）

挖地洞（自由短语）—挖墙脚（固定短语）
占便宜（固定短语）—占座位（自由短语）
揭锅盖（自由短语）—揭老底（固定短语）
炒鱼片（自由短语）—炒鱿鱼（固定短语）
背黑锅（固定短语）—背麦子（自由短语）
钻山洞（自由短语）—钻空子（固定短语）

九、1. 李厂长坐在沙发上喝咖啡。

汉字：李/厂/长/坐/在/沙/发/上/喝/咖/啡。
语素：李/厂/长/坐/在/沙发/上/喝/咖啡。
词：李/厂长/坐/在/沙发/上/喝/咖啡。

2. 他喜欢唱流行歌曲，跳迪斯科。

汉字：他/喜/欢/唱/流/行/歌/曲，跳/迪/斯/科。
语素：他/喜/欢/唱/流/行/歌/曲，跳/迪斯科。
词：他/喜欢/唱/流行/歌曲，跳/迪斯科。

3. 信赖，是一片爱的汪洋大海。

汉字：信/赖，是/一/片/爱/的/汪/洋/大/海。
语素：信/赖，是/一/片/爱/的/汪洋/大/海。
词：信赖，是/一/片/爱/的/汪洋/大海。

4. 在五彩斑斓的水石间，鱼群闪闪的鳞光映着雪水清流。

汉字：在/五/彩/斑/斓/的/水/石/间，鱼/群/闪/闪/的/鳞/光/映/着/雪/水/清/流。
语素：在/五/彩/斑斓/的/水/石/间，鱼/群/闪/闪/的/鳞/光/映/着/雪/水/清/流。
词：在/五彩斑斓/的/水/石/间，鱼/群/闪闪/的/鳞光/映/着/雪/水/清流。

5. 老人蹒跚地走了过来。

汉字：老/人/蹒/跚/地/走/了/过/来。
语素：老/人/蹒跚/地/走/了/过/来。
词：老人/蹒跚/地/走/了/过来。

十、

	好	民主	白纸	幽默	多媒体	华尔兹	番茄酱	耶路撒冷
汉字	1	2	2	2	3	3	3	4
语素	1	2	2	1	2	1	2	1
词	1	1	2	1	1	1	1	1

十一、略。

十二、略。

十三、略。

【思考与练习二】

一、1. 语言交际中使用时间长、使用频率高、为人们共同理解的词语　　基本词

2. 普遍性　　稳固性　　能产性

3. 新词　　古语词　　方言词　　外来词

4. 文言词　　历史词　　文言　　历史

5. 方言　　外来

6. 音译　半音译半意译　半音译半意译　“音译 + 类名”　借形　字母

7. 音义兼译　　意译

8. 专业术语　　行业用语

9. 人们长期习用的形式简洁而意义精练　　凝固性　　整体性

10. 成语　　歇后语　　谜面　　谜底　　歇后语

二、1. C　　2. D　　3. A　　4. A　　5. C　　6. A

7. C　　8. B　　9. A　　10. C　　11. A　　12. D

三、1. 新词和古语词

新词：氧吧、黑屏

古语词：① 文言词：拨冗、邂逅、莞尔；② 历史词：宦官、庶人、太子

2. 方言词和外来词

方言词：晓得、尴尬、蹩脚、瘪三

外来词：① 音译词：冬不拉、马拉松、爵士、哈达、伦敦、洛杉矶

② 音义兼译词：基因、模具、可口可乐

③ “音译 + 类名”词：伏尔加酒、沙丁鱼

④ 字母词：SOS、CBD、SPA

⑤ 借形词：干事、东京、手续、事务所、寿司、系统

意译词：汽车、手机、电影、卫星、备忘录、总统

3. 社区词：水货、大咖

4. 专业术语：股票

四、1. 变色龙：比喻在政治上善于变化和伪装的人。

2. 炒冷饭：比喻重复已经说过的话或做过的事，没有新的内容。

3. 打头炮：开第一炮，比喻带头发言或行动。

4. 一刀切：比喻不顾实际情况，用同一方式处理问题。

5. 大杂烩：比喻把各种不同的事物胡乱拼凑在一起的混合体（含贬义）。

6. 抱佛脚：比喻平时没联系，临时慌忙恳求，后比喻平时没准备，临时慌忙应付。

7. 地头蛇：指当地的强横无赖、欺压人民的坏人。

8. 乱弹琴：比喻胡扯或胡闹。

9. 马大哈：指粗心大意的人。

10. 狗咬狗：比喻坏人之间互相倾轧、争斗。

11. 翘尾巴：指骄傲自大。

12. 抱粗腿：比喻攀附有权势的人。

13. 绣花枕头：比喻徒有外表而无学识才能的人，也比喻外表好看而质量不高的货物。

14. 陈谷子烂芝麻：比喻陈旧的无关紧要的话或事物。

15. 挂羊头卖狗肉：比喻用好的名义做幌子，实际上名不副实，做坏事。

五、1. 神话寓言：愚公移山、黄粱美梦、自相矛盾、精卫填海

2. 历史故事：完璧归赵、爱屋及乌、天马行空、负荆请罪

3. 诗文语句：老骥伏枥、信誓旦旦、扑朔迷离

4. 口头熟语：一干二净

六、1.（1）普遍性。由于基本词汇中的词都是人们在日常生活和日常交际中经常、普遍使用的词，因此使用范围非常广泛。如“爸、妈、今天、明天、什么、那么”等词，具有很高的普遍性，是全民常用词汇。

（2）稳固性。基本词汇中的词大多是历史传承下来的，具有很强的稳固性。如数千年前就已经有记载的“牛、羊、马、鸡、酒、日、月、雨、雪、风、见、大、高”等词，这些词从古到今基本没有发生什么变化。

（3）能产性。所谓能产性，就是指构词能力较强。基本词是构成新词的基础。人们在构造新词语的时候，往往使用基本词尤其是单音节的基本词作为构词要素和基干。如“心”作为构词要素，往往可以同别的语素组合构成“心病、心肠、心潮、心慌、心急、心悸、心静、心宽体胖、心腹之患”等词语。

2.（1）基本词是指语言交际中使用时间长、使用频率高、为人们共同理解的词语。基本词汇就是基本词的总汇。一般词汇是指基本词汇以外的词汇。

（2）与基本词汇的普遍性特点相比，一般词汇的使用范围比较狭窄，不一定为人们普遍掌握。而且，一般词汇也没有基本词汇那么强的稳固性，随着社会的发展，不断有新词产生，也不断有旧词消亡，经常发生变动。另外，一般词汇的构词能力也没有基本词汇那么强。

（3）二者具有紧密的联系。首先，基本词汇是构成新词的基础，充实、扩大了一般词汇的内容。其次，基本词语和一般词语之间也处于动态的关系之中。基本词汇中的有些词，在发展过程中变成了一般词语；一般词汇中的词，也有可能在语言发展过程中逐渐取得基本词的性质而转化为基本词。

3. 根据吸收方式和构造特点，外来词可以大致分为以下几种：

（1）音译词。音译词指按照发音进行音译的外来词。如“巴士（bus）、坦克（tank）、咖喱（curry）”等。

（2）音义兼译词。音义兼译词是指音译的同时尽量使用跟原词词义相关的汉语语素。如“休克（shock）、引擎（engine）、基因（gene）”等。

（3）半音译半意译词。半音译半意译词是把外来词分成两个部分，一部分音译，一部分意译。如“呼啦圈（hula hoop）、信用卡（credit card）、苹果派（apple pie）”。

（4）“音译+类名”词。“音译+类名”词是把外来词分成两个部分，一部分是音译（或音义兼译），另一部分加上表示这类事物的类名。如“曲奇饼（cookie）、太妃糖（taffy）、吉普车（jeep）”等。

（5）字母词。字母词是借用外文字母或单词而形成的词。根据是否与汉语语素组合，又有两种情况。一是纯字母形式的，如“IQ（智商）、VIP（贵宾）、DIY（自己动手做）”等；还有与汉语语素或数字组合在一起的，如“A股、B超、O型（血）”等。

（6）借形词。借形词是把用汉字书写的日语词直接借用过来，保持原词的词形（词义可能有变化），但改用汉语的读音。如“经验、对象、干部”等。

汉语中还有一些词，从来源的角度看，是由外来概念形成的，但采用的是汉语的构词材料和规则，主要包括意译词和仿译词这两种类型。意译词是利用本民族的构词材料和规则，完全采用意译的方式把外语里某个词的意义移植过来，如“情感、灵感、博士、民主”等；仿译词是在意译的过程中，不仅保留原词的字面意思，同时还尽量移植原词的构词方式，如“热线（hotline）、牛仔（cowboy）、周末（weekend）”等。

4. 惯用语与成语的比较：

（1）惯用语的凝固性比成语弱。构成成语的语素是定型的，成语构成成分的次序一般不能随意颠倒，且字数固定，一般不能随意增减。惯用语中间既可以插入一些词语，也可以颠倒其中成分的次序，而它所表达的意思基本不受影响。如“脚踏两只船”可以说成“脚踩/蹬两只船”，“栽跟头”可以说成“摔/跌跟头”，“打埋伏”可以说成“打一打埋伏、打了一次埋伏、打敌人的埋伏、这次埋伏打得漂亮”等。

（2）成语经常用在书面语中，而惯用语口语色彩浓重，由于生动传神、形象活泼等特点，经常出现在人们的口头交际活动中。

歇后语与成语的比较：

（1）跟成语相比，歇后语在结构和意义上具有鲜明的特点。在结构上，歇后语由前后两个部分组成。前半截是形象的比喻，为谜面，后半截是对前半截的解释和说明，为谜底。在意义上，歇后语需要人们通过前半部分的比喻和引子，抓住用来作比事物、事件的特点和性质去揣摩领会后半部分的意义。虽然后半部分在表达时可以省略，但所要表达的实际意思和重点还在后半部分。

（2）歇后语通俗易懂，活泼形象，一般用在口头上和一些通俗的文艺作品里，深受老百姓的喜爱。

七至十二、略。

【思考与练习三】

一、1. 单纯词　合成词

2. 一个　两个

3. 双声　叠韵

4. 复合词　派生词　重叠词

5. 词根　词根　词根　词缀

6. 主谓　联合　述补　述宾

7. 叠音　重叠　重叠

8. 构词　语法

9. 提取　截取　统括

10. 提取　截取　统括

二、1.D　2.C　3.A　4.C　5.C　6.D　7.B

三、朋克（单纯词）—朋友（复合词，联合式）仓库（复合词，联合式）—仓皇（单纯词）

拷贝（单纯词）—宝贝（复合词，联合式）罗汉（单纯词）—老汉（复合词，偏正式）

沙发（单纯词）—沙滩（复合词，偏正式）布丁（单纯词）—布衣（复合词，偏正式）

雪碧（单纯词）—雪崩（复合词，主谓式）幽默（单纯词）—幽暗（复合词，联合式）

四、女儿（复合词，联合式）—花儿（派生词，后加式）

沙子（派生词，后加式）—莲子（复合词，偏正式）

老乡（派生词，前加式）—老龄（复合词，偏正式）

初中（派生词，前加式）—初始（复合词，联合式）

男子（复合词，偏正式）—乱子（派生词，后加式）

马虎（单纯词）—老虎（派生词，前加式）

星星（重叠词）—猩猩（单纯词，叠音词）

往往（单纯词，叠音词）—常常（词的重叠）

五、复合词：联合：质量、反正、膨胀

偏正：住宅、船头、烤鸭、剧场、火红、草签、老人

主谓：胆怯、年轻、霜降、瓦解、自从、狐疑、民主

述宾：司令、跳高、行政、掉队、理事

补充：述补式：说服、抓紧、冲淡、说明、肃清

量补式：花朵、车辆

派生词：尾巴、桌子、前者、可靠

重叠词：哥哥、馍馍、久久

六、白醋（偏正）　白净（联合）　白白（重叠）　白化（派生）

白领（偏正）　白天（偏正）　白费（偏正）

命运（联合）　命题（述宾）　命名（述宾）　命中（述补）

命脉（联合）　命大（主谓）　命令（述宾）

雪白（偏正）　雪耻（述宾）　雪藏（偏正）　雪花（偏正）

雪茄（单纯）　雪亮（偏正）　雪里蕻（单纯）

七、幼儿园：幼儿（偏）｜园（正）；幼（偏）｜儿（正）

车管所：车管（偏）｜所（正）；车（主）｜管（谓）

人造棉：人造（偏）｜棉（正）；人（主）｜造（谓）

自动化：自动（后）｜化（加）；自（主）｜动（谓）

三角尺：三角（偏）｜尺（正）；三（偏）｜角（正）

出国热：出国（后）｜热（加）；出（述）｜国（宾）

小商品：小（前）｜商品（加）；商（偏）｜品（正）

全方位：全（前）｜方位（加）；方（联）｜位（合）

人行道：人行（偏）｜道（正）；人（主）｜行（谓）

更衣室：更衣（偏）｜室（正）；更（述）｜衣（宾）

八、1. 语素重叠：病病歪歪、密密麻麻、花花绿绿

2. 词的重叠：冷冷清清、凄凄惨惨、紧紧巴巴、漂漂亮亮、千千万万、明明白白、鬼鬼祟祟、踉踉跄跄、高高兴兴

语素重叠（AABB 式）：并不存在 AB 这样的词与之对应，如并不存在"病歪、密麻、花绿"这样的词，重叠后才构成一个词。这样的重叠是构词重叠。

词的重叠：在词（如"冷清、凄惨、紧巴、漂亮、千万、明白、鬼祟、踉跄、高兴"）的基础上进行重叠，它们不构成新词，但产生了新的语法意义，如"冷冷清清"比"冷清"在程度义上有所增强。因此，它们是一种语法重叠。

九、1. 提取：外长（外交部长）、边贸（边境贸易）、公关（公共关系）、作协（中国作家协会）、硕导（硕士生导师）、浙大（浙江大学）、管院（管理学院）、史语所（中央研究院历史语言研究所、）中文系（中国语言文学系）、青运会（中华人民共和国青年运动会）、老中青（老年、中年、青年）

2. 截取：央企（中央企业）、侨联（中华全国归国华侨联合会）

3. 统括：五谷（稻、黍、稷、麦、菽）、四书五经（四书:《大学》《中庸》《论语》《孟子》；五经:《诗经》《尚书》《礼记》《周易》《春秋》）

十、1. 提取：展览销售→展销　　高级工程师→高工　　公共汽车→公车
家用电器→家电　　综合文艺→综艺　　工业、农业、商业→工农商
理科工科→理工科　　厦门大学→厦大　　中央电视台→央视
个体经营户→个体户　　中国人民政治协商会议→政协
北大西洋公约组织→北约

2. 截取：复旦大学→复旦

3. 统括：基础教育、职业教育、成人教育→三教
西北、华北、东北→三北
松、竹、梅→岁寒三友

4. 字母缩略：Global Positioning System（全球定位系统）→ GPS
Universal Serial Bus（通用串联总线）→ USB
Brazil, Russia, India, China, South Africa（巴西、俄罗斯、印度、中国、南非）→ BRICS（金砖五国）

字母缩略加数字：
Computer, Control and Communication（电脑、控制、通信）→ 3C
Sales, Service, Spare parts supply, Survey（销售、售后服务、零配件供应、信息反馈）→ 4S

【思考与练习四】

一、1. 理性义　　色彩义

2. 感情色彩　　形象色彩　　语体色彩

3. 词义中所附着的人们对描述对象的某种感情倾向和主观评价　褒义词　贬义词　中性词

4. 书面语语体　　口语语体

5. 义项

6. 只有一个义项　　有两个或两个以上具有内在关联的义项

7. 本义　　派生义　　基本义　　一般义

8. 比喻义　　引申义

9. 比喻

10. 本　派生（比喻）

11. 一　多义

12. 不　同音异形　不　同音同形

二、1. 褒义词：孝顺、善良、好学、忠心、热心、光明磊落、对答如流、冰雪聪明、出类拔萃、不耻下问

2. 贬义词：丑陋、小人、懒惰、歹毒、悲观、土气、幼稚、装腔作势、不学无术、诡计多端

3. 中性词：上任、事情、结果、独立、源源不绝、三五成群、按部就班、惊涛骇浪

三、成果（褒义）—结果（中性）—后果（贬义）

勇敢（褒义）—大胆（中性）—狂妄（贬义）

就义（褒义）—处死（中性）—毙命（贬义）

鼓舞（褒义）—鼓动（中性）—煽动（贬义）

理想（褒义）—想法（中性）—臆想（贬义）

教诲（褒义）—教育（中性）—教唆（贬义）

谨慎（褒义）—慎重（中性）—拘谨（贬义）

保护（褒义）—庇护（中性）—袒护（贬义）

牺牲（褒义）—死亡（中性）—完蛋（贬义）

高瞻远瞩（褒义）—好高骛远（贬义）

深思熟虑（褒义）—蓄谋已久（贬义）

神机妙算（褒义）—诡计多端（贬义）

四、吃饭（口语）—进餐（书面语）

吓唬（口语）—恐吓（书面语）

老套（口语）—窠臼（书面语）

脑袋（口语）—头部（书面语）

剃头（口语）—理发（通用语）

帮（口语）—帮忙（书面语）

差点儿（口语）—几乎（书面语）

压根儿（口语）—根本（书面语）

抄袭（通用语）—剽窃（书面语）

抠门儿（口语）—吝啬（书面语）

可以（口语）—准予（书面语）

嚷嚷（口语）—吵闹（书面语）

握手（口语）—执手（书面语）

买（口语）—购买（书面语）

纳闷儿（口语）—困惑（书面语）

七老八十（口语）—耄耋之年（书面语）

老公（口语）—丈夫（通用语）—先生（书面语）

盐巴（方言口语）—盐（通用语）—食盐（书面语）

一对儿（口语）—两口子（口语）—夫妻（通用语）—夫妇（书面语）—伴侣（书面语）—伉俪（书面语）

五、1. A　2. B　3. D

六、① 果实没有成熟。（本义）

②（食物）没有经过烧煮或煮得不够的。（派生义；引申）

③ 没有进一步加工或炼过的。（派生义；比喻）

④ 生疏。（派生义；引申）

⑤ 生硬；勉强（派生义；引申）

⑥ 很（派生义；引申）

七、花：① 为本义。其他义项均由该义项派生而来。由本义“种子植物的有性繁殖器官”部分代替整体从而借代产生花朵的整个植物，即义项②；由花朵的特点通过比喻或引申的途径又可以与类似的事物关联起来，如由花的形态引申为图案、纹理，即义项③；由花的颜色鲜艳引申出“颜色或种类错杂的”，即义项④。

说：① 为本义。其他义项均由该义项派生而来。根据说话目的的不同可以分别派生出义项②、④、⑤；将义项①具体化指某人或某个群体所阐发的思想，可以派生出义项③；用言语行为代替其所指的内容，可以派生出义项⑥。

新：① 为本义。其他义项均由该义项派生而来。在本义的基础上向性质方面引申，即义项②；向使用程度方面引申，即义项③；由“新”的性质借代具有这种性质的人或事物，即义项④；时间上的“新”即义项⑤。

八、（1）a.③　b.①　（2）a.①　b.③

（3）a.①　b.②　c.②　（4）a.①　b.②　c.②

（5）a.①　b.③　（6）a.①　b.③　（7）a.①　b.③

九、（1）多义词。苦：① 像胆汁或黄连的味道（与“甘、甜”相对）（a 句）

② 难受；痛苦（b 句）

③ 使痛苦；使难受（c 句）

（2）同音词。大家^1：著名的专家（a 句）

大家^2：指一定范围内所有的人（b 句）

（3）同音词。抄袭^1：把别人的作品或语句抄来当作自己的（a 句）

抄袭^2：（军队）绕道到敌人侧面或后面袭击（b 句）

（4）a、c 构成多义关系，它们与 b、d 构成同音关系。

会^1：① 有一定目的的集会（a 句）

② 见面（c 句）

会^2：理解；懂得（b 句）

会^3：表示有可能实现（d 句）

（5）a、b、c 构成多义关系，它们与 d 构成同音关系。

料^1：① 材料；原料（a 句、b 句）

② 喂牲口用的谷物（c 句）

料^2：预料；料想（d 句）

（6）a、b、c构成多义关系，它们与d、e构成同音关系。

白[1]：①像霜或雪的颜色（与“黑”相对）（a句）

②没有效果；徒然（b句）

③用白眼珠看人，表示轻视或不满（c句）

白[2]：（字音或字形）错误（d句）

白[3]：白话，汉语普通话的书面形式（e句）

（7）多义词。

把：①用手握住（a句）

②从后面用手托起小孩儿两腿，让他大小便（b句）

③用于有把手或能用手抓起的器具。（c句）

④宾语是后面动词的受事者，整个格式大多有处置的意思（d句）

（8）a、b构成多义关系，它们与c构成同音关系。

新生[1]：①刚产生的；刚出现的（a句）

②新生命（b句）

新生[2]：新入学的学生（c句）

（9）多义词。

疙瘩：①皮肤上突起的或肌肉上结成的硬块（a句）

②小球形或块状的东西（b句）

③比喻不易解决的问题（c句）

十、招聘启事

中日韩三国合资公司因业务发展需要，现诚聘行政秘书3名。

岗位要求：1. 本科学历；

2. 熟练使用办公软件；

3. 具有较强的英语交际能力；

4. 持有驾驶证；

5. 会粤语。

联系电话：168168。

面试时间：5月25日。

面试地点：团结大厦908。

十一、（1）语义场：家具

椅子——[+家具－可卧+有靠背±有扶手]

凳子——[+家具－可卧－有靠背－有扶手]

沙发——[+家具+可卧+有靠背±有扶手]

（2）语义场：腿部动作

走——[＋腿部动作－速度快＋两脚交替＋位移]

跑——[＋腿部动作±速度快＋两脚交替＋位移]

跳——[＋腿部动作±速度快±两脚交替±位移]

奔——[＋腿部动作＋速度快＋两脚交替＋位移]

（3）语义场：形容事物不平常

神奇——[＋不平常＋形容事物＋形容人＋程度深＋褒义]

奇妙——[＋不平常＋形容事物－形容人－程度深＋褒义]

奇怪——[＋不平常＋形容事物＋形容人－程度深－褒义]

十二、（1）a组为亲属语义场，b组为称谓语义场

a组中的“叔叔”是对父亲弟弟的尊称；b组中的“叔叔”是对和父亲年纪相仿的男士的礼貌称呼。

（2）a组为天体语义场，b组为时间语义场，c组为昼夜语义场

a组中的“日”指天体太阳；b组中的“日”指由24小时构成的时间单位，即“天”；c组中的“日”指白天，与“夜”相对。

十三、词义的扩大：江：专指长江→泛指大的河流

诗：专指《诗经》→泛指一般诗歌

响：回声→泛指一切物体发出的声响

词义的缩小：池：护城河或池塘→池塘

行李：出使的人或出门所带的包裹、箱子等→出门所带的包裹、箱子等

词义的转移：脚：人和动物的腿的下端；小腿→踝骨以下的部分

牺牲：为祭祀而宰杀的牲畜→为了正义的目的舍弃自己的生命

步：行走→脚步

【思考与练习五】

一、1. 意义相同或相近的一组词　等义词　近义词

2. 理性义　色彩义　用法

3. 语体色彩　语义侧重点　搭配对象

4. 意义相反或相对的一组词　绝对反义词　相对反义词　相对　绝对

5. 腐烂 / 枯萎　陈旧

6. 不对称性

二、（1）语义侧重点不同：

“陡峭”形容山坡度大、近乎垂直，侧重于“陡”；而“峻峭”形容山高而陡，侧重于“峻”(高大)。

“保障”指保护（生命、财产等），重在使不受到侵犯和破坏；“保证”指确保既定的要求和标准，不打折扣，重在确保达到某种要求。

“秩序”指有条理、不混乱的状况，重在“有条理，不混乱”；“次序”指事物在空间或时间上排列的先后，重在“先后顺序”。

“安全”侧重于没有危险，平安；“安宁”重在秩序正常，没有骚乱；“平安”则重在没有事故，平稳。

（2）语义范围不同：

“化验”的语义范围小于“检验”。“化验”专指用物理的或化学的方法进行检查验证；“检验”指所有检查验证的行为。

“局势”的语义范围小于“形势”。“局势”指一个时期内政治、军事等的发展状况；“形势”统指事物发展的状况。

“建立”的语义范围大于“树立”。“建立”指开始成立或形成；“树立”多指正面抽象事物的建立。

“事情”的语义范围大于“事件”和“事故”，“事件”的语义范围大于“事故”。“事情”指生活中各种活动和社会现象；“事件”指影响比较大的事情；“事故”指发生于预期之外的造成人身伤害或经济损失的事件。

（3）语义轻重不同：

“后悔”表示懊悔；“悔恨”表示懊悔并怨恨，懊悔的程度更深。

“称道”表示赞扬；“称奇”表示感叹并赞扬事物之奇妙，赞扬的程度更深。

“忽视”表示不重视、不注意；“无视”表示主观上根本不考虑、不放在眼里，不重视、不注意的程度更深。

“迅速”表示速度非常快；“神速”表示速度出奇地快，“神速”的快速程度更深。

“放弃”表示丢掉、不坚持；“抛弃”表示完全地放弃，语义程度更深。

（4）感情色彩不同：

“迎合”指有意使自己的言语或举动适合别人的心意，是贬义的；“迎接”指到某个地点去陪同客人等一起来，是中性的；“欢迎”指高兴地迎接，是褒义的。

“把持”指独占位置、权力等，不让别人参与，是贬义的；“操纵”指用不正当的手段支配和控制，也是贬义的；“控制”指掌握住不使任意活动或越出范围，是中性的。

“巨大”指（规模、数量）很大，是中性的；“宏大”指巨大、宏伟，是褒义的；“庞大”指（形体、组织或数量等）很大，是中性的。

（5）语体色彩不同：

“本事”一般用在口语中；“本领”口语和书面语都能用。

“天空”口语和书面语都能用；“苍穹”用在书面语中。

“做饭”用在口语中；“烹饪”用在书面语中。

“夫人”用在书面语中；“妻子”口语和书面语都能用；“老婆”用在口语中。

（6）用法不同：

“感谢”能受程度副词修饰，如“我很感谢你”；“谢谢”不能受程度副词修饰。

“消耗”是及物动词，通常和“精力、能量”等词搭配；“消费”是不及物动词。

“再”“又”“还”都是副词，都可以表示重复或继续。“再”用于将要重复的动作；“又”用于已经重复的动作，如“这本书我前几天又读了一遍，以后有时间再读一遍”；“还”用于行为动作或状态继续进行的情况。

“遵照”是动词，如“这次安排遵照了她的意思”；“依照”既可以做动词，如“单位的报销向来依照这个规定”，也可以做介词，如“依照他说的去做”；“按照”是介词，如“一切得按照法规来办理”。

三、（1）A 以后：语义侧重点不同。“以后”侧重表示比现在或所说时间晚的时间；“后来”侧重表示在过去某一时间之后的时间。这句前面为“我现在没时间”，因此应选“以后”。

（2）B 何必：语义侧重点不同。“何必”重在用反问的语气表示不必；而“何苦”侧重用反问的语气表示不值得。这句说的是老朋友不必客气，因此应选“何必”。

（3）B 究竟：用法不同。“究竟”用在问句里，表示追究；“毕竟”表示追根究底所得的结论，强调事实或原因，不用在问句中。

（4）A 沉重：语义侧重点不同。“沉重”重在“沉”，即分量大、程度深；而“繁重”重在“繁多”。搭配对象也不同。“繁重”多搭配“工作、任务”等；“沉重”可搭配“心情、步伐”等。这句与“心情”搭配，因此应选“沉重”。

（5）B 夸奖　C 夸耀：感情色彩不同。“夸奖”是褒义词；“夸耀”含贬义色彩。

（6）B 奇特：语义侧重点不同。“奇怪”重在“怪”，即出乎意料；“奇特”重在“特”，即不同寻常、特别。感情色彩也不同。“奇怪”含贬义；而“奇特”含褒义。

（7）C 盼望：“盼望”与“希望”相比，语义轻重不同。“盼望”表示“殷切地期望”，比“希望”的程度深；“盼望”与“愿望”相比，语法功能不同。“盼望”是动词而“愿望”是名词，“愿望”不能做谓语。

（8）B 效果：感情色彩不同。“效果”指好的结果，是褒义词；“后果”指坏的结果，是贬义词；“结果”可指好的也可指坏的，是中性词。

（9）C 珍惜：语义侧重点不同。“爱护”表示“爱惜保护”；“爱惜”表示“因重视而不糟蹋；爱护珍惜”；而“珍惜”则表示“珍重爱惜”。这句说“粮食是个宝”，含有“珍贵”之义，选“珍惜”比较合适。搭配对象也不同，“爱护”通常和“公物、环境”等搭配；“爱惜”通常和“时间、生命、财物”等搭配；而“珍惜”一般与“时间、粮食”等搭配。

（10）C 热烈：语义侧重点不同。“猛烈”重在“猛”，即气势大、力量大；“激烈”重在“激”，即剧烈；“热烈”重在“热”，即情绪高昂，兴奋激动。搭配对象也不同。“猛烈”一般与“炮火、风势”等搭配；“激烈”一般与“动作、运动、言论、争论”等搭配；“热烈”一般与“气氛、掌声”等搭配。这句是“掌声”，因此应选“热烈”。

（11）A 高兴：语义侧重点不同。“高兴”重在“情绪上的喜悦兴奋”，如“感到高兴”；“快活”重在“精神上的无忧无虑”，如“心里快活”；“愉快”重在“心情和精神上的快意舒畅”，如“心情愉快、生活愉快”等。前句“他被评为‘优秀学生’”一般来说会引起人们情绪上的喜悦兴奋，因此应选“高兴”。

（12）D 热心：语义侧重点不同。“专心”重在“精神专一、注意力不分散”；“耐心”重在“心理状态上的不急躁、不厌烦”；“关心”重在“重视和爱护，常记挂在心上”；“热心”重在“态度积极、有兴趣、肯尽力”。后面“谁有困难，都尽力去帮助”，是一种积极主动、尽心尽力的行为，用“热心”比较合适。

四、（1）不能，二者都表示“某种情况经常发生”，但语义侧重点和用法不同。“常常”重在“情况发生的次数多且间隔的时间不长”。既可用于已发生的情况，如“他工作积极，常常受到表扬”；也可用于未发生的情况，如“你以后要常常来啊”。而“往往”指“根据以往的经验，某种情况在一定条件下时常存在或经常发生”，如“休息的时候，他往往去公园散步”。这句说“欢迎你以后来母校看看”，说的是还未实现的情况，只能用“常常”，不能用“往往”。

（2）不能，语义侧重点不同。“未免”表示“不能不说是”，含有委婉的否定意味；“难免”表示“不容易避免”，后面接还没有发生的情况。这句意思是委婉地否定你过于简单的想法，而不是说不容易避免这种想法，因此只能用“未免”，不能用“难免”。

（3）不能，语义侧重点和用法不同。“不免”表示“免不了”，带有不禁、不由得的意思，多用于已发生的情况，如“旧地重游，不免想起了往事”。“难免”表示“不容易避免”，重在“难”，多用于事情尚未发生的情况，如“没有经验，就难免要走弯路”。由于这句表示“看到这次冠军非自己莫属”，“王平”情不自禁地“有些飘飘然”，这是已经发生的情况，只能用“不免”，不能用“难免”。

（4）不能，用法不同。“偶然”是形容词，可以做定语、状语或谓语；“偶尔”是副词，只能做状语。这句是做谓语的情况，只能用“偶然”，不能用“偶尔”。

（5）不能，语义侧重和用法不同。“对于”用于引进涉及的对象或事物的关系者，如“对于公共财产，我们都应该爱惜”或“大家对于这个问题的意见是一致的”，在组成介词结构做状语时，在句子的主语前或主语后都可以；“关于”用于引进涉及的对象，组成的介词结构做状语时，一般放在句子的主语之前。“这个问题”是关涉的对象，且放在句子的主语之后，前面的介词只能用“对于”，不能用“关于”。

（6）不能，二者虽然都表示选择关系，但用法不同。“还是”可以用于疑问句当中，“或者”只表选择，不表疑问，只能用于陈述句当中。这句是疑问句，只能用“还是”，不能用“或者”。

（7）不能，二者都是人称代词，但用法不同。“人家”既可用来指说话人自己（有亲热或俏皮的意味），也可用来指除说话人和听话人之外的第三人、别人；“我”用来指说话人自己。这句的“人家”如果理解为“别人”，就不能用“我”替换。如果理解为“自己”，虽也能说，但缺少了亲热或俏皮的意味。

（8）不能，二者都表示“对别人的好意或帮助心存谢意”，但语义侧重点和语义轻重不同。“感激”重在“内心的激动和好感”，是一种心理活动，不一定用言语表达出来；“感谢”重在“用某种形式表示谢意”，多用言语表达。原句中“感激”修饰“目光”，强调的是内在的情感，只能用“感激”，不能用“感谢”。

（9）不能，二者都表示“行动加快”，但语法功能不同。“匆忙”是形容词，可做谓语、补语等；“急忙”是副词，只能做状语。原句“匆忙”做“走”的补语，不能用“急忙”替换。

（10）不能。“汇报”指“综合材料向上级或群众报告”，多用于下对上的情况；而“谈话”指“用谈话的形式了解情况、做思想工作等”，多用于上对下的情况。这句是学生找老师报告，属于下对上的情况，只能用“汇报”，不能用“谈话”。

（11）不能，二者都表示“全部的，没有例外”，但语义侧重点不同。“所有”强调“一定范围内某种事物的全部数量”；“一切”强调“某种事物所包含的全部类别”。这句指的是问题的全部数量，而不是类别，因此不能用“一切”替换。

（12）不能，语义侧重点和语法功能不同。“逐渐”指“渐渐”，重在事物发展过程的渐进性；“逐步”指“一步一步地”，重在步骤性或阶段性。由于“天色昏暗”这种变化是一种程度上的渐进过程，并没有明显的阶段性，因此只能用“逐渐”，不能用“逐步”。

（13）不能，二者都表示某种情况或状态从过去到现在一直如此，没有变化，但用法不太一样。“从来”后面多跟否定形式，如“他从来不失信”“这件事情我从来没听说过”；“历来”一般用在肯定句中，如“这位校长历来重视学生的素质教育”。这句的“不贪小便宜”表否定，因此用“从来”比较合适。

（14）不能，二者都可以表示脸的形状、相貌，但感情色彩不同。“面目”由于常跟“狰狞、可憎、丑恶”等贬义词搭配而呈贬义色彩；“面貌”是中性的。这里的修饰语是“自私”，只能用“面目”，不能用“面貌”。

（15）不能，二者都表示不定的数目，但语义侧重点不同。“多少”表示的数目可大可小；“几”表示“大于一而小于十的不定的数目”。前面是“几亿个家庭”，可见一年节约的水的数量是个大数目，因此只能用“多少”，不能用“几”。

（16）不能，二者都表示对事物做出判断，表明看法，但语义侧重点不同。“认为”是基于一定的认识，经过认真思考后做出的判断；“以为”对事物的看法属于推测、猜想、估计，得出的判断往往与事实不符。前句“经过周密的论证”以及“坚定地”说明，此句适合用“认为”而不是“以为”。

（17）前一个“能”可以替换成“会”，二者都表示“具备某种能力”。“打字”是一种技能，可用“能”也可用“会”。后一个“能”不能替换成“会”，二者用法不同。“能”可用于“达到某种效率”，“会”没有这种用法。“一分钟打九十来个字”指的是打字的效率，只能用“能”，不能用“会”。

五、（1）“抱怨”改为“责怪”。

（2）“勤恳”改为“勤奋”。

（3）“武断”改为“果断”。

（4）“成就”改为“成绩”。

（5）“附和”改为“同意”。

（6）“顽强”改为“固执”。

（7）“书籍”改为“书”。

（8）“爱戴”改为“爱护”。

（9）“肥”改为“胖”。

（10）“猛烈”改为“热烈”。

（11）“富强”改为“富裕”。

（12）“练习”改为“锻炼”。

（13）“信件”改为“信”。

（14）“夸耀”改为“夸奖”。

（15）“连续”改为“继续”。

（16）“氯化钠”改为“盐”。

（17）“来函”改为“来信”。

（18）“半斤八两”改为“各有千秋”。

（19）“时期”改为“时间”。

搭配不当:（1）、（8）、（10）、（11）、（12）

语义侧重不当:（2）、（15）

感情色彩不当:（3）、（5）、（6）、（9）、（14）、（18）

语义轻重不当:（4）

语义范围不当:(19)

个体词和集体词使用不当:(7)、(13)

语体色彩不对:(16)、(17)

六、(1)持续(发展/发酵/增长)—继续(努力/前进/工作)

(2)废除(法令/条约/死刑/决议/科举制)—解除(婚约/合同/关系/武装/管制)—破除(迷信/偏见/旧俗/旧思想/旧习惯)

(3)猛烈(抨击/轰炸/炮火/攻势/火势)—强烈(要求/反对/欲望/光线/感情)—激烈(竞争/冲突/争论/战斗/言辞)—剧烈(反应/运动/冲击/疼痛/变化)

七、战斗　和平

特色　共性

透露　隐藏

增添　减少

明亮　黑暗

柔和　粗暴

特殊　普通

略微　非常

八、(1)复杂　(2)繁华　(3)真诚　(4)俭朴

(5)冷静/镇静　(6)伟大　(7)深奥　(8)懒惰

(9)清晰　(10)软弱　虚伪　野蛮　粗俗　粗暴　坦荡　轻率　吝啬

九、(1)虚心　羞耻　(2)健壮　充实　(3)和睦　轻松

(4)含糊　糊涂　(5)旧　老　(6)坏　难　弱

十、略。

【思考与练习六】

一、1. 意义和用法相结合的原则　典型语境驱动的原则　词语辨析的最小差异原则　语际差异的对比参照原则　教学用语与词汇等级相适应原则

2. 根据教学对象的认知经验、二语习得的特定阶段和语言教学的生动便捷归纳出来的"教学型"语境　使学习者实现"能懂"的目标，同时达到"会用"的水准

3. 释义　操练

4. 直观法　翻译法　语素法　例句释义法　典型语境释义法

5. 认读法　问答法　选词填空法　扩展法　造句法

二、偏误原因：这三组词虽然属于不同的词类，但在用法上都具有特异性，都需要用介词来引入其中的对象成分形成框式结构。学习者对这样的特殊用法没有掌握，直接将对象成分放在宾语位置，从而导致了偏误。

应分别改为：“我对天津的印象非常深、无法对你们的安全负责任（此句还添加了相应的动词“负”形成“负责任”）、不常跟中国人见面、没回家乡向你们问好、这个纯净水变成对人体有利的饮料、她对我很冷淡”。

如何教学：像这样一些词，光靠意义的说明（尤其是用外文对译的方式来说明词义）而不强调其用法的特殊性并不能使学习者有效掌握句法的使用特异性，因此在教学时需要将它们的实际用法直接呈现出来。

三、1.“满足—满意”在这组偏误句中主要展现了搭配对象上的区别。“满意”常跟“成绩、工作、服务”等表示具体事物的词语相搭配，而“满足”常跟“希望、愿望、要求、条件”等表示抽象意义的词语搭配。

2.“知道—了解—理解”在这组偏误句中主要展现了语义轻重上的差别。“知道”是对事实或道理有一般性的认识，程度较浅；“了解”是“知道得清楚”，比“知道”的语义程度深一些；而“理解”是在“了解”的基础上“懂”或肯定，重在感情上发生共鸣，语义程度更深。a句的上下文是“结婚”，这应该建立在男女生对对方“知道得清楚”的基础上，因此用“了解”更合适；b句的“昨天我们见面”，说明“我”只是对“那个人”具有一般程度的认识，此时应该用“知道”；c句重在表达“我的爸爸”对“我的行为”赞同或肯定与否的态度，因此该用“理解”；d句表达的是过程，即对“中国人的习惯、文化”的认知从无到有的过程，而“了解”侧重于“了”，强调对过程、原因、现状的了然，因此用“了解”更合适。

3.“太—很”在这组偏误句中主要展现了感情色彩的不同。“太”有“程度过分”的意味，含有贬义，而“很”没有这方面的意思。a句中“健康”是个褒义词，用表“程度过分”的“太”来修饰不妥，应该用“很”；而b句的“乱”用“太”修饰更合适。

4.“参观—访问”在这组偏误例句中主要展现了搭配对象的不同。“参观”的对象一般是景点、地方，而“访问”的对象一般是人物、国家。因此，a句应为“访问作家”，b句应为“参观名胜古迹”。

四、1. a.“吃汤”应为“喝汤”。

偏误原因：受英语“eat”的影响，将“eat”的用法直接对应于汉语中意义相关但搭配不同的“吃”和“喝”，由此产生负迁移。

区别：汉语的“吃”一般跟固体食物（“吃药”有点儿特殊，既可以是固体也可以是液体）相搭配，如“吃苹果、吃饭”；而“喝”则一般跟液体食物相搭配，如“喝水、喝汤”。一般情况下，英语的“eat”和“drink”分别对应固体和液体，分工也是明确的，如“eat an apple（吃苹果）”和“drink water/wine（喝水／酒）”，但“喝汤”却有固定搭配“eat soup”。

b.“有兴趣汉语”应为“对汉语有兴趣”。

偏误原因：将英语的“interest”直接对应于汉语的“有兴趣”而引起的负迁移。

区别：英语的“interest”可以借助介词将对象成分直接放在宾语位置，如“He's interested in music”；而汉语的“兴趣”是个名词，它跟动词“有”或者“感”结合成“有兴趣、感兴趣”后，还需要借助介词引入对象成分形成框式结构置于状语位置，如“他对音乐有兴趣 / 感兴趣”。

c.“提建议”应为“建议”或“提议”。

偏误原因：学习者没有掌握“提建议—提议—建议”这组同义词的用法，或者是受英语“advise”的影响。

区别：汉语的“提建议”“建议”“提议”属于同义词，但三者用法有别。“建议”或“提议”都能后接小句宾语，而“提建议”不能（“提”已经有了宾语“建议”，因此后面不能再接宾语了）。还有一种可能是学习者将汉语的这几个同义词直接跟英语的“advise”对应起来，“advise”后面可以直接加小句宾语，从而导致负迁移。

“骑地铁”应为“坐地铁”。

偏误原因：可能是学习者在学了“骑自行车”，即英语的“by bicycle”之后，将“by + 交通工具”这种搭配规则类推到汉语的“地铁”上。

区别：汉语中跟“骑”相搭配的交通工具有限，如“骑车（自行车、摩托车等）、骑马”等，而与“坐”相搭配的交通工具较多，如“坐汽车、坐公交、坐火车、坐地铁、坐飞机”等。在英语中，所有交通工具都可以用“by”来引入，如“by car/bus/ bicycle/train/subway/plane”等。

d.“容易”应为“简单”。

偏误原因：学习者没有掌握“简单—容易”这组同义词的用法，或者是受英语“easy”的影响。

区别：“简单”侧重指事物或事件本身的结构比较单纯、清晰，如“情节简单”；而“容易”重在做事情不费力、轻松，如“说时容易做时难”。汉语中的这两个词对应到英语中都是“easy”，从而容易导致负迁移。

e.“会”应为“能”。

偏误原因：学习者没有掌握“会—能”这组同义词的用法，或受英语“can”的影响。

区别：汉语的“会”重在表示学得某种本领，后面可以带名词性成分，如“我会英语、我会钢琴”；“能”表示具备某种能力或达到某种效率，如“我们一定能完成任务、她一分钟能打一百五十个字”，后面一般不带名词性成分。英语中无论是需要后天学习的事还是天生具备的能力，都可以用“can”来表示，如“I can paint”“We can certainly finish this task”等。

2. a.“送行”应为“送别”。

偏误原因：学习者没有掌握“送行—送别”这组同义词的用法，或者是受日语“見送”的影响。

区别：汉语的“送行”不能直接带宾语，“送行”的对象成分如果要出现，需要用介词引入放在状语位置，如“我在车站给他送行”；“送别”没有这样的限制，可以直接带宾语，如“我在车站送别他”。日语里的“見送”用法跟“送别”一致，可以直接带宾语。因此这里也有可能是学习者受母语的影响而导致的负迁移。

b.“经验”应为“经历”。

偏误原因：学习者没有掌握“经验—经历”这组同义词的用法，或者是受日语“経験”的影响。

区别：在汉语中，“经验”是指由实践得来的知识或技能，如“他做这一行有丰富的经验”，只能做名词；“经历”指亲身见过、做过或遭受过，如“他经历过两次世界大战”。它们所对应的日语都是“経験”，做动词时可以直接带宾语，如“わたしにはそのような経験はない（我没有体验过那种事情）”。

教学建议：在词汇教学中要贯彻语际差异的对比参照原则，要有针对性地进行语别化教学。教师要关注学习者母语词汇的特点以及与汉语词语的差别，既需要用其他语言的眼光来审视汉语，也需要用汉语的眼光来看其他语言。在词语的差异比较中，教师还应区分出哪些词语偏误是共通性的、哪些是特异性的。对于学生反复出现偏误且具有共通性的那些词语，教师在课堂上应采取集中训练的教学方式；对于某种语言背景下的学生出现特异性偏误的那些词语，教师应该采取有所区别、单个突破的教学方式。

五、1.“并—又”虽然都可以加强否定语气，但二者出现的典型语境不一样。“并”一般用在强调说明事实真相或实际情况而否定或反驳某种看法，如“我以为他去北京了，谁知他并没有去。”此处的“并”强调说明真实情况“他没有去”而否定此前的看法“我以为他去北京了”。因此，例句a应达句应该用“并”。“又”一般是通过否定前提条件来加强否定语气，如“你又没有病，吃什么药啊！”这里并没有直接否定“吃药”，而是通过否定吃药的前提“生病”来加强否定吃药的语气。因此，例句b应达句应该用“又”，通过否定“带伞”的前提“天气预报没说下雨”来强调“不用带伞”，从而加强否定语气。

2.“果然”指事实与所说或所料相符，因此它出现的语境应该含有“对某一事实有所料定”的预设。如“天气预报说今天有雨，果然中午就开始飘雨丝ㄦ了”。例句a中并没有对“没有上课”的原因进行事先预料，跟后文的“去医院”也没有明显的“相符”关系，由此出现了偏误。应该补上“对某一事实有所料定”的预设这一部分，如“他今天没有上课，我想他肯定生病了。果然，下午看见他去医院了。”例句b同样如此，如果补上预料或预设这一部分，就合适了，如“男朋友两个月没给她写信了，她想应该很快就能收到信了，果然昨天就收到了”。

教学策略：在教学过程中应当多举典型例句，结合具体语境，说明“果然”使用的条件。

3. 例句a的“何况”应改为“而且”，例句b的“何况”应改为“而且”或“况且”。

“何况”是用反问的语气表示更进一层的意思，如“他在熟人面前都很害羞，何况在生人面前呢”。而这里的例句a和例句b只满足了“更进一层”但没有满足“反问”这一条件，因此出现了偏误。应该将这两句的“何况”改成“而且”，因为“而且”表示更进一层，不需要反问的语境。其中例句b除了改成“而且”外，也可以改成“况且”。“况且”也有更进一层的意思，不过它多用来补充说明理由，如“北京那么大，况且你又不知道地址，一下子怎么能找到他呢”。例句b的“在北京又没有亲人，没有朋友”是补充说明“我心里又孤单又难过”的理由（还有一个理由是“我第一次到外国留学”），因此可以用“况且”。而例句a“汉语是一门外语”和“最难学的一门”之间只有“更进一层”的关系，并没有对理由的说明，因此只能用“而且”而不能用“况且”。

教学策略：在教学过程中应当多举典型例句，结合具体语境辨析“而且—况且—何况”，帮助学生掌握这三者在用法上的区别。

六、（1）地震：大地震动。

（2）纳闷儿：不清楚，觉得奇怪。

（3）不妨：没关系，可以这么做。

（4）露营：在屋子外或野外过夜。

（5）共勉：互相鼓励；共同努力。

【思考与练习七】

一、1. 从构成词的语素的字面义及其组合关系推导出整体词义的难易程度

2. 完全透明　　比较透明　　比较隐晦　　完全隐晦

3. 完全透明　　比较透明（直接提示）　　比较透明（间接提示）　　比较透明（间接提示）　　比较隐晦　　完全隐晦

4. 通过掌握构成语素字面义及其构词理据和规律推导出复合词词义，掌握新词的教学方法　　有效推导出词义　　有效学习新词

二、完全透明型：畏惧、保健、浅见、备战、壮观、心烦、博览、扩大、尘垢、地震

比较透明型（间接提示）：黑心、干戈、骨肉、反目、布衣、饭桶、风雨、喉舌

比较隐晦型：苍蝇、安危、冷落、消息

完全隐晦型：马虎、麻利

三、（1）江山：江河和山岭，多用来指国家或国家的政权。

“江山”属于比较透明型（间接提示）复合词，其语素义通过借代来提示词义。“江”和“山”都是一个国家所管辖的领土中最常见的代表性事物，由此通过“江山”来代指“国家或国家的政权”。

教学时，可以先让学生说出“江”和“山”的意思，即“江河和山岭”，再引导学生注意“江河和山岭”是国家领土最常见的代表，由此引申出“国家或国家的政权”这一含义。

（2）浪潮：比喻大规模的社会运动或声势浩大的群众性行为。

“浪潮”属于比较透明型（间接提示）复合词，其语素义通过比喻来提示词义。“浪潮”的字面义是“波浪和潮水”，都含有“大面积、起伏不定、动荡不安”的描述性特征。有了这样的描述性特征，当“浪潮”所关涉的对象从“水面”游移到某种大规模的、声势浩大的群众性行动时，就生成了比喻义。

教学时，可以先让学生说出“浪”和“潮”的意思，即“波浪和潮水”，再引导学生注意“波浪和潮水”与“大规模的社会运动或声势浩大的群众性行动”之间的相似之处，由此帮助学生理解“浪潮”的比喻义。

（3）口舌：因说话而引起的误会或纠纷。

“口舌”属于比较透明型（间接提示）复合词，其语素义通过借代来提示词义。“口”和“舌”是人类发声器官的一部分，“说话”这一行为主要是通过“口”和“舌”这两种发音器官来完成的，这是用说话的工具来代指说话的行为，进而指代由这一行为造成的结果。

教学时，可以先让学生说出“口”和“舌”的含义，即“嘴和舌头”，再引导学生注意“嘴和舌头”在说话行为上的作用，接着将“说话”和“误会或纠纷”联系起来，由此引申出“口舌”的借代义。

（4）丝竹：琴、瑟、箫、笛等乐器的总称（“丝”指弦乐器，“竹”指管乐器），也借指音乐。

“丝竹”属于比较透明型（间接提示）复合词，其语素义通过借代来提示词义。“丝”和“竹”分别是制作琴、瑟等弦乐器和箫、笛等管乐器的材料，“丝竹”用制作乐器的材料代指所有的乐器，由此又进一步代指由这些乐器吹奏出来的音乐。

教学时，可以先让学生说出“丝”和“竹”的意思，再简要介绍一下中国传统的民族乐器，引导学生理解“丝”和“竹”在其中的作用，由此引申出“丝”和“竹”各自的借代义，即“弦乐器”和“管乐器”，以及它们整体作为一个词的借代义：“琴、瑟、箫、笛等乐器的总称，也借指音乐”。

（5）撑腰：比喻给予有力的支持。

“撑腰”属于比较透明型（间接提示）复合词，语素义通过比喻来提示词义。

“撑腰”的字面义是“用手抵住腰部，为腰部提供支持”，在基本保持这种描述关系的情况下，当“撑腰”所关涉的对象从“腰部”游移到人或者机构等事物时，就生成了比喻义。

教学时，可以先让学生说出“撑”和“腰”的意思，即“支撑”和“腰部”，再引导学生注意“撑腰”这一具体行为的作用，即“提供支持”，由此引申出它的抽象比喻义“给予有力的支持”。

（6）同窗：同在一个学校学习的人。

"同窗"属于比较透明型（间接提示）复合词，其语素义通过借代提示词义。

"同窗"的字面义是同在一个学校学习，用行为来代指实施行为的主体（人）。

教学时，可以直接将"同窗"的意义告诉学生，然后再引导学生理解从行为代指实施行为的主体这一引申途径。

四、略。

【思考与练习八】

一、离合词：打工、游泳、洗澡、动工、打针、发财、帮忙、留心、闭幕、办事、汇款、出门

非离合词：打扫、游览、洗礼、动员、注射、理财、帮助、注意、结束、办理、汇报、出行

判断理由：离合词在结构上可以拆开或扩展，中间能插入其他成分，而非离合词没有这样的用法。

二、1.B 2.A 3.B 4.C 5.C 6.B 7.C 8.A 9.C 10.A 11.C 12.B

三、1.a. 闲谈 b. 聊 天儿

2.a. 考 试 b. 测试

3.a. 抱歉 b. 道 歉

4.a. 帮助 / 帮忙 帮 b. 帮 忙 c. 帮

5.a. 感谢 b. 谢谢 c. 道 谢

四、1.B 2.A 3.B 4.A 5.A 6.A

五、1. 该"离"不"离"："开会完"改为"开完会"。

2. 该"离"不"离"："问好你的父母亲"改为"问你的父母亲好"。

3. 离析形式不当："结过婚两次"改为"结过两次婚"。

4. 该"离"不"离"："帮忙了一个朋友"改为"帮了一个朋友的忙"。

5. 不该"离"而"离"："帮他们的助"改为"帮助他们"。

6. 该"离"不"离"："生气起来"改为"生起气来"。

7. 该"离"不"离"："道歉过她了"改为"向她道过歉了"。

8. 该"离"不"离"："睡觉不着"改为"睡不着觉"。

9. 离析形式不当："离了婚他的妻子"改为"和 / 跟他的妻子离了婚"。

10. 离析形式不当："吃了一大惊"改为"大吃了一惊"。

六、

今天我八点起床了。起床以后我就洗澡了半个小时（"洗了半个小时的澡"）。我一开门就见面了我的同屋（"和 / 跟我的同屋见面了"）。他好像很生气，所以我就问他："你怎

么了？你生气谁呢（“生谁的气呢”）？是不是昨天你跟谁吵架过（“吵过架”）啊？”他对我说：“如果跟谁吵架过（“吵过架”）就好了，不用现在这样麻烦。你知道吗，昨天的作业我还没做完，还有我只两个小时睡觉（“睡了两个小时的觉”）！我非常痛苦。”我跟他说：“你着急什么（“着什么急”），别担心，有什么事要帮忙你（“帮忙”）吗？”他问：“你可以帮忙我（帮我的忙）吗？”我说：“当然了！”他说：“我要放松一下，你能跟我散步散步（“散散步”）吗？”我对他说：“我吃饭五分钟（“吃五分钟的饭”），吃饭完（“吃完饭”）我就跟你去。”

七、略。

【思考与练习九】

一、1. 学习者在理解和使用目标语词语的过程中经常混淆的词语类聚

2. 词汇系统和词语本身的意义　词语意义上的相同或相近　二语学习者　第二语言学习过程中难以分辨的词语关系

3. 词语本身的音、形、义等关系而产生的混淆　由母语负迁移而产生的混淆

4.“第第”与“弟弟”　音同　“研穷”与“研究”　形近　“可怕”　“害怕”义近

5.“住”与“生活”　义近　对译

二、1. 义近混淆。“和”与“或”都是连词，但“和”表示并列关系，“或”表示选择关系。

2. 形近混淆。“休”与“体”因书写形式上相近而误用。

3. 义近混淆。“隐私”和“秘密”意义相近，但“隐私”一般针对个人而言，而“秘密”没有这方面的限制，可以是几个人共有一个秘密。

4. 对译混淆。英语中的“know”有“相识”“了解”的意思，这里与汉语中的“知道”对应起来而产生了混用。

5. 义近混淆。“改变”和“变化”意义相近，但“改变”多是人为的，指与原来的情况相比有了明显的差别，而“变化”一般是自发的，指状态上或本质上产生新的状况。

6. 音同音近混淆。“的”“得”“地”读音相同，意义都很虚，容易发生混淆。“的”是定语的标记，一般用在主语和宾语的前面；“地”是状语的标记，一般用在谓语（动词、形容词）前面；“得”是补语的标记，一般用在谓语后面。

7. 方言词混淆。“着”应为“穿”、“寻”应为“讨”，这是华裔学习者受其客家话或粤方言的影响，混淆了方言词与普通话词语之间的区别。

8. 义近混淆。“觉得”与“感到”意义相近。“感到”后一般与表示心情、情绪、感觉的词语相搭配，而“觉得”后一般加个人观点或认识。

9. 义近混淆。“负责”与“责任”在意义上有关联，但“负责”为动词，“责任”为名词。

10. 义近混淆。“想”和“以为”意义相近，都表示对人或事物做出判断。但“以为”的语气比较不肯定，侧重于从主观意识出发来猜想、估计或判断，多用于判断失误的情况。

11. 形近混淆。“太”与“大”因书写形式上相近而误用。

12. 音同音近混淆。“抱负”与“报复”读音相同而产生混淆，二者意义完全不同。“报复”是指对别人不满或别人和自己有仇对其实施打击，“抱负”是指理想和自己的愿望。

13. 义近混淆。“经历”与“经验”意义相近。在用法上，“经历”可以是名词，也可以是动词，而“经验”只能是名词。在意义上，“经验”指从多次实践中得到的知识或技能，“经历”指自身或他人见过、做过或遭遇过的事，通过自身或他人的经历可总结出直接经验或间接经验。

14. 义近混淆。a 句的“试验”应为“测验”。“试验”指通过试用操作对事物的性能或结果进行检验，而“测验”指考查学习成绩等。b 句的“试验”应为“考试”，“考试”指的是通过书面或口头提问等方式来考查知识或技能。

15. 音同混淆。“预定”应为“预订”。“预定”指预先规定或约定，而“预订”指预先订购。

16. 音同混淆。“报到”和“报道”读音相同，意义不同。“报道”指通过报纸、杂志、广播、电视或其他形式把新闻告诉人们，而“报到”指向组织报告自己已经来到。

三、

1. 李老师对“常常”和“经常”这两个词在用法和语体色彩方面进行了辨析，但她并没有结合具体的混用例句来进行辨析，而且一次性地给出了所有的辨析要点，学生的认知负荷很重。难以产生积极的效果。

在辨析易混淆词时，首先要尽量全面地搜集词语混淆的用例，然后结合学习者的实际情况和具体教学内容，践行“最小差异原则”，即在词语辨析过程中侧重其区别性特征，一次基本上侧重一个方面，在“一切相同，只差一点”的最小差异对比中进行比较，在比较中确定辨析要点。

2.（1）义近混淆。“结束”和“完”都有“不再继续”的意思，但二者用法不同，“完”通常跟在单音节动词后做结果补语，如“跑完了”“喝完了”，而“结束”通常做谓语，如“阴雨天气结束了”“演出结束了”。a_1 句和 a_2 句中的“结束”应该改为“完”，b_1 句和 b_2 句中的“完”应该改为“结束”。

（2）同形混淆。韩国语中的“人间”有“人世间”“人际”“人类”和“家伙”等词义，而汉语中的“人间”是指“整个人类社会”“世间”。二者虽然有共有义项“人世间”，但不能将韩国语中的“人间”套用在汉语里。a 句和 b 句中的“人间”应该改为“人”。

（3）义近混淆。“用”和“以”都可以用作介词引进动作行为所凭借的工具、手段等，但“用”意义较为实在，可以单独使用，而“以”后面往往加“为”构成“以……为”固定格式。a句应该改为“用”，b句应该改为“以”。

（4）音同音近混淆。“提（tí）”和“题（tí）”“体（tǐ）”“替（tì）”读音相近，意义不同。a句中的“问提”应该改为“问题”，b句中的“提会”应该改为“体会”，c句中的“提”应该改为“替”。

（5）义近混淆。“表现”“表达”“表示”都有“把内在的东西显示出来”的意思。但“表现”指使人或事物的观点、精神、力量、特征等内在的东西显现出来，重在“现”，如“表现自我”“表现出爱国热情”；“表达”指通过语言、诗文、画面、歌声、动作等方式表现出来让人知道，重在“达（如何使人知道）”；“表示”指通过言语行为来显示某种内心的思想、感情、态度等，重在“示”，如“表示决心”“表示同意”。a句中的“表现”应该改为“表示”，b句中的“表达”和c句中的“表示”都应该改为“表现”。

【思考与练习十】

一、1. 由多个词语单位组成的较为固定的结构体

2. 熟语性语块　离合式语块　搭配式语块　框架式语块　系联式语块

3. 搭配式　框架式　熟语性

二、1. “放了马后炮”的使用场合不对，应为“有先见之明”。

2. “也就是说”冗余，这里说的是“有效阅读”的作用，不是阐释概念，因此没必要使用“也就是说”，应删去。

3. “小到大、低到高、少到多，没有经验、工资少开始”，“框”不完整，应为“由小到大、由低到高、由少到多，由没有经验、工资少开始”。

4. “众多所知”应改为“众所周知”。此句是错误地更改了“众所周知”的组成成分。

5. “喝了闭门羹”，混淆了“吃”和“喝”之间不同的搭配要求，应为“吃了闭门羹”。

6. “国家和社会做有好处的事”：“框”不完整，应为“为国家和社会做有好处的事”。

7. “对老师刮耳边风、打小报告”，框架成分搭配不当，应为“在老师面前吹耳边风、打小报告”。

8. “我感到了深刻的印象”，框式成分搭配不当，应改为“给我留下了深刻的印象”，同时删去“读了……后”，或者改为“我印象很深刻”。

9. “例如说”，插入语杂糅，应为“例如”或“比如说”。

10. “看左看右”，框式成分顺序不当，应为“左看右看”。

11. “总括而言”，插入语的固定组合成分更改不当，应为“总而言之”。

12.“很可惜的”，删减了插入语的组合成分，应为“很可惜的是”。

13.“怪不得”和“所以”重复，应删去其中一个。

14.“吃后悔药了”，按字面义理解熟语性语块导致的偏误，可改为“没有后悔药可吃”。

15.“班级里的同学都是一窝蜂”，“一窝蜂”做状语，可改为“班级里的同学都是一窝蜂地跑出教室”。

16.“总结”，插入语使用不当，应为“总之”。

17.“对经济来看”，框架成分搭配不当，应为“对经济而言”或“从经济的角度来看”。

18.“天长地久”指“跟天和地存在的时间一样长，形容永久不变（多指爱情）”，一般搭配“友谊、爱情”等词语，此句是学习者按字面义来理解而导致的偏误，可改为“长久地”。

19.“很有本事”一般用于夸赞别人，这里是用在自己身上，使用场合不对，可改为“很有成就感”。

三、1. 交际不畅之处:“谁说不是呢？”

原因:欧文按字面义来理解“谁说不是呢”，认为它表达一种询问“是哪个人（谁）说不是”，但其实“谁说不是呢”的意思不是询问，这里的“谁”是任指，此句是用反问的形式来表示肯定，即“大家都认为是这样”，语气比一般的陈述句更强烈。

2. 交际不畅之处:“有两下子”

原因:玛丽按字面组合义来理解“有两下子”，不知道它表示什么意思。“有两下子”是一个熟语性语块，要把它当作一个整体来理解，意思是“有点儿本领”。

3. 交际不畅之处:“谁知道呢？”

原因:大卫按字面义理解“谁知道呢”，认为它表达询问“谁能知道”，但“谁知道呢”不表询问，而是表示否定，即“没有人知道”。

4. 交际不畅之处:“有的是”

原因:麦克按字面组合义来理解“有的是”。实际上，“有的是”是一个熟语性语块，要把它当作一个整体来理解，意思是“有很多”。

5. 交际不畅之处:“你看你”

原因:波拉按字面义来理解“你看你”，将“看”当成一个表示视觉义的动词。但其实“你看你”并不是让听话人自己看自己，而是表达说话人对听话人的一种不满、嗔怪或责备。

【思考与练习十一】

一、1. 负载文化意义、具有文化特征的词语

2. 国俗词语　　具有特定文化附加义的词语

3. 直观　　比较　　溯源

二、略。

三、1. 英语：as blind as a bat（眼力不行，有眼无珠）

crazy as a bat（很疯狂）

a bit batty（有点儿反常）

have bats in the belfry（发痴，异想天开）

西方人对“bat（蝙蝠）”无好感，“bat”通常与丑陋、凶恶、血腥、令人厌恶的形象相关，这或许是因为吸血蝙蝠的缘故。

汉语：器物、家具、衣物、服饰、绘画等常以蝙蝠图形为花纹或造型，如“五福捧寿、五福临门、平安五福、引福归堂”等。

对中国人来说，“蝙蝠”是吉祥、健康、幸福的动物，这很可能是因为“蝠”与“福”同音。人们用“蝙蝠”来表示福气、福禄寿喜等寓意。

2. 汉语“慢慢吃”中的“慢”不是指速度上的慢，而是说话者表达让听话者悠闲、享受其中的客套话。“慢慢吃”和“吃慢一点儿”是不同的。“慢慢吃”在翻译成英语时应为“Take your time”或者“Enjoy you time (your meal) ”，而“吃慢一点儿”则应翻译为“Eat slowly”。学习者有时错把“慢慢吃”理解成字面意思的“吃慢一点儿”，由此造成了交际不畅。